ullstein

Bundesweit fehlen 50.000 Pflegekräfte und die Situation verschärft sich dramatisch weiter. Das Budget der gesetzlichen Rentenversicherung steigt kontinuierlich und reicht doch nicht aus. Bei vielen ist die Rente zu niedrig, um einen Platz im Pflegeheim zu bezahlen. Wer selbst noch nicht von diesen Themen betroffen ist weiß, dass dieser Tag kommen wird. Im Seniorenheim bekommen alte Menschen dann üblicherweise sämtliche Aufgaben abgenommen. Weil sie sich dadurch nutzlos fühlen, bauen sie körperlich und geistig schnell ab. Kaspar Pfister beschreibt, was in unserem Pflegesystem alles schiefläuft und welche Steine ihm die Bürokratie in den Weg legt, wenn er etwas besser machen will. Er skizziert, welche effektiven Rahmenbedingungen die Politik setzen könnte und zeigt, dass es auch anders – und besser – geht.

KASPAR PFISTER hat 19 Jahre als kommunaler Verwaltungsbeamter gearbeitet, bevor er Gründer und Geschäftsführer der BeneVit Gruppe wurde. Dazwischen gab es Stationen in der sozialen Dienstleistung als Geschäftsführer bei privaten, kommunalen und kirchlichen Organisationen und Stiftungen im In- und Ausland. Mit seinem Unternehmen hat er sich auf die Altenpflege spezialisiert und betreibt in 5 Bundesländer 48 Einrichtungen, darunter bilden 26 Häuser mit 123 stationären Hausgemeinschaften den Schwerpunkt, die er nicht Seniorenheime nennen will. Dazu kommen ambulante Dienste, Tagespflegen, eine Seniorenresidenz und verschiedene Formen des altengerechten Wohnens sowie ein Ärztezentrum. Im Vordergrund seines Tuns steht der Mensch und nicht die alles reglementierenden Vorschriften und die sie kontrollierenden Behörden, die beim Thema Alter kräftig mitreden, ohne Verantwortung zu übernehmen.

Kaspar Pfister
unter Mitarbeit von
Christine Koller

Die Pflege-
katastrophe

...und wie wir sie durch gute Konzepte in der
Altenpflege verhindern können

Ullstein

Besuchen Sie uns im Internet:
www.ullstein.de

Wir verpflichten uns zu Nachhaltigkeit
• Papiere aus nachhaltiger Waldwirtschaft
  und anderen kontrollierten Quellen
• ullstein.de/nachhaltigkeit

MIX
Papier
FSC FSC® C021394

Dieses Buch erschien im November 2020 im Econ Verlag unter
dem Titel *Wer gebraucht wird, lebt länger.*
Vollständig aktualisierte und erweiterte Ausgabe im Ullstein
Taschenbuch
1. Auflage Oktober 2023
2. Auflage 2023
© Ullstein Buchverlage GmbH, Berlin 2020 / Econ Verlag
Alle Rechte vorbehalten
Wir behalten uns die Nutzung unserer Inhalte für Text und Data
Mining im Sinne von § 44b UrhG ausdrücklich vor.
Umschlaggestaltung: zero-media.net, München
Titelabbildung: ©FinePic®, München
Gesetzt aus der Quadraat powered by *pepyrus*
Druck und Bindearbeiten: ScandBook, Litauen
ISBN 978-3-548-06829-9

Inhalt

Kapitel 1:
Die Pflegekatastrophe und meine Lösungsansätze, wie ein
Wandel gelingt   11

Ungleichheit schürt Frustration   15

Höhere Personalkosten sorgen für leere Betten   18

Gestiegene Sachleistungen heizen das Ganze weiter
an   22

Pflege ist immer weniger leistbar   24

Statt einfacher wird der Tarifdschungel dichter und
unverständlicher   27

Nicht ständig neue Modelle fördern, sondern eine echte
Lösung finden!   30

Meine Forderungen und Lösungsvorschläge, um die
Pflegekatastrophe zu verhindern …   37

Kapitel 2
Im Mittelpunkt: Sinn und Lebensfreude   58

Jeder soll eine Aufgabe haben   59

Aktivität statt Sichausruhen und Defizitdenken   62

Individualität ist Trumpf   66

Selbstbestimmtheit und der Zu-Hause-Faktor   70

Die positiven Effekte menschlicher, ganzheitlicher
Pflege   73

Kapitel 3:
Mutig und kreativ andere, sinnvolle Wege gehen   86

Quadratmeter, Quoten und Schlüssel stellen Qualität
sicher – wirklich?   88

Delikat: Sterben und Nachtdienste   96

Misstrauenskultur: Pflege   102

»Ich will keine Probleme, ich will Lösungen«   111

Wohnen statt Mini-Krankenhaus   113

Wie Hygienekonzepte helfen, normal zu leben   120

Wir wollen es richtig machen, auch wenn wir dabei einen
anderen Weg wählen   124

Besser werden – ein dauernder Prozess   133

Kapitel 4:
Gute Pflegekräfte trotz demografischen Wandels   136

Warum wir mehr Pflege brauchen   137

Weniger Mitarbeiter durch geburtenschwache Jahrgänge
und Fluktuation   140

Eigene Nachwuchsschmiede und viele Anreize   146

Warum gute Mitarbeiter Gold wert sind und wie man sie
hält   151

Weiterbildung – fachlich und sozial kompetent 157

Was zeichnet gute Mitarbeiter aus? 161

Erfolg auf beiden Seiten 165

Corona – eine große Herausforderung 170

Kapitel 5:
Fit im Alter,
entlastet das Pflegesystem 176

Alter ist ein Schatz: Denkmuster ändern 178

Alter entsteht im Kopf 182

Dritte und vierte Lebensphase gestalten und Sinn
finden 185

Von der Notwendigkeit, aktiv zu bleiben und neue
Kompetenzen zu entwickeln 190

Soziale Kontakte halten jung 194

Betagte Vorbilder: Sie existieren! 197

Jeder braucht eine Aufgabe – auch im Pflegeheim 200

Alter schätzen 203

Moderne Technologie reduziert Stress 204

Respektvoll mit dementen Menschen umgehen 208

Kapitel 6:
Gute Pflege integriert, das spürt man schon auf den ersten
Metern 215

Teil der Gesellschaft sein   218

Zentral im Herzen der Kommune   221

Der Garten animiert und ist ideal für Begegnungen   223

Unser Netzwerk und seine Möglichkeiten   225

Kommunikation und Austausch fördern   228

Sharing und Win-win für alle   233

In Zukunft: Mehr Reisen und ein Kochbuch   236

Kapitel 7:
Das Dilemma Pflege – welche Alternativen gibt es?   238

Die eigene Einstellung ändern   239

Rente neu denken   246

Die Grenzen von Ehrenamt und Robotern   250

Neue Pflegemodelle – stambulante und betriebliche
Altenpflege   256

Das stambulante Modell   259

Betriebliche Angebote für pflegebedürftige Angehörige
von Mitarbeitern   266

Bedürfnisgerechte Wohnkonzepte   268

Demenzdörfer und Demenzbauernhöfe – was ist
damit?   276

Gemeinsamer Thinktank   280

Häusliche Pflege – das Maß aller Dinge. Wirklich?   287

Ein Hohelied auf Aktivität bis zum Tod 289

Problem Pflege – das sind die Auswege 293

Dank 295

Stimmen zu diesem Buch: 297

Literatur 300

Kapitel 1:
Die Pflegekatastrophe und meine Lösungsansätze, wie ein Wandel gelingt

Schon heute haben wir mehr als 5 Millionen Pflegebedürftige in Deutschland. Sie brauchen wegen einer körperlichen, geistigen oder seelischen Beeinträchtigung Grund- und/oder Behandlungspflege, jemanden, der ihnen beim Aufstehen, Waschen, Toilettengang oder bei der medizinischen Versorgung hilft. Spritzen gibt, Verbände wechselt und oftmals auch im Haushalt zur Hand geht, den sie nicht oder nur eingeschränkt führen können.

Hat das Gesundheitsministerium 2014 die Zahl der Pflegebedürftigen für 2030 mit 3,3 Millionen angenommen, gehen die aktuellen Berechnungen für das Jahr 2030 von 5,48 Millionen pflegebedürftigen Menschen aus – das ist eine Abweichung von 66 Prozent. Bis 2050 wird ihre Zahl aufgrund der Überalterung noch einmal um rund 1,8 Millionen auf 7,25 Millionen ansteigen und gegenüber heute um weitere 45 Prozent zunehmen. Der Aufwand der Pflegeversicherung hat sich seit 2010 von 21,45 Milliarden Euro in 2022 auf 60,03 Milliarden verdreifacht und auch weiterhin werden die Beitragssätze steigen. Ein Desaster hinsichtlich der Verlässlichkeit amtlicher Prognosen. Gleichzeitig fehlen schon jetzt Pflegekräfte, und bis 2030 werden es laut Expertenschätzungen 500 000 Beschäftigte sein. Diese Notsituation mahnen Pflegeverantwortliche seit Langem an. Von »Systemkollaps« und »Verzweiflung« sprechen geschäftsführende Vorsitzende von Pflegekammern, Betreiber und selbst Politiker. Sie beschreiben einen fast aussichtslosen Zustand, der durch Corona, die Inflation, steigende Energiepreise und neue gesetzliche Auflagen weitere Zuspitzung erfährt, und ich kann dem nur zustimmen: Die Pflegekatastrophe scheint unausweichlich – sowohl in der stationären wie in der ambulanten Pflege fehlt heute schon Personal. Dem steht durch den demografischen Wandel eine explodierende Zahl an Pflegebedürftigen gegenüber. »Das beschleunigt den Kollaps, auf den wir zurasen«, formuliert es etwa auch die geschäftsführende Vorsitzende der Pflegekammer NRW Dr. Sandra Postel genauso. Und das, obwohl wir seit vielen Jahren wissen, was demografischer Wandel bedeutet. Nämlich, dass die deutsche Bevölkerung zunehmend älter und die Gruppe Älterer im Vergleich zu den jungen Menschen immer größer wird. Die Herausforderung besteht aber nicht aufgrund der »Babyboomer«, der starken Jahrgänge nach dem Krieg, sondern aufgrund des massiven Geburtenrückgangs in den 1970er-Jahren und später. Was mich allerdings am meisten schockiert, ist die Tatsache, dass so getan wird, als ob diese Situation völlig überraschend über uns hereinbricht und der Fachkräftemangel uns völlig unvorbereitet trifft. Seit Jahrzehnten ist dieser Notstand vorhersehbar. Und ich weiß noch, wie oft auch ich in Vorträgen, in Presseveröffentlichungen, in Artikeln, in Interviews darauf hingewiesen habe. Mit dem Argument »Das ist ja weit weg« wurde die Tatsache gern vom Tisch gewischt, und bei einer Diskussion in Berlin in einem kleinen Kreis führender Politiker erhielt ich auf meine Frage, wie man sich die Zukunft in 2030 vorstelle, wo wir 5,48 Millionen Pflegebedürftige hätten und klar wäre, dass dann eine halbe Million Pflegekräfte fehlten, die Antwort: »Ach Gott, wissen Sie, Herr Pfister, was interessiert mich 2030? Das ist ja so weit weg.« Genau das ist das Fatale. Denn mit einer solchen Sichtweise versäumt man, die Weichen rechtzeitig anders zu stellen. Wann erkennt Deutschland, dass wir mit unserem Pflegesystem auf dem Irrweg sind?

Doch nicht nur in der Ministerialbürokratie und Politik, auch in der Pflege mangelt es oftmals an Flexibilität. Vor Kurzem sagte mir ein Kollege, als wir darüber diskutierten, wie sich Zukunft gestalten ließe, dass wir mehr Personal und mehr Geld bräuchten. Ich hielt dagegen, dass die seit 30 Jahren gleichen Parolen nach mehr Geld und Personal nicht mehr helfen, das Dilemma zu lösen: Die Zeichen der Zeit sind heute völlig andere, und sowohl Personal als auch Geld – diese Ressourcen – sind begrenzt. Also müssen wir uns andere Konzepte überlegen. Darauf der Kollege: »Also ich habe jetzt zwanzig Jahre für mehr Personal gekämpft, das kann ich jetzt nicht einfach aufgeben.« Solche Gedanken bremsen uns, tragbare Lösungen zu finden, die sich jetzt, wo wir sie so dringend brauchen, umsetzen lassen, um das

Unvermeidliche zu verhindern. Auch weil Corona die Situation drastisch verschärft hat. Nicht nur wirtschaftlich, worauf ich noch näher eingehen werde, sondern auch was die Motivation der Pflegekräfte anbelangt. Sie haben in den letzten drei Jahren eine sehr harte Zeit mitgemacht. Zum einen mussten sie über 1000 Tage nonstop im Notfall-Modus arbeiten. Das heißt, sie arbeiteten mit Schutzkleidung, um die zu Pflegenden zu versorgen, zum anderen waren sie den Anfeindungen der Presse und manch eines Angehörigen bis hin zu Morddrohungen ausgesetzt, weil sie die vom Gesetzgeber vorgeschriebenen Regeln umgesetzt haben. Sie waren Projektionsfläche, wenngleich sie nichts anderes versucht haben, als Menschenleben zu retten. Täglich unter Ausnahmebedingungen. Denn Coronaausbruch hieß, es waren zehn bis zwanzig Bewohner infiziert. Sie mussten unter erhöhten Quarantänemaßnahmen im Zimmer versorgt werden. Der Mitarbeiter, die Mitarbeiterin musste dazu komplette Schutzkleidung anziehen, sich praktisch mumifizieren, um den Bewohner zu versorgen, der 14 Tage bis drei Wochen in seinem Zimmer bleiben musste. Nachdem der Mitarbeiter dessen Zimmer wieder verlassen hatte, zog er die Schutzkleidung aus, desinfizierte sich und führte das gleiche Prozedere im nächsten Zimmer, beim nächsten Bewohner aus. Zudem gab es natürlich auch krankheitsbedingt Mitarbeiterausfälle, und wenn Bewohner infiziert waren, erkrankten auch Mitarbeiter. Das bedeutete deutlich mehr Aufwand und deutlich weniger einsatzfähige Mitarbeiter. Das war Hyperstress – psychisch wie physisch. Und ihre eigentliche Aufgabe, den Menschen das Leben so angenehm wie möglich zu machen, geriet während der dreijährigen Ausnahmesituation sehr in den Hintergrund. Diesen Anforderungen und dem Druck hielten einige Mitarbeiter nicht stand. Sie wechselten die Branche, selbst wenn in unseren Häusern – Sie erinnern sich, die Presse brandmarkte damals alle Altenheime pauschal als »Sterbehäuser« – nur weniger als drei Prozent unserer Bewohner an Corona starben. Die coronabedingte Lohnerhöhung als Anerkennung dessen, was diese Berufsgruppe in den letzten Jahren leistete, kann die Belastungen etwas lindern. Gleichzeitig profitieren nicht alle in der Pflege Beschäftigten gleichermaßen von der seit 1. September 2022 gültigen Tarifneuregelung.

Ungleichheit schürt Frustration

Beim Begriff »Pflegekraft« und der Frage, wen der zusätzliche Gehaltssegen treffen sollte, schieden sich allerdings die Geister. Der Gesetzgeber definierte dann: Pflegefachkraft, Pflegehilfskraft und Betreuungskräfte. Eine Pflegedienstleitung zählt nicht dazu, eine stellvertretende Pflegedienstleitung zählt auch nicht dazu, eine Hauswirtschaftskraft und ein Hausmeister oder die Verwaltung auch nicht. Aber für die Pflege brauchen wir in unseren Einrichtungen von BeneVit, die primär auf Hausgemeinschaften basieren, in denen täglich im Wohnbereich mit Bewohnern gekocht, gewaschen, gegärtnert wird etc., all diese Kräfte. Es ist völlig praxisfremd, nur die Gehälter der Pflegekräfte zu erhöhen und die in den anderen Bereichen, in denen ebenso Mangel herrscht, nicht. Sie wurden vom Gesetzgeber nicht benannt und werden daher von den Kostenträgern nicht berücksichtigt. Obwohl die Präsenzkräfte in der stationären Hausgemeinschaft bei über 60 Prozent ihres Einsatzes pflegerische Aufgaben übernehmen. Die Versprechungen von angemessener Bezahlung bekommen da einen faden Beigeschmack. Und da der durchschnittliche Tariflohn seit 1. September 2022 in jedem Bundesland unterschiedlich hoch ist, gelten nun auch von Bundesland zu Bundesland andere Erhöhungen. Im Schnitt erhält eine Pflegefachkraft mit einer dreijährigen Lehre über 4 000 Euro Monatsbruttolohn. Dieses Lohnplus von bis zu 20 Prozent und ein dreizehntes Monatsgehalt müssen aber alle in der Pflege Tätigen bekommen, um sozialen Frieden zu gewährleisten. Gleichzeitig gibt es Mitarbeiter, die nun sagen: »So viel Geld brauche ich gar nicht. Jetzt reduziere ich meinen Beschäftigungsgrad auf 75 Prozent.«

Durchweg allerdings hat sich seit der Pandemie das Verantwortungsgefühl verändert. Das mag sich furchtbar altmodisch und antiquiert anhören, aber Begriffe wie Pflichtbewusstsein, sich verantwortlich fühlen, sich engagieren, haben an Wertigkeit verloren. Was nicht heißt, dass die Mitarbeiter nicht engagiert sind. Nein. Es gibt eine große Mehrzahl, die das sehr sind! Aber die müssen ihr Engagement heute fast verteidigen, nach dem Motto: »Wie blöd seid ihr denn?«, was gerade vonseiten der Zeitarbeiter an sie adressiert wird. Weil die fest angestellten Pflegekräfte als Teil ihres Jobs auch alten Menschen das Leben so angenehm wie möglich machen wollen und wir gesetzlich vorgeschriebene

Quoten und Schlüssel zu erfüllen haben, entsteht Handlungsdruck. Etwa wie viel Personal in der stationären Pflege bei welcher Anzahl an Pflegegraden der Bewohner vorzuhalten ist, wie viele Beschäftigte von welcher Berufsgruppe am Tag oder in der Nacht eingesetzt werden müssen, ob alles auch dokumentiert wurde etc. Da können Sie nicht einfach sagen: »Ich habe jetzt keine Lust mehr. Ich melde mich krank und gehe heim.« Einzelne machen das jetzt, und das wirkt sich auf die Motivation des gesamten Teams aus. Vor allem wenn dieses Verhalten durchgeht, kommt die Frage auf: »Wieso ich?« Das melden mir alle meine Leitungen zurück, dass es schwerer ist, die motivierten Mitarbeiter weiterhin engagiert zu halten, damit sie nicht abrutschen nach dem Motto: »Eigentlich sind die, die arbeiten, die Dummen.« So blitzt es immer wieder durch. Denn Zeitarbeiter sind nicht nur für eine bestimmte Zeit in einem Betrieb und von daher wesentlich weniger integriert, sondern sie verdienen – anders als in der Industrie – auch wesentlich mehr.

Um personelle Engpässe während der Pandemie auszugleichen und gesetzlich vorgeschriebene Auflagen zu bedienen, erlebten Zeitarbeitsagenturen in der Pflege einen regelrechten Hype. Ein lukratives Geschäftsmodell, denn anders als fest angestellte Mitarbeiter erhalten Zeitarbeiter fast doppelt so viel Lohn. Zwischen 50 und 65 Euro die Stunde kostet eine Pflege-Zeitarbeitskraft, plus bis zu 100 Prozent Zeitzuschläge für Nacht- oder Wochenenddienste. Das sind bei einer Monatsarbeitszeit von 160 Stunden 9 600 Euro plus Unterkunft und Verpflegung. Zusätzlich kommen für Unterbringung, Fahrtkosten, etc. jeweils 2 500 Euro on top.

Das macht am Ende zwischen 12 000 und 13 000 Euro plus 19 Prozent Mehrwertsteuer aus in Summe 14 000 bis 15 000 Euro. Und diese Kraft erklärt dann den lieben Kollegen, um wie viel besser sie es hat à la: »Ich kann sagen, welche Dienste ich mache. Ich arbeite vier Wochen, dann habe ich wieder vier Wochen frei und verdiene in vier Wochen so viel Geld, damit ich davon zwei Monate leben kann. Ich bin absolut frei, muss mich in kein Team einfügen, trage auch keine Verantwortung!« Denn durch die kurze Dauer ihres Arbeitsverhältnisses kennt diese Kraft auch keinen pflegebedürftigen Menschen und auch die Angehörigen nicht, die sie oder ihn darauf hinweisen, wenn irgendetwas nicht in Ordnung ist, sondern dann heißt es: »Ich bin Zeitarbeit. Kann ich nichts dafür.« Diese Kräfte arbeiten mit einer völlig anderen Verantwortlichkeit, bei deutlich höherem Lohn und in absoluter Freiheit. Und am Ende heißt es dann noch: »Wieso kommst du nicht zu uns?« Tatsächlich haben wir nicht wenige Mitarbeiter verloren, die jetzt bei der Zeitarbeit unter Vertrag sind. Aber es gibt auch die engagierten Zeitarbeitskräfte, denen sei sehr gedankt, aber das ist der kleinere Teil. Auch wenn sich die Vergütung etwas nach unten angepasst hat und aktuell bei über 50 Euro die Stunde liegt, ändert das nichts an der Grundproblematik.

Höhere Personalkosten sorgen für leere Betten

Der nächste Hasenfuß von Zeitarbeit ist, dass im Pflegesatz nur die normalen Personalkosten anerkannt werden. Das heißt, wenn für eine normale Fachkraft mit Arbeitgeberanteil 5000 bis 6000 Euro zu zahlen sind, kostet die Zeitarbeit im Vergleich 15 000 Euro. Doch die 10 000 Euro mehr pro Monat für eine Zeitarbeitsfachkraft werden nicht refinanziert. Der Gesundheitsminister regelt im neuen PUEG, dass diese Mehrkosten nicht refinanziert werden. Erstaunlich, ich kenne keine Einrichtung, keine Kasse, bei der das jemals der Fall war. Selbst wenn es gar nicht so sehr darum geht, die Versorgung sicherzustellen, sondern um Quoten und Schlüssel zu erfüllen, gilt es, offene Stellen oder krankheitsbedingte Lücken kurzfristig mit Zeitarbeitern ausgleichen. Oder mit Aushilfen oder indem man die Bettenzahl zurückfährt und Betten leer stehen lässt. Denn die Quoten, die laut Gesetzgeber für den Betrieb einer Pflegeeinrichtung zu erfüllen sind, sind so ausgelegt, dass pro Platz und pro Pflegegrad eine fest vorgeschriebene Anzahl an Personal vorhanden sein muss, egal, ob notwendig oder nicht. Darüber hinaus gelten pro Pflegegrad unterschiedliche Schlüssel, wir kommen in Kapitel 3 noch genauer dazu. Das lässt in Summe die Berechnung zu, dass für weniger Bewohner auch weniger Personal eingesetzt werden muss. Und meistens und nicht selten passiert beides, und das ist die absolute Zangenbewegung. Auch weil in jedem Bundesland andere Entgelte bei der Kalkulation hinterlegt sind und eine andere prozentuale Auslastung pro Heim gilt. Sprich, wie hoch die Belegung sein muss, um die tatsächlichen Kosten zu refianzieren; die Auslastungsquote ist als Vorgabe Kalkulationsgrundlage. In der Regel ist eine Auslastung von rund 98 Prozent zu erfüllen. Das heißt im Prinzip Vollbelegung. Haben Sie aber nicht genügend Personal, müssen Sie zwangsläufig die Belegung zurückfahren und es fehlen somit Erlöse. Gleichzeitig endet beispielsweise auch die Zahlpflicht der Bewohner und der Kassen mit dem Todestag eines Bewohners. Doch gleich am nächsten Tag den Angehörigen zu sagen, dass sie bitte das Zimmer des Verstorbenen räumen sollen, das kann man im Krankenhaus machen, in der Pflege nicht. Die Zimmer sind liebevoll mit persönlichen Gegenständen eingerichtet, schließlich haben die Bewohner in ihnen zehn, elf, zwölf Jahre verbracht oder auch nur zwei oder drei Jahre, das geht nicht. Das ist in meinen Augen eine Frage des Anstandes, der Pietät, und die Angehörigen haben nach einem Todesfall ganz andere Sorgen: Wo findet die Beerdigung statt, wie gehen wir vor, was für einen Sarg wählen wir aus? ... Also da weigere ich mich, eine solche unmenschliche Kultur einziehen zu lassen. Auch für solche Situationen brauchen Sie einen Puffer, und der kostet und führt dazu, dass die Kalkulation oftmals nicht mehr aufgeht. Denn bis das Zimmer geräumt und wieder bezugsfrei ist, vergehen ein bis zwei Wochen. Allein durch diesen Leerstand verliert man im Schnitt zwei bis drei Prozent Auslastung über das Jahr. Lasse ich dann zusätzlich Betten leer, weil Personal zur Quotenerfüllung fehlt und um gewisse variable Kosten zu beeinflussen, muss ich dennoch das Gebäude heizen, die Pacht bezahlen, Versicherungen, Pflegekräfte, Hausmeister, die Verwaltung etc. Ich habe eine ganze Reihe von Fixkosten, die entstehen, selbst wenn das Haus halb leer steht, und das meine ich mit Zangenbewegung: Einerseits fehlt Personal, das man mit zum Teil nicht refinanzierbarer Zeitarbeit ausgleicht. Andererseits haben Sie durch die zurückgefahrene Platzzahl Einnahmenausfälle. Das führt zu massiven wirtschaftlichen Problemen, Insolvenzen sind die Folge.

Trotz einiger Neueröffnungen gab es bereits 2022 35 Heime weniger in Deutschland als noch 2021. Und nach Curata und Convivo hat unlängst auch die HANSA Gruppe und etliche mehr Insolvenz angemeldet. Das bedeutet, 19.000 Heimplätze sind in Summe von den Insolvenzen betroffen. Daneben wurde der Handel mit Orpea-Aktien ausgesetzt, hören Einzeleinrichtungen kleinerer Träger und ambulante Dienste auf. Weil Personal fehlt und sie nicht mehr rentabel wirtschaften können und weil überbordende Bürokratie zu viel Energie und Kraft fordert. Und wenn Sie um jede Fachkraft ringen, um jede! – und ich habe jetzt 2000 Mitarbeiter –, und wenn Sie wissen, dass eine fehlende Fachkraft, die Sie durch eine Zeitarbeitskraft ersetzen müssen, 10 000 Euro mehr im Monat kostet, dann sind selbst fünf oder zehn Pflegende Zeitarbeitskräfte zu viel. In Summe ist das natürlich über ganz Deutschland hinweg eine Entwicklung, die massiv spürbar ist. Und immer stärker zeigt sich auch, dass Geld, das kurzzeitig aufgrund der coronabedingten Rettungsschirme zur Verfügung stand, fehlt. Unter anderem auch, weil die inflationsbedingt gestiegenen Sachkosten nicht im gleichen Maß von den Pflegekassen im Pflegesatz anerkannt werden. Das ist ein weiterer Brandbeschleuniger in dieser Gemengelage.

Gestiegene Sachleistungen heizen
das Ganze weiter an

Über die Pandemiezeit hat der Staat viel Geld in die Hand genommen, um die Auswirkungen von Corona in unserer Branche, vor allem die erhöhten Sachkosten für Testungen, für Desinfektionsmaßnahmen, für das Ausleihen von Personal, Belegungsausfälle, um bei einem Coronaausbruch Engpässe zu überbrücken, einzudämmen. Das war wirklich eine große Hilfe. Doch seit Juni 2022 gibt es keinen sogenannten Rettungsschirm. Zusätzlich kam zur Pandemie noch die Ukrainekrise, und in meinen Augen als Unternehmer hat die Regierung Russland und Putin falsch eingeschätzt. Auch das Thema Energiesicherheit, das Aufgabe des Staates ist, wurde falsch taxiert: Ein Fehler des Staates und seiner Verantwortlichen, für die wir Bürger und Organisationen haften und die Folgen tragen müssen – auch in der Pflege. Natürlich bekommen Pflegebetriebe wie private Haushalte auch nun staatliche Zuwendungen. Mit einer im Februar 2023 erlassenen Vorschrift werden die Energiekosten – Strom und Gas – ein Stück weit aufgefangen. Das heißt, ab 1. März 2023 können Betreiber von Pflegeeinrichtungen einen Antrag auf einen Energiekosten-Zuschuss stellen. Als Vergleichsgröße war März 2022 festgelegt, und die Differenz zwischen dem damaligen und dem jetzigen Preis konnten wir als Zuschuss beantragen abzüglich des Betrags, der von den Pflegekassen refinanziert wurde. Der Antrag dafür musste innerhalb von 15 Arbeitstagen ausgefüllt sein, und es gilt, ihn jeden Monat erneut zu stellen. Dabei wurde das

Formular dreimal geändert, und wir haben es gerade so geschafft, einen Tag vor Fristablauf die Anträge einzureichen. Gleichzeitig sind nicht nur die Energiekosten gestiegen, sondern auch die Lebensmittel teurer geworden, die Handwerkerrechnungen, die Schutzkleidung, die Arbeitskleidung, die Inkontinenzprodukte etc. Alles, was wir an Sachmitteln brauchen, ist mit der aktuellen Inflation massiv teurer geworden..

Wir haben Personal- und Sachkostensteigerungen in einem nie da gewesenen Ausmaß. Und dann verhandeln Sie mit Kostenträgern, die Ihnen großzügigerweise eine Anhebung des Pflegesatzes um drei Prozent anbieten. Wissen Sie, da steigt in einem nach drei Jahren Pandemie die Wut hoch. Natürlich verstehe ich, dass Kostenträger versuchen, die Preise oder die Entgelte niedrig zu halten. Aber ich frage mich, ob die sehen, was hier los ist. Stattdessen streitet man, was jetzt bei den Personalkosten tatsächlich drin ist und bei den Sachkosten. Und am Ende heißt es, ihr bekommt die Energiekosten ersetzt, und beim Rest wird weggeschaut, auf angebliche Rahmenverträge mit Preisbindung verwiesen, die es nicht gibt – mit einer Ignoranz, wie ich sie noch nie in dieser Branche erlebt habe.

Noch haben viele Einrichtungen durch den Rettungsschirm und die Rücklagen aus den Vorjahren gewisse liquide Mittel. Doch wie lange? Das denke auch ich, und es resignieren viele. Denn irgendwann ist man erschöpft – auch von der Summe an Novellen und Regularien, der Änderung der Änderung von Landesrecht, Bundesrecht, Richtlinien, Verwaltungsanweisungen usw., die ständig auf einen einprasseln.

Durch die Branche geistern Zahlen, dass zwischen 60 und 80 Prozent der Betreiber in Schwierigkeiten stecken. Und alle hoffen jetzt, dass von irgendwoher die Lösung kommt, und versuchen, noch ein Stück weit zu überleben. Aber tagtäglich bekomme ich Nachrichten von Schließungen, weil wir in der Pflege sehr kleingliedrig sind. Mit vielen ambulanten Diensten, vielen kleinen Pflegeeinrichtungen. Von den großen haben erste – wie bereits erwähnt – Insolvenz angemeldet, und Orpea hat im Januar den Aktienhandel ausgesetzt, weil der Pflegedienstleister auch in Frankreich Probleme hat. Vielerorts sind aufgrund der hohen Kosten und des fehlenden Personals, weil man die Quote nicht erfüllen kann, schätzungsweise nur 82 Prozent der stationären Einrichtungen im Schnitt ausgelastet. Das geht ein paar Monate gut, aber nicht lange. Doch konnte man in den letzten acht Wochen einen Run auf die Zeitarbeit sehen, schwenkt dieser gerade um und geht in Richtung weniger Zeitarbeit, dafür werden Betten nicht ausgelastet. Denn statt eine Zeitarbeit zu engagieren, die Geld kostet, senkt man aus Not lieber die Belegung ab. Das kostet zunächst kein Geld. Am Ende schlägt diese Kalkulation aber gewaltig ins Gegenteil um.

Pflege ist immer weniger leistbar

Ein weiterer Punkt, der in der Pflege zu einem Problem wird, ist, dass sie für immer weniger Menschen leistbar ist. Weil die Pflegesätze von Jahr zu Jahr steigen, aber auch die Kosten für den einzelnen Pflegeplatz. Es gibt da alle möglichen Zahlen, und das ist auch ein Grundproblem: Dieses System ist enorm komplex. Selbst Fachleute steigen in diesem Dschungel nicht mehr durch. Grundsätzlich hat der Gesetzgeber das Ganze so geregelt, dass er einerseits die Gehälter auf Tarifniveau angehoben hat, doch die gewährten Leistungen der Pflegeversicherung, wenn jemand Pflege braucht, sind nahezu gleich geblieben. Allerdings – und das ist neu – gibt es eine Art Rabatt auf den pflegebedingten Aufwand in der stationären Pflege. Das trifft nicht auf die Unterbringungskosten zu. Im ersten Jahr sind das fünf Prozent, ab mehr als zwölf Monaten 25 Prozent, ab mehr als 24 Monaten 45 Prozent und ab mehr als 36 Monaten 70 Prozent. Ab 2024 sind es im ersten Jahr 15 Prozent, im zweiten Jahr 30 Prozent, im dritten Jahr 50 Prozent und ab dem vierten Jahr 75 Prozent. Das heißt, abhängig von der Aufenthaltsdauer des zu Pflegenden werden Rabatte fällig, statt dass die Pflegeleistungen erhöht wurden. Allerdings gilt dieser Rabatt nur für den pflegebedingten Aufwand, nicht für den Kostenanteil Unterkunft und Verpflegung und nicht für die Investitionskosten. Daher ist es schwierig zu sagen, um wie viel sich die Kosten für einen Pflegeplatz erhöht haben. Auch weil das in jedem Jahr anders ist. Böse Zungen, zu denen ich nicht gehöre, behaupten, dass der Gesetzgeber insgeheim damit rechnet, dass die durchschnittliche Verweildauer eines Pflegebedürftigen unter zwei Jahren liegt. Doch das sieht in unseren Einrichtungen ein bisschen anders aus.

Um Ihnen dennoch eine Hausnummer zu nennen: In unseren Einrichtungen liegt der Eigenanteil stationär im ersten Jahr, je nach Bundesland, zwischen 2800 Euro und

3 600 Euro. Durch die gestiegenen Lohn- und Sachkosten, die innerhalb der Pflegesätze nicht anerkannt wurden, geht das voll zulasten des Eigenanteils. Um zu verdeutlichen, wie sich die Gelder dann verteilen, hier folgende Berechnung: Aktuell mache ich rund 110 Millionen Euro Umsatz im Jahr. Davon entfallen etwa 70 Millionen auf Gehälter. Das sind alleine rund 65 Prozent an Personalkosten, und von diesen gehen rund 55 Prozent an die Sozialkassen und an das Finanzamt. Die gesetzlich verordnete Lohnsteigerung im letzten Jahr hat meine Personalkosten um etwa 10 Millionen Euro erhöht, und alleine von diesen gehen 6 Millionen an die Arbeitslosenversicherung, die Pflegeversicherung, Krankenversicherung, Finanzamt etc. Bei den Sachkosten ist es ähnlich. Zusätzlich fallen 19 Prozent Mehrwertsteuer an, die wir nicht wie etwa die Metall- oder der Automobilindustrie vorsteuerberechtigt abziehen können. Dann würde uns die Mehrwertsteuer gar nicht interessieren, weil es ein Nullsummenspiel wäre. Doch für uns ist die Umsatzsteuer ein Kostenfaktor. Also kann ich sagen, dass von den 110 Millionen Euro Umsatz im Jahr rund 50 Millionen an den Staat gehen. Er ist der größte Nutznießer dieser Teuerung, niemand verdient an dem Wandel seit Corona mehr, nicht einmal meine Mitarbeiter bekommen prozentual netto so viel Geld wie der Staat.

Um die steigenden Kosten für einen Pflegeplatz zu tragen, wurde im Pflege-Unterstützungs- und Entwicklungsgesetz (PUEG) unter anderem auch eine Betragserhöhung vorgenommen. Die Beiträge steigen von derzeit 3,05 Prozent auf 3,4 Prozent des Bruttoeinkommens. Dabei wird unterschieden in Beitragspflichtige mit Kindern und Beitragspflichtige ohne Kinder, die tiefer in die Tasche greifen müssen. Sind die Kinder allerdings älter als 25 Jahre, werden sie nicht berücksichtigt, Beitragszahler gelten dann sozusagen als kinderlos, das ist kompliziert und nicht nachvollziehbar. Gleichzeitig ist es eine Beschönigung der Symptome, ohne tatsächlich eine Lösung zu haben. Denn es bringt wieder keine so dringend erforderliche und längst überfällige grundlegende Veränderung. Und wenn wir auf dieser Welle weitermachen, wird das nicht die letzte Korrektur der Beiträge sein. Ja, die Kosten und damit die Beiträge werden steigen, der viel größere Effekt liegt aber woanders.

Statt einfacher wird der Tarifdschungel dichter und unverständlicher

Vor einigen Jahren hat dieser Trend begonnen, dass der Gesetzgeber für das Betreiben von Pflegeeinrichtungen zwei, drei und mehr Änderungen ausspricht. Vergleichbar mit Mehrfach-Impfstoffen erlässt der Gesetzgeber sogenannte Omnibus-Gesetze. Der Bund regelt dabei das Leistungsrecht, das heißt: Was zahlt die Pflegeversicherung? Und die Länder regeln das Ordnungsrecht. Also die Personalvorgaben, die Heimbauverordnung, die Größe der Heime etc. Jede dieser Parteien übt sich in Aktionismus und erlässt Vorschriften, Normen, Verordnungen, Verwaltungsanweisungen. Und wir kommen kaum mehr nach, all die Änderungen in der täglichen Praxis umzusetzen. Haben wir eine Änderung verstanden und umgesetzt, steht die nächste ins Haus. Das irritiert natürlich auch die Bewohner und Angehörigen und eigentlich jeden, der sich mit Pflege auseinandersetzt. Wer blickt da noch durch? Und zeigt sich Qualität wirklich an Excel-Tabellen und am Einhalten von Vorschriften, die seit zwanzig Jahren massiv zugenommen haben, oder an der Zufriedenheit der Bewohner? An der Menschlichkeit, wie mit ihnen umgegangen wird?

Sie denken sich an der Stelle vielleicht: Wichtig ist das schon, weil die Sicherheit natürlich gewährleistet werden muss. Das ist richtig. Gleichzeitig sollte es in einem vernünftigen Rahmen stattfinden. Denn trotz aller Entbürokratisierung, auf die in den letzten Jahren viel Energie aufgewendet wurde, sogar einen Entbürokratisierungsbeauftragten gab es, kommt am Ende noch mehr Bürokratie heraus. Wir dokumentieren unendlich viel, zum Beispiel müssen wir die Hilfsmittel, die jemand nutzt, in der Dokumentation festhalten. Also wenn jemand einen Rollstuhl nutzt, muss das festgehalten werden. Oder einen Rollator oder eine Brille. Das ist Krankenhaus-Schema, wir aber leben von Kommunikation. Die Dokumentation muss quasi den Prüfern des Medizinischen Dienstes und der Heimaufsicht beispielsweise vermitteln: Welche Hilfsmittel braucht dieser Mensch? Auch wenn ich ihn nicht kenne. Und jetzt haben meine Mitarbeiter bei einem Bewohner als Hilfsmittel »Brille« dokumentiert. Worauf es hieß: Das sei ein Pflegefehler, weil nicht dokumentiert wurde, ob es sich um eine Lese- oder um eine Fernsichtbrille handle. Man muss also nicht nur »Brille«, sondern exakt notieren, um welche Art von Brille es sich handelt. Eine solche Backpfeife ist gerade nach Durchstehen der Pandemie sehr motivierend. In einem anderen Fall landeten wir gar vor Gericht. Eine Mitarbeiterin hatte bei einer Bewohnerin, die sich krankheitsbedingt in ihrem Rollstuhl sehr stark hin und her bewegt, beim Eingeben des Essens die Rollstuhlbremse fixiert, damit die Essensausgabe möglich war. Das hatte auch die Heimaufsicht bemerkt, die an diesem Tag vor Ort war, was für die Mitarbeiter immer eine Stresssituation darstellt. Als sie beim Aufstehen dann vergessen hat, die Bremse zu lösen, kam die Frage »Haben Sie einen richterlichen Beschluss?« mit der Erklärung, das sei eine freiheitsentziehende Maßnahme. Natürlich haben wir keinen richterlichen Beschluss. Und das stellte einen Mangel dar, der uns zusammen mit der Androhung einer Zwangsgeldforderung zuging, sollte das noch einmal vorkommen. Daraufhin haben wir vor Gericht eine freiheitsentziehende Maßnahme beantragt. Aber bevor der Richter entscheiden konnte, ist die Bewohnerin verstorben. Vermutlich hätte uns der Richter gefragt, ob wir keine anderen Sorgen hätten in Zeiten wie diesen. Gleichzeitig wurde dem Widerspruch, den wir gegen den Zwangsgeldbescheid eingelegt hatten, nicht stattgegeben mit der Begründung vonseiten der Bezirksregierung: Es sei alles in Ordnung. Also mussten wir, als wir auf den richterlichen Beschluss warteten, die Bewohnerin – eine schwergewichtige Dame – zum Essen in einen anderen Stuhl hinübersetzen und drei, vier Versuche mit ihr unternehmen, bis das geklappt hat. Also wo ist bei einem immobilen Bewohner, der sich alleine weder im Rollstuhl noch aus dem Stuhl herausbewegen kann, der Unterschied zwischen einem Stuhl ohne Rollen und einem Rollstuhl, bei dem die Räder festgestellt sind? Der Rollstuhl mit festgestellten Rädern ist eine freiheitsentziehende Maßnahme, das Sitzen auf einem nichtbeweglichen Stuhl, der keine Räder hat, nicht. Die alte Dame vor dem Essen in diesen Stuhl zu hieven war eine Qual für sie, und die Angehörigen verstanden die Welt nicht mehr. Statt Expertenstandards und juristische Spitzfindigkeiten einzuhalten, wäre es in meinen Augen so viel wichtiger, mehr auf echte Transparenz und Menschlichkeit zu achten. Qualitätssicherung lässt sich auch auf anderen Wegen herstellen und muss ganzheitlich sein, das Ganze in den Fokus nehmen und nicht Teilbereiche. Gleichzeitig brauchen wir angesichts der aktuellen Notsituation auf dem Pflegemarkt grundsätzlich neue Lösungen, um den demografischen Wandel und vor allem die angespannte Lage auf dem Fachkräftemarkt und die gestiegenen Sachkosten schnell in den Griff zu bekommen. Ich habe dazu weiter unten meine Gedanken und Forderungen formuliert, um der Pflegekatastrophe entgehen zu können. Gleichzeitig ist es wichtig, neue Konzepte umzusetzen.

Nicht ständig neue Modelle fördern, sondern eine echte Lösung finden!

Im Sozialgesetzbuch XI Paragraf 45 f ist festgelegt, dass die Weiterentwicklung und Förderung neuer Wohnformen von der Regierung gewünscht sind und gefördert werden. Seit

Bestehen des Gesetzes sind inzwischen etliche Modellvorhaben aufgesetzt worden, und die Bundesregierung möchte, wie in dem neuerlichen Reformpaket vorgesehen, weitere neue Modelle fördern. Das ist in meinen Augen mittlerweile eine Beschäftigungstherapie, denn umgesetzt wurde bislang so gut wie nichts, zumindest nichts Substanzielles.

Zwei Jahre darf ein Modell entwickelt und drei Jahre erprobt werden, und dann hört das Gesetz auf. Was ist, wenn das Model drei Jahre lang funktioniert? 2014 haben wir auch ein solches Pilotprojekt gestartet. Im baden-württembergischen Whyl am Kaiserstuhl und bis heute haben wir die fünfte Verlängerung des Modells. Bis 31.12.23 wurde es nun ein weiteres Mal verlängert, und dann? Wissen Sie, was das für die Mitarbeiter, die Bewohner, die Träger bedeutet, immer zu bangen, ob es in zwölf Monaten wieder eine Verlängerung gibt oder nicht? Gerade jetzt in einer solchen Unsicherheit zu leben? Einige Mitarbeiter haben das nicht ausgehalten und in eine sichere Stelle zu einer anderen Einrichtung gewechselt. Denn Fachkräfte gehen zur Tür raus und kriegen sofort zehn Angebote. Während die Bewohner und ihre Angehörigen in steter Sorge leben und fragen: »Ja, muss ich jetzt ausziehen, wenn die Frist in drei Monaten vorbei ist?« Und ich kann nur entgegnen: »Weiß ich nicht. Ich weiß es einfach nicht.« Denn die Verlängerung für die zunächst am 31.10.2022 auslaufende Erlaubnis habe ich mit einem Schreiben vom 10.11.22 erhalten. Und als die angekündigte Aufnahme ins Gesetz von Mal zu Mal verschoben wurde, habe ich mir gesagt: Ich baue keine neuen Einrichtungen mehr. Ich lasse das alles so, wie es ist. Es ist schon schwierig genug mit den zunehmenden Kontrollen, den Quoten, den Schlüsseln. Doch als das sogenannte stambulante Modell in Whyl am Kaiserstuhl in der praktischen Umsetzung so gut funktionierte, habe ich es mir anders überlegt. Zum Hintergrund: Stambulant basiert darauf, dass die positiven Bereiche von ambulant und stationär verknüpft werden. Basis bildet das BeneVit-Hausgemeinschaftskonzept mit ambulantem Leistungsrecht. Das heißt auch, dass Angehörige sich mit einfachen Aufgaben selbst in den Pflegealltag einbringen, etwa indem sie gemeinsam mit dem Bewohner Wäsche waschen, den Knopf einer Bluse annähen oder Zeit miteinander verbringen. In Absprache mit dem Personal. Das entlastet, reduziert Kosten, denn durch das stambulante Betriebskonzept, ambulantes Abrechnungssystem und die Mithilfe der Angehörigen sinkt der Eigenanteil pro Monat und Bewohner um bis zu 1.000 € gegenüber stationären Einrichtungen (Heimen). Gleichzeitig verstärkt es die Nähe zwischen dem Bewohner und seinen Verwandten. Mehr dazu auf Seite 261.

Um zu beweisen, dass Stambulant nicht nur an einem Standort funktioniert, und beflügelt von Aussagen von Politikern aller Parteien auf Bundes- wie Landesebene, dass Stambulant ins Gesetz käme, setzten wir weitere Projekte auf. Mit Kommunen, die den Kontakt mit uns suchten – in Reute (Breisgau) sowie im baden-württembergischen Hettingen. Zudem interessieren sich Biederbach im Schwarzwald, die Gemeinden Bachhagel, Buttenwiesen sowie Gablingen im Landkreis Dillingen, Meßstetten im Zollernalbkreis, Gochsheim in Schweinfurt, Burgsinn in Landkreis Main-Spessart und Gutach im Landkreis Emmendingen.

Als im Mai 2023 das Haus »Im Winkel« in Hettingen mit 60 Plätzen in Betrieb ging, war immer noch nicht klar, ob es mit Stambulant weitergeht, obwohl man uns nach wie vor zusicherte: »Wir machen das.« Bei der Grundsteinlegung am 3. September 2021 sprach sich die anwesende Staatsministerin im Bundeskanzleramt Annette Wiedmann-Mauz (CDU) in ihrer Rede für eine vollkommene Anerkennung des Konzepts Stambulant aus. Ebenso Thomas Bareis, parlamentarischer Staatssekretär im Bundeswirtschaftsministerium (CDU), Ute Leidig, Staatssekretärin im Landessozialministerium (Die Grünen), und Johannes Bauernfeind, Chef der AOK in Baden-Württemberg. Mehr Verzahnung von ambulanter und stationärer Pflege müsse eines der wichtigen Ziele in der Pflege bleiben, sagte Wiedmann-Mauz weiter, und Ute Leidig versprach, dass das Land nach der Bundestagswahl einen neuen Gesetzesvorschlag beim Bund einbringen werde. Während Bauernfeind einräumte, dass er zu Beginn skeptisch gewesen sei. »Inzwischen unterstützen wir die Idee aber, wo wir nur können«, so der AOK-Vorstandsvorsitzende und meinte an die Politik gewandt, die entsprechenden Rahmenbedingungen zu schaffen. Doch es hat sich nichts getan. Es war eine Fehleinschätzung. Vertrauend darauf, dass das Modell umgesetzt würde, habe ich rund 17 Millionen Euro investiert. Doch bis heute ist Stambulant nicht im Gesetz. Obwohl die Landesregierungen von Baden-Württemberg und Bayern es immer noch wollen. Über Absichtsbekundungen geht das Ganze jedoch nicht hinaus, selbst ein einstimmiger Beschluss des bayerischen Landtages nützt nichts. Also stelle ich mir die Frage: Die Gebäude stehen, was jetzt? Als Unternehmer müssen Sie handeln, gerade im Moment, wo man sich wirklich gut überlegen muss, ob und wo man Geld ausgibt. Was also ist mein Plan B, wenn Stambulant nicht kommt? Denn stationär werde ich nicht mehr machen. Auf keinen Fall. Und auf dieser Grundlage haben wir ein Konzept entwickelt, das sich nach unserer Auffassung innerhalb des Gesetzes umsetzen lässt. Von der Baulichkeit wie ein Heim, ähnlich wie Stambulant, aber nicht stationär und mit einem reinen ambulanten Abrechnungssystem. Das startete, nachdem Stambulant einfach nicht das Go! erhielt, unter dem Namen »BeneVit LebenPlus« in dem neuen Haus in Hettingen. Stattdessen gibt es wieder eine Evaluierung, und entschieden wird nichts, weil sich bei der aktuellen Pflegereform im Moment alles nur um die Finanzen dreht und wie sich die Pflegeversicherung trotz steigender Personal- und Sachkosten trägt. Das positive Ergebnis der aktuellen wissenschaftlichen Analyse durch das unabhängige Forschungsinstitut IGES ändert daran genauso wenig wie die klare Empfehlung des Spitzenverbandes der Kassen (GKV-SV), Stambulant als Regelleistung ins SGB XI (Pflegeversicherung) aufzunehmen.

Leider weigert sich die Sozialhilfe, das Konzept LebenPlus trotz geringerer Eigenanteile anzuerkennen. Deswegen wird das Projekt Reute eine »normale« stationäre BeneVit-Hausgemeinschaft. Somit bleibt die Grundidee der stationären Hausgemeinschaft bestehen, mit dem wir den Bewohnern das Leben so normal wie möglich machen möchten.

Etwa indem zusammen mit einer Präsenzkraft täglich frisch gekocht wird, jeder eine Aufgabe übernimmt, auch, wenn er dement ist, wenn er oder sie dazu in der Lage ist und das auch möchte, um sich gebraucht zu fühlen. Dann sind auch keine ständig neuen Vorgaben zu erfüllen. So wird in einigen Bundesländer darüber nachgedacht, wie Pflegeheime bis zum Jahr 2030 klimaneutral werden können. Gestatten Sie mir die Frage an der Stelle: Wie halten Sie es mit dem Bestand? Das kostet alles Geld, und selbst bei 70 Prozent Förderung bleiben Kosten hängen, die nicht refinanzierbar sind – zumindest nicht im jetzigen System. Derzeit werden solche Kosten von der Sozialhilfe nicht als notwendig anerkannt und eine Amortisation über eingesparte Energiekosten entfällt, da im Pflegesatz nur die tatsächlichen Kosten anerkannt werden. Und das zeigt eines der Grundprobleme. Wir halten uns an das Gesetz, an Vorgaben, und dann ändert der Gesetzgeber wieder alles. Es gab eine Zeit, da gab es so etwas wie Bestandschutz in der Pflege, das ist zu einem Fremdwort geworden. Denn heute ändert man, ob Bewohner in Einzelzimmern oder nur in Doppelzimmern untergebracht werden dürfen, oder auch, dass zum Beispiel bei bereits bestehenden Gebäuden in Zukunft für Klimaneutralität gesorgt werden soll. Das ist bei Neubauten umsetzbar, bei Bestand schwierig. Natürlich ist Klimaschutz sehr wichtig, gleichzeitig gibt es gerade in der Pflege auch dringende Maßnahmen, die wichtig sind. Woher kommt das Personal, wie bleibt Pflege bezahlbar usw.?

Was ließe sich verbessern? Diese Frage treibt mich seit Jahrzehnten an. Denn schon vor Inkrafttreten der Pflegeversicherung 1995 wechselte ich vom öffentlichen Dienst in die Pflegebranche. Zuvor war ich zwei Jahrzehnte als Kommunalbeamter im hohenzollerischen Burladingen und zuletzt als Kämmerer für das Finanz- und Bauressort zuständig. Doch nachdem viele hilfsbedürftige ältere Menschen in unserem damals rund 13 000 Einwohner zählenden Städtchen ihren Heimatort verlassen mussten und nachdem auf Betreiben einer Bürgerinitiative und eines Fördervereins im letzten Moment der kirchliche Träger für das Altenheim-Projekt absprang, erhielt ich durch einen Bekannten Kontakt zur Stiftung Liebenau. Sie betrieb Pflegeeinrichtungen für Behinderte und Ältere und experimentierte bereits zu dieser Zeit mit Mehrgenerationenhäusern. Diese Begegnung veränderte mein Leben – ich gab Beamtenstatus, Lebensanstellung und Pensionsberechtigung auf und wurde kaufmännischer Geschäftsführer der St. Anna-Hilfe der Stiftung Liebenau. So wechselte ich in die Pflegebranche und konnte an meinem Wohnort ein Pflegeheim und eine Wohnanlage realisieren. Hierbei geht es mir darum, pragmatische Lösungen zu finden, die allen dienen und eine Pflege möglich machen, wie wir uns diese für uns persönlich, für unsere Eltern und Freunde wünschen. Daher hier meine Forderungen und Lösungsvorschläge, um die mehr als angespannte Situation auf dem Pflegemarkt und einen Pflegekollaps zu verhindern:

Meine Forderungen und Lösungsvorschläge, um die Pflegekatastrophe zu verhindern ...

1. Und speziell, das Personal-Problem zu lösen:

Besserstellungsverbot der Zeitarbeit. Eine Zeitarbeitskraft darf nicht wesentlich mehr verdienen als Stammpersonal. Das erhöht die Kosten, führt zur Demotivation unter den Mitarbeitern und zu Abwanderung. Noch konnte sich der Gesetzgeber nicht zu einer solchen Novelle durchringen.

Anerkennung einer leistungsgerechten Bezahlung des gesamten Personals im Pflegesatz. Das bedeutet auch Hauswirtschaft, Haustechnik, Verwaltung, Leitung, alle, die es zum Betreiben einer Pflegeeinrichtung braucht, denn Pflege bedeutet auch Wohlgefühl und Wohnen und nicht Krankenhaus. Ich brauche rundum gute Qualität, und die Pflegefachkraft ist dabei die kleinste Personengruppe. Das Sozialgefüge in solchen Einrichtungen muss stimmen. Folglich kann eine Pflegekraft mit einer dreijährigen Ausbildung nicht ein Drittel mehr verdienen als eine ebenfalls drei Jahre ausgebildete Hauswirtschaftskraft. Der Verband und die Medikamentengabe sind wichtig, doch auch, dass das Essen schmeckt und die Atmosphäre stimmt. Das ist für das Wohlbefinden mindestens genauso entscheidend.

Fokussierte und keine generalisierte Ausbildung. In der Ausbildung zur Pflegefachkraft durchläuft man eine dreijährige Ausbildung auf der Entbindungsstation, auf der Intensivstation, überall, wo es um Krankheit und Pflege geht. Obwohl man am Ende in der Altenpflege arbeiten möchte. Die Azubis sind nur $\frac{1}{3}$ ihrer Ausbildungszeit im Ausbildungsbetrieb. Das reicht nicht, um Sozialkompetenz und die besonderen Anforderungen der Altenpflege zu vermitteln. Es hieß 2020 bei der Einführung dieses neuen Ausbildungsgedankens, dass dieser nach fünf Jahren evaluiert, also überprüft würde. Doch wir wissen heute schon, dass das Ganze in eine falsche Richtung geht.

Kinderbetreuungszeiten an die Arbeitszeiten von Pflegekräften anpassen und niederschwellige betriebliche Kinderbetreuung ermöglichen. Ein Großteil der Mitarbeiter in der Pflege sind Frauen. In meinen Einrichtungen beträgt der Anteil +/− 75 Prozent. Von ihnen sind regelmäßig 120 bis 130 in Elternzeit, und danach gilt es für viele, die Betreuung ihrer Kinder zu organisieren. Gleichzeitig ist bekannt, dass Erzieher fehlen, sodass einige Kommunen, wenn die Vorgaben nicht erfüllt sind, notgedrungen Kindergartengruppen schließen. Von Halbtagskindergarten bis rollierendem System ist die Rede. Rollierende Systeme, das heißt, eine Woche ist die Einrichtung offen, eine Woche geschlossen, und die Mitarbeiter erklären dann natürlich: »Also in der Woche kann ich nicht arbeiten, da habe ich keine Kinderbetreuung.« Gleichzeitig kann ich meinen Bewohnern nicht sagen: »In der Woche machen wir keine Pflege, weil ich keine Mitarbeiter habe.« Oder wir arbeiten nur nine to five oder auf Basis einer Viertagewoche. Vor Corona hatte ich in vielen Einrichtungen eine niederschwellige Kinderbetreuung mit Tagesmüttern. Die behördlichen Auflagen für eine solche sehr sinnvolle Hilfe für Eltern, vor allem Mütter, Kinder und Beruf in Einklang zu bringen, sind zwischenzeitlich derart hoch, dass wir das nur noch an einem Standort anbieten können. Insofern ist es wichtig, dass die Kommunen ihre Kinderbetreuungsangebote auch an die Arbeitszeiten in der Pflege anpassen. Mir ist wohl bewusst, wie schwierig dies für die Kommunen ist. Aber Staat und Kommune sind auch im Rahmen der Daseinsvorsorge für eine funktionierende Pflegeinfrastruktur zuständig. Dafür braucht es eben auch passende Kinderbetreuungszeiten. Der Arbeitstag in der Altenpflege beginnt nach dem Nachtdienst um 6 und 7 Uhr und endet um 20 bzw. 21 Uhr. Dann beginnt ein weiterer Nachtdienst. Als Träger können wir nicht alles lösen und brauchen Rahmenbedingungen, die von der öffentlichen Hand zu schaffen sind. Man kann nicht immer nur von uns fordern und verlangen, aber die eigenen Hausaufgaben nicht machen. Im Bewusstsein, wie schwierig dies in öffentlichen Kinderbetreuungseinrichtungen ist, wäre es eine Alternative, die betriebliche Kinderbetreuung so zu gestalten, dass wir dies auch realistisch umsetzen können. Nur ein Hochsetzen aller Standards bis zur Unerfüllbarkeit befriedigt die Theoretiker, Wissenschaft und Bürokraten, aber den Betroffenen ist damit nicht geholfen. Mehr dazu in Kapitel 6.

Personalbemessung nicht nach Quoten, Schlüssel und Äquivalenzziffern, sondern bedarfsgerecht und effektiv. Bisher wurde im stationären und teilstationären Bereich (Tagespflege, Kurzzeitpflege) die Personalbemessung nach länderspezifischen Quoten und Schlüsseln definiert. In der Hauswirtschaft, Verwaltung, Haustechnik und Betreuung mit 1 : x. Das heißt, der Quotient ist sehr verschieden je nach Pflegegrad und in der Hauswirtschaft anders als in der Betreuung, in der Verwaltung usw. und in jedem Bundesland anders. So definiert sich die Quote pro Bewohner. In der Pflege wiederum gibt es eine Quote je Bewohner je Pflegegrad. Dabei müssen 50 Prozent der sich hieraus ergebenden Pflegekräfte Fachkräfte mit dreijähriger Ausbildung sein. Hinzu kommen dann Quoten für den Nachtdienst (explizit gehen wir darauf und auch auf das Nichtschlafen etc. in Kapitel 3 und 4 ein), für den Tagdienst, eine Gerontofachkraftquote und vieles mehr und in jedem Bundesland anders. Das ist vor allem spannend, wenn man im »Grenzbereich« der Bundesländer Einrichtungen hat, und wenige Kilometer entfernt gelten unterschiedliche Regelungen, was von niemandem verstanden wird! Allerdings wurde die Personalbemessung ab dem 1. Juli 2023 neu geregelt. Paragraf 113c SGB XI gibt nun Höchstwerte je Pflegegrad nach Äquivalenzziffern vor. Was das dann für das länderspezifische Ordnungsrecht in der Fachkraftquote bedeutet und wie das Ganze dann in länderspezifische Rahmenverträge umgewandelt wird, ist nur in wenigen Bundesländer vor dem 1. Juli 2023 geregelt. Wir sollen das umsetzen, aber die Regelung kommt erst später. Was klar ist, dass es keine Fachkraftquote mehr geben wird, sondern eine Äquivalenzziffer für dreijährig ausgebildete Pflegekräfte, für einjährig ausgebildete Kräfte und für Ungelernte. Das heißt, das ganze System wird umgekrempelt, und wir wissen heute noch nicht, wie. Also zu der bisherigen Quote für Pflegfachkräfte kommt eine weitere Quote für ausgebildete Helfer hinzu. Qualifizierte Helfer, die es derzeit gar nicht gibt und von heute auf morgen auch nicht ausgebildet werden können, zumal die Länder sich noch uneinig sind, wie diese Helfer-ausbildung gestaltet werden soll. Quoten und Schlüssel sind prähistorisch und unterstellen von vornherein, dass Träger, Pflegedienstleitungen, Hauswirtschaftsleitungen, Heimlei-tungen unfähig sind zu wissen, wie viel und welch qualifi-ziertes Personal erforderlich ist. Während im ambulanten Bereich auf all das verzichtet wird. Drei Fachkräfte sind die Voraussetzung für einen ambulanten Dienst und die berufs-spezifischen Regelungen der sogenannten Vorbehaltsaufga-ben. Das heißt, das, was nur eine Pflegefachkraft tun kann. Sonst braucht es nichts, bei ambulant gibt es keine Quoten und Schlüssel, und es funktioniert.

Einwanderung für Pflegekräfte wirkungsvoll vereinfa-chen. Aktuell warten wir ein Jahr und mehr auf neue Mit-arbeiter aus Nicht-EU-Ländern, bis deren Einwanderungs-antrag genehmigt ist. Vor allem müssen sie per Dokument beglaubigt werden und mit Stempel nachweisen, welche Schule sie besucht und welche Lehrgänge sie absolviert ha-ben, und leider nicht selten anschließend ein Praktikum im Krankenhaus machen. Wenngleich man von bestimmten Ländern weiß, dass diese über eine sehr gute Pflegeausbil-dung verfügen und dass sie, ähnlich wie Ärzte, selbst eine Diagnose stellen und entscheiden können, welche Medika-mente sie verschreiben bzw. verabreichen. Ich finde das wirklich ein Luxusproblem, das es in anderen Bereichen etwa bei Ingenieuren, Programmierern etc. nicht gibt. Na-türlich sind Pflegekräfte für das Wohl eines Menschen ver-antwortlich, doch ist es nicht die Aufgabe von Pflegedienst-leitungen, einschätzen zu können, ob jemand seinen Job gut macht oder nicht? Parallel dazu könnte ein Genehmigungsverfahren laufen, das nach sechs Wochen abgeschlossen ist, um die pflegerischen Fertigkeiten zu prüfen.

Preiswerten Wohnraum für Pflegekräfte schaffen. Wenn wir heute darüber reden, dass wir die Zuwanderung von Fachkräften erleichtern und auch gute Arbeitsbedingungen schaffen wollen, dann geht das nicht nur um Geld, sondern auch um entsprechende Rahmenbedingungen wie bezahlbaren Wohnraum. Wohnortnahe Standorte, an denen Pflegeeinrichtungen bevorzugt entstehen sollen, verfügen vor allem im ländlichen Raum über keinen Bahnanschluss, keine öffentlichen Nahverkehrsmittel, anders etwa als Städte wie München, Stuttgart oder Berlin. Und dennoch braucht man dort Wohnraum, der erreichbar ist, bezahlbar und annehmbar. Auch Fachkräfte aus Usbekistan oder von den Philippinen wollen ordentliche Unterbringung und in keiner Kaserne wohnen. Ich würde gerne Wohnraum schaffen, mir fehlen dazu jedoch die finanziellen Mittel. Und da die Pflegesituation in meinen Augen ein öffentlicher Auftrag ist, ist es Aufgabe der Kommunen, sich darum zu kümmern. So wie sie auch für Kindergärten, Schulen und Pflegeheime Sorge tragen und dafür, dass die Menschen, die dort wohnen, auch eine entsprechende Infrastruktur vorfinden – Ärzte, einen Supermarkt, Kinderbetreuung.

2. Meine Forderungen, um Menschen, die Pflege brauchen, und ihre Angehörigen zu entlasten:

Entbürokratisierung des undurchsichtigen Tarifdschungels, mehr Transparenz bei Leistung und Preis. Nehmen wir das Beispiel mit diesem Rabattmodell, dem Leistungs-zuschuss der Pflegekassen: Wieso muss das so kompliziert sein? Sollten die Systeme nicht von denjenigen, die es be-trifft – die Leistungen beziehen, aber auch die damit arbeiten müssen –, verstanden werden? Oder nur für Bürokraten nachvollziehbar sein?

Auflösung der Sektoren. Je nachdem, ob ich ambulant zu Hause, in der Tagespflege oder im Heim gepflegt werde, sind die Leistungen der Pflege- und Krankenversicherung unterschiedlich. Es geht um die Pflegebedürftigkeit, die vom Sozialversicherungssystem abgedeckt werden muss, nicht um die Art des Wohnens. Die Leistungen daran zu knüpfen, spart nicht nur unsinnigen Bürokratieaufwand, es schafft auch Transparenz und überlässt die Wahl der Versorgung dem Betroffenen oder seinen Angehörigen. Übrigens ein immer noch verbreiteter Irrtum, dass ambulant die günstigste Versorgungsform wäre. Für die Betroffenen ja, für die Kassen ist die Kombination ambulante Pflege und Tagespflege die mit Abstand teuerste Versorgungsform. Es besteht der nahezu dreifache Leistungsanspruch wie stationär.

Vergütete Eigenleistungen der Angehörigen, unabhängig von der Art der Wohnform. Aktuell erhalten Pflegebedürftige bei ambulanter Betreuung Pflegegeld, bei stationär gilt diese Regelung nicht. Angehörige könnten aber auch hier, wenn sie Eigenleistungen erbringen, ein Pflegegeld erhalten, wie das in der Häuslichkeit, sprich in der ambulanten Betreuung, der Fall ist. Abhängig vom Pflegegrad, indem geleistete Betreuung von Angehörigen als Pflegegeld vergü-

tet wird. Das würde die Einrichtung wohnortnaher Altenheime begünstigen. Bei Auflösung der Sektoren wäre dieser
Effekt automatisch gegeben.

Leistbarer Eigenanteil. Trotz der aktuellen Rabattstaffel
sind circa 3 000 oder 3 500 Euro Eigenanteil für viele Menschen nicht leistbar. Oftmals verbrauchen sie im ersten Jahr
einen Großteil ihres über die Jahre angesparten Vermögens.
Das ist vermutlich auch der Gedanke hinter dieser nicht zu
verstehenden neuerlichen Rabattstaffel. Durch das Pflege-
unterstützungs- und -entlastungsgesetz (PUEG) wird zum 1.
Januar 2024 der Anteil an den pflegebedingten Aufwendungen, den die Pflegeversicherung leistet, bei einer Verweildauer von 0 bis 12 Monaten von 5 auf 15 Prozent erhöht.
Bei einer Verweildauer von 13 bis 24 Monaten von 25 auf
30 Prozent, bei einer Verweildauer von 25 bis 36 Monaten
von 45 auf 50 Prozent und bei einer Verweildauer von mehr
als 36 Monaten von 70 auf 75 Prozent. Das betrifft den in
vollstationären Pflegeeinrichtungen zu zahlenden Eigenanteil an pflegebedingten Aufwendungen. Warum so kompliziert? Die Lösung wäre, dass die Pflege- und Krankenversicherung die kompletten Kosten der Pflege übernimmt, was
ursprünglich von der Pflegeversicherung so vorgesehen war,
während Unterkunft und Verpflegung wie auch zu Hause
aus eigener Tasche zu zahlen seien, so der Grundsatz. Die
Räumlichkeiten zu stellen war Sache des Staats, finanziert
aus Länderzuschüssen. Davon haben wir uns allerdings in
allen Bereichen total entfernt. Gleichzeitig erhält man bei
der ambulanten Versorgung mehr Leistungen als stationär.
Egal, ob das Verbände, Hilfsmittel oder Umbauten anbe-

langt. Ambulant ist gut und wichtig, stößt aber an Grenzen. Ambulant ist bei ganzheitlicher Rechnung die teuerste Versorgungsform. Fahrzeiten von Wohnung zu Wohnung, keine barrierefreien Räumlichkeiten etc. Das heißt, wenn man richtig rechnet, ist eine stationäre Pflege günstiger. Sie haben barrierefreie Ausstattung, haben keine Wege, während Pflegekräfte ambulant nur 60 bis 70 Prozent am Patienten sind, sind sie im Heim zu 100 Prozent am Patienten. Warum kommt man nicht auf die Idee, ambulante Operationen zu machen? Der Grundsatz »ambulant vor stationär« wird glorifiziert, denn warum verbessert sich der Pflegegrad von 20 Prozent unserer Bewohner, nachdem sie zu uns kommen? Weil ambulant so toll ist? Natürlich ist ambulant wichtig, hat aber Grenzen, und die Glorifizierung hilft niemandem. Es braucht eine realistische Einschätzung.

Kassenleistungen an jährliche Steigerungen von Lohn- und Sachkosten anpassen. Wenn die Inflation aktuell bei sechs, sieben Prozent liegt und die Kassenleistungen gleich bleiben, geht die Rechnung nicht mehr auf. Die Kassenleistungen der Pflegeversicherung müssen an den Lebenshaltungskosten-Index angepasst werden.

Wohnortnahe, quartiersbezogene Angebotsstrukturen und Wohnformen, um den Menschen die Möglichkeit zu bieten, in ihrem sozialen Umfeld zu bleiben. Trotz Pflege. Das ist ein schöner Gedanke, doch wird er in der Umsetzung von Quoten und Schlüsseln und damit von zu normierten Vorgaben und Standards blockiert. Ein Beispiel: Auch wenn wir zum 1.7.23 statt Personalschlüssel und Pflegefachkraftquote Äquivalenzziffern bekommen haben, bleibt in Bayern und Baden-Württemberg die Nachtdienstquote und sind weiterhin zwei Mitarbeiter pro Nacht erforderlich. Zwei Nachtdienste sind rund fünf Vollzeitstellen. In einem kleinen Haus mit 50 Betten wären das im Prinzip ein Viertel der Pflegekräfte in der Nacht, da kann ich einen vernünftigen Tagdienst kaum noch abdecken, weil gar nicht so viel Personal für diese Einheit vom Gesetzgeber vorgesehen ist. Das ist ein echtes Dilemma: Zum einen will man politisch – was ich sehr begrüße – kleine wohnortnahe Angebote mit familiären Strukturen und keine großen Bunker mit 100 oder 200 Plätzen. Zum anderen bedeutet klein natürlich auch eine deutlich geringere Personaldecke. Wenn die vorhandenen Mitarbeiter durch Quoten und Schlüssel in bestimmte Zeiten gezwängt werden, geht die Gleichung nicht auf. Weil ich als Betreiber zu viele Mitarbeiter in der Nacht einsetzen muss, Mitarbeiter, die am Tag fehlen. Gleichzeitig ist es in unseren Einrichtungen so, dass durch unser Konzept und den hohen Aktivierungsgrad der Bewohner, mit Teilnahme am Leben und viel körperlicher und geistiger Bewegung, die Senioren abends müde sind. In meinen Einrichtungen dokumentieren wir ständig, ob und wie viele Bewohner nächtliche Unterstützung brauchen oder unruhig sind. Das beläuft sich auf ein, zwei Bewohner pro Einrichtung und Nacht. Sie müssen dann vielleicht anders gelagert werden oder brauchen Unterstützung beim Toilettengang, dafür wäre ein Mitarbeiter völlig ausreichend. Stattdessen gilt es, zwei zu beschäftigen: 365 Tage, unter Einhaltung des Arbeitsschutzgesetzes, der Ruhezeiten und der Pausenzeiten, und damit kommen Sie auf fünf Vollzeitstellen. Das heißt, der Gesetzgeber verhindert seine Vorstellungen aktuell selbst und damit kleine wohnortnahe, familienähnliche Angebote. Weil die Vorgaben so sind. Gleichzeitig darf es nicht mehr kosten. Es ist eine Quadratur des Kreises. Das muss neu bedacht werden! So haben wir schon vor Jahren eine Technik entwickelt, die eine Rufbereitschaft automatisch alarmiert, wenn ein Ruf in der Nacht nicht innerhalb von sieben bis acht Minuten an der auslösenden Stelle quittiert wird. Sollte die in der Nähe zur Einrichtung befindliche Rufbereitschaft, aus welchen Gründen auch immer, diesen Alarm nicht hören, wird automatisch die Pflegedienstleitung verständigt. (Wir hatten während der Pandemie nachts einmal einen Infektionsausbruch. Als am folgenden Tag bei den beiden Nachtdiensten erhoben wurde, wer welchen Kontakt hatte, ergab sich beim zweiten Nachtdienst, dass er null Komma null Kontakt hatte, auch nicht mit Bewohnern.)

Weg von Struktur- und Prozessqualität, hin zu Ergebnisqualität. Ergebnis heißt für mich: Wie fühlen sich die Menschen? Wie geht es ihnen? Geht es ihnen gut, fühlen sie sich wohl, gebraucht, verspüren sie Lebensfreude? Und das ist etwas anderes als Dokumentationen, die prüfen, ob der Personalschlüssel, der externe Standard eingehalten ist, den der Gesetzgeber vorgibt und den der Medizinische Dienst (MD) und die Heimaufsicht kontrollieren. Doch ist es in meinen Augen ein Irrglaube, dass, wenn alle Vorschriften eingehalten werden, nur etwas Gutes herauskommen kann: Operation gelungen, Patient tot. Nein, danke.

Stärkung der Autonomie und Selbstbestimmung pflegebedürftiger Menschen. Durch Förderung vorhandener

Ressourcen, etwa wenn jemand eine schöne Schrift hat, so schreibt er auf die Tafel, auf der täglich das angebotene Essen zu lesen ist. Wer einen grünen Daumen hat und gern im Garten arbeitet, kann sich um die Blumen kümmern oder den Rasen mähen, wenn er möchte. Ressourcen zu stärken ist ein primäres Mittel der Prävention und der Rehabilitation. Es gibt Menschen das Gefühl, wertvoll zu sein, und fördert ihre Vitalität. Sie sollen in meinen Augen auch entscheiden dürfen, was sie zum Beispiel essen wollen, und nicht von der Tochter oder dem Sohn vorgehalten bekommen, was gesund wäre, wenn sie doch lieber Butter essen oder auch mal ein Stück Sahnetorte. Weg von der Fremdbestimmung durch Dritte, älteren Menschen ihren Willen lassen, selbst wenn sie dement sind, das verstehe ich unter der Wahrung der Würde eines Menschen, und die gilt auch im Alter, und es bedarf da gerade bei dementen Menschen Einfühlung und nicht Erziehung. Vor allem auch im Hinblick auf den demografischen Wandel. Es ist für meine Mitarbeiter eine immer größere Herausforderung neben der Einhaltung aller Vorschriften, Expertenstandards, Mitarbeiterwünsche bei der Dienstplan-Gestaltung auch die Erwartungen der Angehörigen zu erfüllen. Oftmals entgegen dem Willen des Bewohners und gegen jegliche fachliche Kompetenz. Tun wir das nicht, dann herrscht Drama.

Reduktion der Fremdbestimmung durch den Gesetzgeber. Wir brauchen ein vernünftiges Maß an normativen Vorgaben und zielgerichteten Kontrollen, indem man von Leistungsträgern eine qualitative Verantwortung einfordert. Statt der immer stärker zunehmenden, relativ wirkungslosen und kostenintensiven, wie ein Überwachungsmarathon anmutenden Kontrollen.

Psychosoziale Beratung der Angehörigen. Denn es ist ein zunehmendes Problem unserer Gesellschaft, dass wir verlernt haben, mit dem Tod umzugehen. Viele denken auch, wenn jemand stirbt, hat daran jemand Schuld. Denn lebte man in einer Großfamilie, bekam man das anders mit als heute. Sterben wurde anders wahrgenommen, es zählte zum normalen Lauf des Lebens, dass ältere Menschen, die Uroma oder der Großvater, im Laufe der Zeit verstorben sind. Das zählte bereits für Kinder zur Normalität, und diese Selbstverständlichkeit von Leben und Tod ist vielen irgendwie verloren gegangen, sodass viele Angehörige mit dieser Situation große Schwierigkeiten haben. Und auch wenn wir ein Stück weit Projektionsfläche ihrer Ohnmacht und Fassungslosigkeit sind, können wir nicht in dem Umfang unterstützend tätig sein, wie dies zunehmend erforderlich wäre. An der Stelle braucht es eine psychosoziale Beratung, am besten bereits, wenn sich erkennen lässt, dass der hochaltrige Mensch langsam auf den Tod zugeht. Damit Angehörige besser auf diese einschneidende Erfahrung vorbereitet sind. Aus eigener Erfahrung weiß ich, als meine Frau plötzlich verstorben ist, was das für eine Extremsituation ist.

Die Abzeichnungspflicht ambulant beenden. Aktuell müssen im ambulanten Bereich alle erbrachten Leistungen, die ein Pflegedienstbetreiber abrechnet, von den Angehörigen oder vom Klienten abgezeichnet werden, angeblich, um Betrug zu vermeiden. Doch auch Unterschriften lassen sich fälschen, und es ist ein Riesenaufwand, gerade bei dementen Kunden, da in dem Fall immer der Angehörige oder Betreuer abzeichnen muss. Ich plädiere für freiwillige Kontrollen via App, mit denen Angehörige die Möglichkeit erhalten, die Leistungen zu überprüfen. Das ist moderner, spart Zeit und gibt einen permanenten Überblick über alle erbrachten Leistungen. 24/7. Wir haben in unseren Einrichtungen für Angehörige eine solche App entwickelt. Mit der haben sie auch Einblick in die wöchentlichen Speisepläne, in die Aktivitäten und Ausflüge.

3. Meine Forderungen aufseiten des Pflegesystems:

Mehr Verantwortung der Dienstleister für Ergebnisqualität. Weg vom Diktat der Prozess- und Strukturqualität und dem Irrweg: je höher der Pflegegrad, umso höher die Kassenleistung. Hin zur Verbesserung des Gesundheits- und Pflegezustands, zu mehr Wohlgefühl und Lebensfreude.

Recht der Anbieter stärken. Sei es bei den Pflegesatzverhandlungen, den Kontrollen usw. Einrichtungen und Anbieter sind nahezu ungeschützt. Klageverfahren dauern Jahre und sind allein schon deswegen nicht hilfreich. Wenn ich heute eine Kostensteigerung habe, kann ich nicht erst in ein bis zwei Jahren durch ein Urteil die Refinanzierung im Pflegesatz erhalten. Bei jeder Beschwerde, jeder Kontrolle muss die Einrichtung ihre Unschuld beweisen, es gilt die Schuldvermutung. Nicht alle anonymen »Whistleblower« sind ehrenwert und missbrauchen das derzeitige System, um Rache zu üben und bewusst Schaden zuzufügen.

Auflösung der Widersprüche, bundeseinheitliches Leistungsrecht. Im Rahmen der Föderalismusreform ging am 1. September 2006 das Ordnungsrecht auf die Länder über, und so definiert jedes Bundesland die Quoten und Schlüssel. Folglich sind in jedem Bundesland andere Personalschlüssel zu erfüllen, gelten andere Auflagen, wie Zimmer belegt werden dürfen, wie viel Personal im Nachtdienst einzuteilen ist etc. Doch die Pflegeversicherung zahlt in jedem Bundesland das Gleiche, und die Bewohner müssen die Differenz ausgleichen. Das gilt auch für das unterschiedliche Niveau der Tariflöhne. Das erschwert das Betreiben von Einrichtungen und macht Pflege teurer. Alle reden von Qualität, und die definiert jedes Bundesland anders. Und wenn wir von mehr Personal sprechen, von welchem Personalschlüssel sprechen wir, von dem von Bayern, Baden-Württemberg oder dem Saarland? Von welcher Ausgangssituation, die ja mit Einführung der Äquivalenzziffer wieder eine andere sein wird? Mein Lösungsvorschlag: beides Leitungs- und Ordnungsrecht muss deckungsgleich sein und wieder zurück zu einem bundeseinheitlichen Ordnungsrecht geführt werden.

Verlässlichkeit für nachhaltiges Handeln durch Stabilität in der Gesetzgebung auf Landes- und Bundesebene. Kaum haben wir eine Novelle in der Praxis umgesetzt, kommt die nächste, wir kommen gar nicht mehr in unserer Kernaufgabe an, geschweige denn, dass wir zum Beispiel Reisen mit unseren Senioren planen, wie wir das früher einmal gemacht haben. Wir sind nur noch Getriebene, können keine Routine mehr entwickeln. All das ist maximal belastend und führt in den Einrichtungen zum Verwaltungsinfarkt.

Absenkung der Belegung in den Kalkulationsgrundlagen der Pflegesätze auf 90 Prozent. Im Heimrecht endet der Vertrag und die Zahlungspflicht mit dem Tod des Bewohner. Bis der Platz wieder belegt werden kann, vergehen in der Regel ein bis zwei Wochen. Die Beerdigung muss organisiert werden, das Zimmer durch einen Angehörigen geräumt usw. Allein dadurch entsteht eine Auslastungslücke von zwei bis drei Prozent. Wenn dann noch Personalengpässe eintreten und wie es im Frühjahr und Herbst üblich ist, mehrere Bewohner gleichzeitig sterben, die Behörde einen Aufnahmestopp verhängt …, rutscht die Auslastung schnell unter 90 Prozent. Da bei der Kalkulation der Entgelte aber eine Auslastung von 98 Prozent in den meisten Bundesländer hinterlegt ist, führt das zu wirtschaftlichen Schieflagen. Es braucht Spielraum, sonst steht man schnell an der Wand. Gerade auch weil wir dem Tod und dem würdevollen Auszug eines Bewohners und seinen Angehörigen Raum schenken müssen und das auch wollen. Aber auch um personelle Engpässe ausgleichen zu können. Siehe Ausführungen zur Zeitarbeit, Seite 16 folgende.

Anerkennung der personalen Sachkosten im Pflegesatz, Anerkennung der tatsächlichen Personal- und Sachkosten im Pflegesatz. Eine Selbstverständlichkeit und doch bei jeder Pflegesatzverhandlung ein Streitthema.

Offenheit für neue innovative Konzepte. Zum Beispiel Anerkennung von stationären Hausgemeinschaften, wie sie von uns seit fast zwanzig Jahren betrieben werden. Im Ordnungsrecht und im Pflegesatzverfahren sind sie heute noch nicht als Regelleistung verankert und gelten als Ausnahme und Sonderfall. Außerdem berücksichtigen die Personalschlüssel keine Präsenzkraft als Mischung aus Pflege und Hauswirtschaft, das, was pflegende Angehörige zu Hause machen, machen Präsenzkräfte im Hausgemeinschaftskonzept in der Einrichtung. In den Normen und Vorgaben, in den Personalschlüsseln usw. gibt es Pflege, Pflegehilfskraft, Hauswirtschaft. Aber keine Präsenzkraft, die wie ein pflegender Angehöriger zuhause auch pflegerische Aufgaben in der Grundpflege – so wie eine Hilfskraft – übernimmt. Den Haushalt führt und die Hauswirtschaft. Sie animiert die Bewohner zum Beispiel, Kartoffeln zu schälen. Nicht wegen des Kartoffelschälens, sondern weil damit Ergotherapie verbunden ist. Indem der Bewohner seine Fingerfertigkeit übt und behält, was auch beispielsweise beim Lesen, Schreiben, beim selbstständigen Anziehen wichtig ist. Backt man zusammen einen Kuchen, geht es nicht primär ums Kuchenbacken, sondern darum, das Gedächtnis zu trainieren, etwa, dass man sich Gedanken macht, welche Zutaten brauchen wir, in welcher Reihenfolge werden diese verarbeitet ... Wir haben in keinem einzigen Bundesland eine Verankerung beim Personalschlüssel oder bei den Kosten aufgrund des Hausgemeinschaftskonzepts. Die klassischen Heime schon, nur will die keiner. Nach einer externen Erhebung erbringen Präsenzkräfte bei über 60 Prozent ihrer Zeit pflegerische Leistungen. In der Vergütung sollen sie aber nicht wie Pflege, sondern wie Hauswirtschaft vergütet werden. Warum haben Kostenträger im Kopf, dass Hauswirtschaft und Präsenz keine besondere Tätigkeit ist und Mindestlohn reichen müsste?

Anerkennung der tatsächlichen Investitionskosten durch die Sozialhilfe. Investitionskosten heißt alle Kosten, die auflaufen, um ein Gebäude zu errichten und einzurichten. Diese werden umgelegt auf einen Betrag pro Tag, von welchem die Sozialhilfe allerdings nur einen Teil der Kosten erstattet. In Kauf nehmend, dass Träger auf den Kosten sitzen bleiben oder Selbstzahler mehr bezahlen müssen.

Ambulante Fahrzeuge gleichsetzen mit Bussen und Taxis. Mit dem Ziel, bei ambulanten Services Wartezeiten im Verkehrsstau zu verkürzen oder langes Fahren um den Block für einen regulären Parkplatz. Das sind ganz simple pragmatische Vorschläge, aber nicht mal die Umsetzung dieser ist aktuell möglich.

4. Meine Forderungen für das System als Ganzes:

Zusammenlegung von Pflege- und Krankenversicherung zu einer Sozialversicherung. Damit gäbe es keine ständigen Überlappungen mehr, was ist Pflegeversicherung, was ist Krankenversicherung, Antrag da, Antrag dort? Dieses doppelte System würde bei Zusammenlegung effizienter werden.

Auflösung der Sektoren. Derzeit gibt es die Leistungen der Pflegeversicherung je nach Wohnart. Zuhause gibt es ambulant und teilstationär etwa Tagespflege oder Regelungen wie nur teilstationär und wieder andere Regelungen und Leistungen was stationär betrifft. Die Wohnart definiert die Leistungen der Pflegeversicherung, nicht der Grad der Hilfsbedürftigkeit. Lebe ich zuhause, werde ich ambulant versorgt und gehe in die Tagespflege leistet die Pflege- und

Krankenversicherung das Dreifache. Wohnt der Pflegebedürftige im Pflegeheim nur ein Drittel, warum? Entscheidend darf nicht die Wohnform sein, sondern der Grad der Hilfsbedürftigkeit.

Nicht laufend neue Modelle finanzieren, sondern bewährte neue Konzepte, wie Stambulant, in der Praxis ermöglichen. Das schafft Plätze, Ergebnisqualität, aktiviert alte Menschen, bindet Angehörige ein, und durch ihre Mithilfe werden Pflegekräfte entlastet. Das spart Kosten. Im SGB XI ist geregelt, dass Modelle in zwei Jahren zu entwickeln und drei Jahre zu erproben sind. Nicht geregelt ist, was dann kommt. Ein Projekt, dass sich drei Jahre in der Praxis bewährt hat, muss zur Regelleistung werden.

Sozialabgaben begrenzen. Schätzungen gehen davon aus, wenn wir so weitermachen, werden bei dieser demografischen Entwicklung die Sozialabgaben auf 60 Prozent anwachsen. Eine kontinuierliche Erhöhung der Sozialabgaben wird problematisch, vor allem um als Exportland international wettbewerbsfähig zu bleiben. Wir sind ein Exportland. Das heißt, wir müssen Dinge umwandeln in Produkte, die wir verkaufen. Diese Umwandlung hat mit Know-how und Personal zu tun. Fließen jedoch immer mehr Lohnkosten an den Staat (Sozialabgaben 40 Prozent + Lohn- und Einkommensteuer), stellt sich die Frage: Wie können wir weiterhin wettbewerbsfähig bleiben? So hohe Sozialleistungen sind weder in den USA noch in asiatischen Ländern zu entrichten. Wollen wir unsere soziale Absicherung halten, müssen wir anfangen, effizienter zu werden. Und das nicht erst in zehn Jahren, sondern jetzt!

Zusammenlegung der Kontrollbehörden zu einer Behörde. Heute kontrolliert die Fachstelle für Pflege- und Behinderteneinrichtungen, die Heimaufsicht oder wie es in Bayern heißt, die FQA (die Fachstelle für Qualität und Aufsicht) die Dienstpläne und die Einhaltung der Personalschlüssel, aber auch die Dokumentation, die Expertenstandards, die Bewohner usw. Der Medizinische Dienst der Krankenkassen (MD) die Bewohner, die Expertenstandards, die Dokumentation, der Brandschutz, ob der Brandschutz eingehalten ist, und die Gewerbeaufsicht, ob der Arbeitsschutz wie Ruhezeiten, Pausenregelung usw. stimmen. Es kommt der Zoll zur Prüfung der illegalen Beschäftigungen, die Lebensmittelkontrolle, das Gesundheitsamt zur Hygiene, das Veterinäramt zum Tierschutz, die Berufsgenossenschaft zur Arbeitssicherheit – in der Regel eine Kontrolle pro Monat. Und wenn die Heimaufsicht kommt, soll alles am besten schön dekoriert sein, kommt der Brandschutz, dann sollte alles clean und ohne Deko sein. Alles wird doppelt und dreifach geprüft, jeder gibt einen Bericht ab, der dann wiederum beantwortet und umgesetzt werden muss. Statt dass Einrichtungen ganzheitlich betrachtet werden. Denn Pflege ist ganzheitlich. Und dass eine Kontrollbehörde dafür zuständig ist. Das dadurch gewonnene Personal – im Medizinischen Dienst (MD) sind alleine rund 11 000 Menschen beschäftigt, Tausende von Ärzten und Pflegefachkräften – könnte bei der Versorgung von Menschen helfen, die dort fehlen. Auch weil Fachkräfte zunehmend zum MD abwandern, wo sie andere Rahmenbedingungen im Job finden: Sie haben keine direkte Verantwortung gegenüber

Patienten und Klienten, geregelte Arbeitszeiten mit Home-office, ohne Nachtschicht und Wochenenddienst, und ihre Tätigkeit wird deutlich besser vergütet.

Pflege schon in jungen Jahren vorbeugen. Denn jeder Tag, den wir keine Pflege brauchen, ist ein guter für uns selbst, und er entlastet das Pflegesystem. Darauf gehe ich in Kapitel 5 »Fit im Alter, entlastet das Pflegesystem« konkret ein.

Mehr Menschlichkeit und Ergebnisqualität in der Pflege. Das ist seit vielen Jahren mein Credo. Deswegen habe ich einen alternativen Pflegeansatz gewählt, und so sind über die Jahre 1634 Plätze in 123 stationären Hausgemeinschaften entstanden, und ich frage mich, warum ist dieser Ansatz immer noch so exotisch und wird zum Teil so angefeindet. Doch wenn ich beobachte, wie sehr unsere Bewohner aufblühen, wie sehr die Aktivität und die Hausgemeinschaft ihre Lebensqualität steigern können, weiß ich, was mich antreibt.

Kapitel 2
Im Mittelpunkt: Sinn und Lebensfreude

Viele von uns tabuisieren Alter. Sie haben Angst, mit zunehmenden Jahren die Herrschaft über den eigenen Körper zu verlieren und im Alltag auf die Hilfe anderer angewiesen zu sein. Oder gar im Heim zu landen, wo die Luft zum Schneiden ist und nach Desinfektionsmitteln, Großküche und Hagebuttentee riecht. Die allerwenigsten verbinden mit dem Begriff »Pflege« ein Leben, das Freude macht und Sinn stiftet in einem angenehmen, motivierenden Umfeld. Doch sollte das unser Anliegen sein. Egal, um welche Form der Pflege es geht – ob im Heim, betreut oder zu Hause. Schließlich sollten wir uns im Alter trotz der einen oder anderen Einschränkung glücklich und wohlfühlen. Das ist für mich Ergebnisqualität.

Sich auszuprobieren, stolz auf sich zu sein, etwas ganz besonders gut hinbekommen zu haben und Anerkennung dafür zu erhalten – dieses Bedürfnis nach Sinn und Lebensfreude ist zutiefst menschlich und nimmt im Alter nicht ab. Zeigt es uns doch, dass wir wertvoll sind. Und egal, was wir machen – ob im Beruf oder in der Familie, ob im Sport, im Verein, in der Nachbarschaftshilfe oder in der Kirchengemeinde –, wir sind dann von Sinn erfüllt, wenn wir gemeinsam mit anderen etwas tun, das gut für uns und die Gemeinschaft ist.

Das erlebe auch ich tagtäglich in meinen Einrichtungen: Menschen wollen gebraucht werden, sich als Teil einer Gemeinschaft fühlen. Diese Sinnhaftigkeit lässt sie aufblühen und über sich hinauswachsen, sie gibt ihnen Halt, ein gutes Selbstwertgefühl und ein Stück Normalität zurück. Aus diesem Grund soll jeder Bewohner unserer in der Regel 14 Personen umfassenden Senioren-Wohngemeinschaft eine verantwortliche Aufgabe haben. Selbst hirnorganisch erkrankte Menschen mit Demenz, Delirien und anderen Einschränkungen, die zwei Drittel unserer Klientel ausmachen.

Jeder soll eine Aufgabe haben

Die Aufgaben unserer Seniorinnen und Senioren sind unterschiedlich. Sie reichen vom Wäschebügeln, Staubsaugen, Tischdecken, Blumengießen über Rasenmähen bis hin zum Einkaufen, Kochen oder Holzholen für den Kaminofen. Je nach Vorlieben und Fähigkeiten jedes Einzelnen. Es geht darum, Alltag zu leben.

Manche fangen von sich aus an. Gertrud L. begann als neue Mitbewohnerin ganz automatisch damit, beim Eindecken der Tische zum Mittagsessen zu helfen. Manche kommen später auf Ideen, wenn sie sich eingelebt haben, wie

Reinhold B. Er schlug vor, Dias von 15 Jahren Weltreise mit dem Segelboot zu zeigen. Während sich Luise E. vorgenommen hatte, wieder Keyboard zu spielen, und heute zur musikalischen Untermalung bei Festen beiträgt. Andere Bewohner werden von meinen Mitarbeitern ermutigt: »Herr Fischer, Sie haben doch so eine schöne Schrift, wollen Sie nicht die Beschriftung der Tafel übernehmen?« (Hier steht das, was es täglich zum Essen gibt.)

Um herauszufinden, welche Aufgabe jemand übernehmen könnte, schauen wir bereits vor dem Einzug eines neuen Bewohners dessen bisherige Wohnung an, befragen Angehörige und auch den Senior oder die Seniorin selbst. Das ist mehr als klassische Biografiearbeit, bei der geschaut wird: Wer ist dieser Mensch, welche Vorgeschichte, Krankheiten hat er, aus welchem sozialen Milieu stammt er? Meine Mitarbeiter beobachten auch, worauf der Mensch reagiert: Was macht ihm Spaß, was stresst und ärgert ihn? Ebenso wollen sie wissen: Wobei leuchten seine Augen, wo liegen verborgene Talente, was gibt ihm Selbstbewusstsein?

Da gibt es bei jedem etwas zu entdecken. Schließlich ist das Gehirn ein Problemlösungsorgan, wie der Neurologe Gerald Hüther beschreibt oder wie Manfred Spitzer, Psychiater und Leiter des Transferzentrums für Neurowissenschaften und Lernen in Ulm, meint: »Es kann nicht anders, als zu lernen. Außer«, schränkt Spitzer ein, »man versetzt es ins Koma, macht ihm Angst oder setzt es unter starken Druck.«

Allerdings zeigen die Auswirkungen der Pandemie, die Beschränkungen und dass wir in diesen drei Jahren nur

Grundbedürfnisse erfüllen konnten, immer noch Wirkung. Bei Bewohnern, Mitarbeitern und Angehörigen. Es ist ein mühsamer Weg, wieder in den Problem-Löse-Modus zu finden. Doch zum Glück ist unser Gehirn wie ein Muskel, der durch Reize in Bewegung bleibt. Eine Aufgabe zu haben fördert jedoch nicht nur unsere geistige Aktivität, sondern stimuliert uns auch körperlich: Unserem Problemlösen muss ja eine Handlung folgen. Und selbst wenn wir nur kleine alltägliche Dinge ausführen – am Ende, wenn wir die Tätigkeit abgeschlossen haben und den Erfolg sehen, stellt sich eine erfüllte Müdigkeit ein. Das kann jeder an sich selbst beobachten, sei es beim Streichen eines alten Zauns oder beim Unkrautjäten. Mir geht es selbst so, wenn ich mein Auto wasche oder im Garten arbeite. Das hinzubekommen gibt einem eine wohlige Zufriedenheit, ausgelöst durch das Belohnungshormon Dopamin. Bemerken und würdigen andere das auch noch, wird ein weiteres Mal Dopamin ausgeschüttet und signalisiert uns unbewusst, in dieser Richtung weiterzumachen.

Gleichzeitig kräftigt körperliche Aktivität die Muskulatur und lässt ältere Menschen wieder sicherer stehen und gehen. Das beginnt – so verrückt sich das vielleicht anhören mag – beim Wäscheaufhängen, Tischdecken, Bügeln oder Kartoffelschälen. Im Stehen lassen sich Kartoffeln am besten schälen, ein gutes Training für Aufrichtung und Balance. Zusätzlich gewinnen viele durch das Halten und Schälen die motorischen Fähigkeiten ihrer Hände und Finger zurück. All das – die Aktivität, die zunehmende Mobilität, die Präsenz der Gruppe ebenso wie die Motivation durch

Pflegekräfte, selbst tätig zu werden, etwa beim Finden einer Aufgabe, beim Gehen oder selbstständigen Anziehen eines Pullovers – wirkt Wunder und sorgt sogar für ein längeres aktives und bewusstes Leben.

Aktivität statt Sichausruhen und Defizitdenken

»Wer rastet, der rostet« – das ist meine feste Überzeugung. Wenn Menschen sich nur noch ausruhen und keine Aufgabe mehr haben, werden sie ganz schnell träge, ja gar phlegmatisch und depressiv. Die Geschwindigkeit, mit der dieser Prozess voranschreitet, hat jeder von uns schon mal im Urlaub erlebt: Gaben wir uns zu sehr einem All-inclusive-Umhegtsein und der Anziehung des Liegestuhls hin, wurden wir schnell immer träger. Kunstdenkmäler, geografische Besonderheiten oder einfach nur neue Orte um die Ecke zu erkunden wurde – je länger wir dem süßen Nichtstun frönten – von Tag zu Tag eine höhere Hürde. Für zwei Wochen zur Erholung ganz okay – aber für länger?

Was glauben Sie, wie sich dann erst ältere Menschen fühlen, die in Rente gehen und sich fortan ausruhen sollen oder hochbetagt ins Pflegeheim einziehen? Schließlich »kann, darf, soll man im Alter nichts mehr«, »Alter belastet«, so die weitverbreitete Meinung vieler Angehöriger, der Gesellschaft sowie der dazugehörigen Regularien unseres Pflegesystems. Oder das Dauerthema Risiko: Was könnte alles passieren? – Also lass es sein. Der Grat zwischen gut gemeinter und wichtiger Fürsorge und der Grenze zur Entwürdigung, Entmündigung ist sehr schmal. Und am Ende glaubt der alte Mensch das selbst noch: Er beginnt sich zu schonen und verschlechtert dadurch seine physische und psychische Gesundheit. Viele Einrichtungen verstärken diese Entwicklung: Sie sind wie Mini-Krankenhäuser, in denen alte Menschen die Sorge um ihre Gesundheit allein an das Fachpersonal delegieren und sich ausruhen sollen. Und der Gesetzgeber schürt diesen Zustand: Mit mehr und immer noch mehr Auflagen für die Heimbetreiber sorgt er dafür, dass es allen gut gehen soll und ja nichts passieren darf. Und packt die Pflegebedürftigen – allwissend, was alten Menschen guttut – in eine Art Kokon: Er nimmt ihnen alle Entscheidungen ab, damit sie sich schonen, und drängt sie in die Passivität, in der sie nur noch auf ihren Tod warten. Der verordnete Stillstand im Alltagsleben der alten Menschen soll dann ironischerweise durch therapeutische Aktivierung innerhalb des Pflegesettings wieder ausgeglichen werden.

Natürlich kann und darf jeder sich ausruhen – verstehen Sie mich bitte nicht falsch! –, aber nicht vorgegeben von wohlmeinenden anderen. Tatsächlich verweigert sich so mancher unserer Bewohner einer Aufgabe. Doch grundsätzlich tut jedem Menschen, wenn er nicht krank oder bettlägerig ist, Aktivität gut. Sie wirkt sich, wie viele Studien mit hochbetagten Menschen herausgefunden haben, vorteilhaft auf die Stimmung und auf kognitive Funktionen aus, beflügelt Seele und Geist. Und selbst wenn es mehr Arbeitsaufwand für das Pflegepersonal bedeutet, dass möglichst jeder eine Aufgabe hat und zu Aktivität angeleitet und dabei unterstützt wird, finde ich es falsch, alten Menschen nichts mehr zuzutrauen und sie zur Schonhaltung zu verdammen. Das ist ein Defizitdenken, das aus vorindustrieller Zeit stammt. Damals mussten sich Menschen aufgrund ihrer harten körperlichen Erwerbstätigkeit, der sie als Bauer, Schmied oder Maurer nachgegangen waren, im Alter ausruhen. Und die Einführung der Rente 1889 durch Otto von Bismarck gestattete ihnen das auch.

War die Rente damals ein Segen für die krummgearbeiteten Menschen, ist sie in unserer Wissens- und Leistungsgesellschaft von heute nicht mehr zeitgemäß. Damit will ich nicht sagen, dass ich gegen die Rente bin, doch stieß sie einen Wandel an. Indem sie dazu beiträgt, dass sie den Menschen ihre Aufgabe nimmt und alte Leute an den Rand der Gesellschaft drängt. Mithilfe der Rente konnte der alte Mensch selbst für sich sorgen und war nicht mehr auf finanzielle Unterstützung der Familie angewiesen, wo er oftmals, auch wenn er nicht mehr arbeitete oder arbeiten konnte, kleine Aufgaben übernahm, um als Mitglied einer Großfamilie seinen Beitrag zu leisten und im Gegenzug im Haushalt des Sohns oder der Tochter versorgt wurde. Nein, er konnte nun selbst für sich sorgen.

Doch sank sein »Wert«, und er rutschte an den Rand der Gesellschaft, als »altes Eisen«, als Mensch, der »ausgedient hatte«. Das verstärkte sich, als Output und Effizienz im Arbeitsleben immer wichtiger wurden und in den 1990er-Jahren zu einem Schneller-höher-weiter führten – mit dem Ergebnis, dass Ältere oft mit »Altersteilzeit« in den Vorruhestand geschickt wurden, ungeachtet ihrer Erfahrungen und ihres Potenzials. Sie kamen »aufs Abstellgleis«. Und wenn ich jemanden sagen höre: »Mit 50 ist man auf dem Rückflug«, oder wenn einer ab 55 oder 60 Jahren von »Restlaufzeit« bis zur Rente spricht, dann stimmt mich das nachdenklich.

Alter ist in meinen Augen kein Defizit, sondern etwas Besonderes, ein Geschenk und Plus an Lebenserfahrung, Wissen und Weisheit, und nichts, was Menschen unbrauchbar und wertlos macht. Auch im hohen Alter nicht.

Es ist mir unbegreiflich, dass man alten Menschen mit Hilfsangeboten wie »Schonen Sie sich, wir wissen schon, was für Sie gut ist« die Selbstbestimmung raubt und damit zutiefst menschliche Bedürfnisse. Man blickt mit einer Brille auf sie, die sie als defizitär darstellt, die ihre Gebrechen und Unzulänglichkeiten in den Vordergrund rückt und sie gemeinhin für »senil«, »debil« oder »kontaminiert« hält. Das ist schwer zu ertragen, schließlich entsteht Alter in unseren Köpfen: Unsere Gedanken und wie wir von anderen gesehen und behandelt werden, machen uns jung oder alt. Und Menschen, egal wie alt an Lebensjahren oder im Kopf, egal wie vital und gebrechlich sie sind, wollen sich wohlfühlen und am Leben teilhaben. Neben den Aufgaben für Heimbewohner kommen da viele Möglichkeiten in Betracht, um in der Gemeinschaft körperlich und geistig aktiv zu bleiben. Etwa Gymnastik, Kegeln, Malen, Singen, Gedächtnistraining, Gartenarbeit oder Fahrten in den Baumarkt, wo man zusammen mit dem Haustechniker Werkzeuge und kleine alltägliche Materialien wie Batterien, Schrauben, Dübel, Farbe oder Bohrer kauft. Als wöchentlich wechselnde Veranstaltung morgens und nachmittags. Ganz nach den Bedürfnissen und Wünschen unserer Bewohner.

Individualität ist Trumpf

Individuell und menschlich auf jeden Einzelnen einzugehen ist für eine gute Pflege zentral. Das beginnt beim Aufstehen und endet beim Zubettgehen. Demnach gibt es bei uns keine festen Essenszeiten. Jeder kann dann aufstehen und frühstücken bzw. essen, wann und wie es ihm gefällt. Diese Wertschätzung der Bewohner und Unterstützung ihres Wohlfühlens wirkt sich wiederum positiv auf die Lebensfreude aus. Deshalb gibt es in unseren Einrichtungen auch Badewannenstunden mit Sekt oder Cocktail- und Kinoabende, im Sommer wird gerne im Garten gegrillt. Wir feiern den Beginn von Frühjahr und Sommer sowie Erntedank, Weihnachten, Ostern und Karneval und unternehmen Ausflüge in den städtischen Zoo, ins Eiscafé oder machen eine Wanderung.

Leider waren diese Aktivitäten zu Corona-Zeiten massiv eingeschränkt, aber dennoch vorhanden. Pandemie ist zum Glück aber kein Dauerzustand, auch wenn sie uns Großes abverlangt hat.

An manchen Standorten gibt es auch Schlachtfeste mit Kesselfleisch im Holzfeuerkessel und frisch gemachter Blut- und Leberwurst. Jeder Bewohner kann sich sein Lieblingsgericht wünschen, das in den Speiseplan aufgenommen wird, und Vorlieben äußern. Etwas, das er oder sie sich schon immer mal gewünscht hat, sich aber nie zu äußern traute, oder worüber er oder sie sich nie Gedanken gemacht hatte, weil es zu teuer oder einfach nicht relevant genug war.

Für viele alte Menschen, die Krieg, Vertreibung und Hunger erlebt haben, zählten Wünsche und eigene Bedürfnisse nicht zum Überleben, sie wurden in vielen Biografien einfach ausgeklammert. Das trifft auf eine ganze Seniorengeneration zu. Umso wichtiger ist es, die Menschen dazu zu ermuntern, ihre Bedürfnisse und Wünsche wahrzunehmen und auch auszusprechen. Sie anderen zu erfüllen kann ein Eisbrecher unbeschreiblichen Ausmaßes sein, wie das Beispiel von Helmut G. zeigt. Wegen einer hirnorganischen Erkrankung konnte er nicht mehr sprechen. Das Einzige, was ihn noch zu interessieren schien, war die samstägliche »Sportschau«. Vor allem die Spiele seines Vereins – des VfB Stuttgart. Über die BeneVit-Stiftung sind im VIP-Bereich bei jedem Heimspiel des VfB vier Plätze für Bewohner gebucht. Helmut G. konnte es erst nicht glauben und willigte vorsichtig ein, ins Stadion mitzugehen. Mit zwei Mitarbeitern und einem anderen Bewohner fuhr er wenig später nach Stuttgart. Auf den letzten Metern zur Arena war er so aufgeregt, dass er fast nicht mehr laufen konnte und getragen werden musste. Überglücklich kam er zurück ins Pflegeheim und begann aufgekratzt und zum Erstaunen aller zu sprechen. Ab diesem Tag war er wie ausgewechselt, und immer, wenn ihn jemand auf seinen Ausflug ansprach, strahlte er übers ganze Gesicht.

Eine andere Bewohnerin hatte die Angewohnheit, jeden Morgen auszureißen. Selbst als sie auf Wunsch ihrer Tochter mit einem Transponder ausgestattet wurde, um sie orten zu können, entfernte sie das kleine Gerät – natürlich wurden alle behördlichen Zustimmungen zu dieser freiheitsentziehenden Maßnahme eingeholt. Auch einen Chip im Schuh fand und entfernte sie. Daraufhin riet ich meinen Mitarbeitern, die Dame zu begleiten, um zu sehen, wohin sie ging. Ihr Ziel war eine Bäckerei, wo sie ein Brötchen kaufen wollte. Als wir uns mit dieser Erkenntnis an die Tochter wandten, erfuhren wir, dass ihre Mutter dieses Ritual schon vor ihrer Demenzerkrankung gepflegt hatte.

Demenzkranke, so Gerontologen, erinnern sich oft an Begebenheiten, emotional berührende sowie wichtige, und gehen auf die Suche nach diesen bzw. dem Gefühl, das sie damit verbinden. Insofern laufen sie nicht von zu Hause oder aus Einrichtungen weg, sondern, wie die moderne Forschung herausgefunden hat, zu etwas hin.

Als wir wussten, wohin es die Bewohnerin zog, war ihre Tochter einverstanden, dass sie jeden Tag allein zum Brötchenkauf ging. Gleichzeitig vereinbarten wir mit der Bäckerei, uns zu benachrichtigen, falls sie morgens einmal nicht erscheinen sollte, damit wir in diesem Fall schnell reagieren können.

Solch vermeintliche Kleinigkeiten und Möglichkeiten sorgen vor allem bei Demenzkranken für mehr Lebensfreude. Außerdem lassen sich Aggressionen abbauen: Fühlen sich Demenzkranke, auch wenn sie sich kaum noch mitteilen können, nicht in ihrem Wollen verstanden, neigen sie zu Aggressionen. Das kann in regelrechten Wutausbrüchen gipfeln.

Bei Rita K., die nach mehreren Stürzen zu uns kam, war das anders. Sie kannte ihren Wunsch zwar, traute sich aber lange Zeit nicht, ihn auszusprechen. Denn sie war früher von ihren Brüdern verlacht worden, wenn sie darüber sprach. Auch Jahrzehnte nach dieser Erfahrung schwieg sie über ihre Sehnsucht – bis sie in einem Gespräch in der Gruppe erzählte, nachts oft davon zu träumen, Prinzessin zu sein. Das ist der Reiz des Alters, man ist authentisch und erfrischend ehrlich. In unseren WGs herrschen eine hochgradige Intimität und ein großes Vertrauensverhältnis. Ihren Wunsch hörte eine Mitarbeiterin, und gemeinsam machten sie und andere Mitarbeiter sich an die Umsetzung: Es wurde ein Kleid im Kostümverleih ausgesucht, ebenso ein Diadem und eine Schleppe. Da die Seniorin gehbehindert ist, musste sie mit den feinen Schuhen, für die sie sich entschieden hatte, ein Lauftraining mit einem Rollator machen. Nachdem das zu schwere Kleid noch geändert worden war, kam der große Tag und sogar ein Kamerateam des Hessischen Rundfunks. Es filmte die Seniorin für das TV-Magazin »Maintower«, wie sie sich mit einem bronzefarbenen Rüschenkleid in eine Prinzessin verwandelte und im Schloss Biebrich nahe ihrer Heimatstadt Wiesbaden glücklich lächelnd vom Balkon winkte.

Träume zu erfüllen regt jedoch nicht nur die Lebensfreude an, sondern beflügelt auch die Motivation und Aktivität. Ähnlich wie Rita K. das Schreiten übte, schnürte Fritz F. für sein Sehnsuchtsthema jeden Tag die Wanderstiefel. Zweimal am Tag stieg der über 90-Jährige das Treppenhaus hoch und wieder runter, um seine Kondition und Beinmuskulatur zu verbessern. Schließlich wollte er noch einmal den knapp 900 Meter hohen Kornbühl auf der Schwäbischen Alb zu Fuß bezwingen. Auch wenn wir planten, nur am Fuße des Berges zu picknicken, wollte er versuchen, ganz nach oben zur Kapelle zu marschieren. Er schaffte das auch und lud anschließend, wie das bei Bergtouren üblich ist, seine Mitwanderer, unter anderem meine Frau, zu einem Schnaps ein. Diese Herausforderung gemeistert zu haben erfüllte ihn mit einem großen Glücksgefühl, gleichzeitig war er wieder viel sicherer auf den Beinen.

Natürlich kann man Menschen nicht jeden Wunsch erfüllen und die Leute auf Weltreise schicken oder ihnen eine Mount-Everest-Besteigung ermöglichen. Aber die Sehnsüchte und Bedürfnisse, die umsetzbar sind – von der Rheinfahrt bis hin zum Tandem-Gleitschirmflug oder einem Paar gelbe Turnschuhe –, sind ohne Weiteres zu realisieren. Bei uns finanzieren die Bewohner das weitestgehend selbst, wir kümmern uns um die Verwirklichung. Reichen die Mittel der Bewohner nicht aus, helfen Angehörige mit oder wir greifen auf Spendengelder bzw. unsere Stiftung zurück.

Selbstbestimmtheit und der Zu-Hause-Faktor

Mit ihren Bedürfnissen gesehen zu werden vermittelt allen Menschen ein gutes Gefühl. Außerdem können die Bewohner bei uns bestimmen, was sie wollen und tun. Auch, ob sie an den Angeboten teilnehmen mögen oder nicht. Das vermittelt ihnen Normalität und lässt sie spüren: Hier kann ich machen, was ich will, mich wohl- und zu Hause fühlen.

Ein Beispiel: Ein neuer Bewohner konnte in der ersten Woche, nachdem er zu uns gekommen war, nicht schlafen und bat um eine Schlaftablette. Als die Pflegekraft wissen wollte, ob er früher auch Schlaftabletten genommen hätte, verneinte er und meinte: Da hätte er sich einen Tee gemacht. Darauf die Pflegerin: »Das können Sie hier doch auch.« Seine erstaunte Antwort: »Ja, darf ich die Küche denn auch benützen?« Aber natürlich! Also ging der Bewohner in seiner Wohngemeinschaft in die offene Küche, stellte Wasser auf den Herd und machte sich ab da einen Tee, wenn er nicht schlafen konnte. Denn nicht ein paar Quadratmeter mehr Zimmerfläche – wie Verordnungen das gerne festlegen wollen – definieren die Lebensqualität, sondern gute Emotionen und die Beibehaltung lange gelebter Routinen. Dadurch fühlen sich Menschen zu Hause und sagen: »Daheim bedeutet angekommen sein, und jetzt bin ich angekommen.«

Daneben sorgen Sinnesfreuden für Behaglichkeit, etwa ein gutes Essen, das in der offenen Küche jeder Wohngemeinschaft täglich von den Präsenzkräften zubereitet und gekocht wird. Also in vier bis sechs Wohngemeinschaften je Haus vier bis sechs Küchen mit unterschiedlichem Essen, ganz wie es den Bewohnern schmeckt, ohne Fertigprodukte oder Teilanlieferungen. Aber auch bestimmte Gestaltungs- und Freizeitmöglichkeiten gehören dazu, wie ein großer Garten mit Bäumen, Gemüsebeet, Hochbeet, Quellstein und Beerenhecken. Ebenso wie im Innenbereich Teppichböden, schwere Vorhänge und Kaminöfen, die erst nach langem Ringen mit den Behörden genehmigt wurden, denn ein Kaminofen mit Feuer ist in einem Pflegeheim ein No-Go ersten Ranges. Andererseits, was gibt es Gemütlicheres in einer Wohnung als einen Kaminofen? Schließlich vermitteln ein züngelndes Feuer und seine Strahlungswärme Schutz und Geborgenheit und wirken beruhigend auch auf demenziell erkrankte Personen.

Holzholen, Feuermachen und Fachsimpeln sind außerdem ein gutes Betätigungsfeld vor allem für Männer und bieten Zündstoff für vitalisierende Konflikte. Ähnlich wie immer mal kleine Eifersüchteleien auftreten. Beispielsweise wenn sich drei Frauen darum streiten, wer die Kartoffeln schälen darf, oder sich bei mir beschweren, dass die Messer nicht richtig schneiden oder umgekehrt zu scharf sind.

Solche Emotionen sind ganz normal und bei Älteren nicht anders: Treffen Menschen aufeinander, kommt es fast zwangsläufig zu Meinungsverschiedenheiten und Rivalitäten. Beispielsweise, wenn zwei die gleiche Person lieben oder sich über politische Themen in die Haare geraten. Daneben sind auch im Alter Charaktereigenschaften stabil, beispielsweise Humor. Als unlängst einige Herren von der Berufsfachschule für Altenpflege durchs Haus geführt wurden, fragte eine ältere Dame, ob die Männer alle für sie mitgebracht wurden und sie sich einen aussuchen dürfe. Eine andere meinte zum Pfarrer, der sich nach dem Gottesdienst von allen per Handschlag verabschiedete und wissen wollte, was es denn Feines zu essen gäbe, es rieche so gut: »Bei uns stehen heute junge Männer auf dem Speiseplan.« Zum Lachen brachte mich auch ein Bewohner, der, als eine Ausfahrt zum Oktoberfest anstand, vorschlug: Er könne fahren, er dürfe ja sowieso nichts trinken. All das – auch Witz, Flirt und Konflikte – gehört zur Normalität und zum Zu-Hause-Faktor dazu. Sie veranlassen Bewohner zu sagen: »Nur weil ich hier bin, heißt das nicht, dass es mir nicht gut geht« oder nach einem Krankenhausaufenthalt zu äußern: »Endlich bin ich wieder zu Hause.« Manchen geht es gar besser als in ihrem alten Leben. »Ich habe 40 Jahre nicht gelebt und habe hier wieder das Lachen gelernt« ist so ein typischer Ausspruch.

Die soziale Aktivität zusammen mit dem kognitiven und körperlichen Gefordertsein wirkt wie ein echter Jungbrunnen. Ich kann allen Heimbetreibern nur empfehlen, Sinnempfinden, Lebensfreude und Wohlgefühl in den Mittelpunkt zu stellen, denn das führt in verschiedener Hinsicht zu besserer Gesundheit und mehr Lebendigkeit.

Die positiven Effekte menschlicher, ganzheitlicher Pflege

Fünf Besonderheiten in unseren Einrichtungen lassen sich auf unser Konzept zurückführen: nämlich trotz Pandemie erfüllen im Mittel des Zeitraumes Mai 2022 bis Mai 2023 17,58 Prozent der Bewohner laut Begutachtungsinstrument (BI), die Voraussetzungen für eine Rückstufung im Pflegegrad. Aufgrund einer Verbesserung ihres Allgemein- und Gesundheitszustandes. Das heißt auch, besserer Schlaf, weniger Demenzsymptome sowie längeres Leben und leichteres Sterben.

1. Bis zu 20 Prozent Rückstufungen

Sprach man früher von drei Pflegestufen, bestimmen seit 1.1.2017 fünf unterschiedliche Pflegegrade die Pflegebedürftigkeit eines Menschen. Sie werden bei gesetzlich Versicherten vom Medizinischen Dienst der Krankenkassen (MD) ermittelt, bei privat Versicherten ist dafür der Dienstleister Medicproof zuständig. Bei Pflegegrad 1 ist der Betroffene nur geringfügig beeinträchtigt, bei Pflegegrad 5 muss die Grundpflege komplett übernommen werden, auch hauswirtschaftliche Tätigkeiten. In der Regel wird der Grad der Pflege bei Betroffenen mit der Zeit hoch-, nie zurückgestuft.

Bei uns erfüllen im Durchschnitt (Stand Mai 2023) 17,58 Prozent (in manchen Einrichtungen deutlich über 20 Prozent) unserer Bewohner die Voraussetzungen, in einen niedrigeren Pflegegrad zurückgestuft zu werden. Der Grund: Ihre Vitalität ebenso wie ihre geistigen Fähigkeiten, ihre Mobilität und Lebenslust haben sich stark verbessert. Gusti L. zum Beispiel war bei ihrem Einzug sehr zurückhaltend, fast kontaktscheu. Heute hilft sie beim Eindecken der Tische, holt die Zeitung für andere Bewohner, unterhält sich mit anderen und nutzt gerne die Betreuungsangebote.

Ein anderer Bewohner kam verwahrlost und desorientiert zu uns. Doch schon nach vier Wochen duschte er wieder selbstständig und konnte an den regelmäßigen Mahlzeiten teilnehmen. Schließlich begann Horst W., nach dem Essen die Tische im Esszimmer abzuwischen und die heruntergefallenen Krümel am Boden mit Handfeger und Schaufel aufzukehren. Heute staubsaugt er auch die Gänge seiner und die der Nachbarwohnung. Wenn Bewohner, Besucher oder Personal im Weg stehen, flachst er: »Dauert das mit euch noch lange? Ich habe schließlich nicht den ganzen Tag Zeit.«

Eine durch Ödeme stark übergewichtige Frau kam liegend zu uns. Doch dank ihres starken Willens und der Unterstützung durch Pflege- und Präsenzkräfte schmeißt Anna-Katharina W. jetzt sprichwörtlich den Haushalt: Sie bügelt täglich, deckt den Tisch, versorgt die Balkonpflanzen und bewirtschaftet das Hochbeet, das noch nie so große Salatköpfe trug. Der Stolz über das Erreichte spornt Anna-Katharina W. weiter an – vor allem, wenn der Salat in der Küche zubereitet wird, strahlt sie über das ganze Gesicht.

Die Dynamik der Gruppe, aber auch die Anregung zur Selbstständigkeit durch die Pflege-, Präsenz- und Betreuungskräfte und die übernommenen Aufgaben führen dazu, dass einige Bewohner keinen Rollstuhl oder Rollator mehr brauchen.

Viele ältere Herrschaften bewegen sich zu Hause, bevor sie ins Heim kommen – hart gesprochen –, nur noch vom Sessel zur Toilette und ins Bett. Keine Frage, dass sie dadurch Beinmuskulatur einbüßen, sich ihre Sehnen verkürzen und der Gleichgewichtssinn nachlässt. Das macht sie unsicher beim Gehen. Folglich schränken sie ihren Bewegungsradius immer weiter ein. Auch nach draußen gehen sie seltener, was ihre Sozialkontakte reduziert und die Möglichkeit, mit anderen ins Gespräch zu kommen, zu lachen, sich zu ärgern und sich als Teil einer Gemeinschaft zu fühlen. Stattdessen vereinsamen sie, werden immer freudloser, trauriger und grauer – mit fatalen Folgen. Wer einsam ist, so der Gehirnforscher Manfred Spitzer, erleide häufiger als andere Menschen beispielsweise einen Herzinfarkt oder Schlaganfall oder erkranke an Krebs, Depressionen und Demenz. Zudem breite sich Einsamkeit wie eine Epidemie aus, meint der Wissenschaftler und spricht von einem »Megatrend«, der nicht unterschätzt werden dürfe, und bezeichnet soziale Vereinsamung als häufigste Todesursache.

Viele Ältere, die zu uns kommen, haben eigentlich schon mit dem Leben abgeschlossen und warten nur noch auf den Tod. Doch bei uns spüren sie Anregung, sie werden durch die anderen Bewohner, aber auch durch Alltagstätigkeiten stimuliert, wieder am Leben teilzunehmen. Das wirkt Wunder.

Das liegt auch daran, dass Pflegeheime natürlich mehr bieten können als das manchmal sehr einsame Zuhause. So liefern Gymnastik- und Aktivitätsprogramme viele Anreize, hinzu kommt die Sicherheit, dass jeder Bewohner auch medizinisch und therapeutisch bestens versorgt wird, wie ein folgender typischer Tagesablauf zeigt:

Ab 6 Uhr gibt es Frühstück für die Early Birds. Die meisten frühstücken jedoch zwischen 8 Uhr und 9 Uhr, manche Spätaufsteher auch mal um 11 Uhr. Von 9 bis 10 Uhr findet teilweise individuelle Betreuung statt, das heißt, eine Mitarbeiterin geht mit einem Bewohner spazieren, spielt mit ihm Schach oder unterhält sich mit ihm oder ihr über etwas, was ihn oder sie bewegt. Von 9:30 Uhr bis 10:30 Uhr stehen

Gruppenangebote im Gemeinschaftsraum wie Gymnastik, Malen oder Rätselspaß usw. an. Anschließend wird das Essen vorbereitet, unter tatkräftiger Hilfe der Bewohnerinnen: Gemüse wird geputzt, geschält, zubereitet, der Tisch gedeckt, und um 12 Uhr heißt es: »Essen ist fertig.«

Nach dem Mittagessen wird in jeder Wohngemeinschaft ein Kuchen gebacken. Im Bedarfsfall gibt es wieder individuelle Betreuung oder Gruppenangebote und von 14 Uhr bis 15:30 Uhr einen Spaziergang, Gartenarbeit oder eine Strickrunde. Um 15:30 Uhr gibt es Nachmittagskaffee mit selbst gebackenem Kuchen, danach kann, wer mag, von 16 Uhr bis 17:30 Uhr an Sitztänzen, Tischkegeln oder Singen teilnehmen. Ab circa 18:30 Uhr ist Abendessenszeit, danach wird ferngesehen, Karten gespielt, Besuch empfangen und ein Kinofilm geguckt, oder man trifft sich zum Stammtisch oder im hauseigenen Café oder im Garten.

Das klingt nach viel Bewegung, ist es auch. Doch jeder entscheidet selbst, welche und wie viele Angebote er oder sie nutzen möchte. Allerdings sorgen unsere Mitarbeiter ebenso wie der Gruppendruck selbst bei weniger mobilen und mit dem inneren Schweinehund etwas nachgiebigen Zeitgenossen für den nötigen Anreiz. Der schöne Nebeneffekt dabei:

2. Guter Schlaf

So aktive Bewohner schlafen tief und fest, im Durchschnitt sind nur fünf Prozent unserer Bewohner in der Nacht unruhig. Schließlich ist es naheliegend, dass wer tagsüber auf den Beinen und gefordert ist, abends müde ist und gut schläft. So regeneriert sich sein Körper besser, und er wacht am nächsten Morgen gut erholt auf.

Sich nach dem Essen kurz hinzulegen, dagegen ist nichts einzuwenden. Doch in einen einstündigen komatösen Tiefschlaf abzutauchen ist kontraproduktiv. Auch aus medizinischer Sicht. Weil der Körper dann das Herz-Kreislauf-System und die Organtätigkeit herunterreguliert und nach einer Stunde wieder schlagartig hochfahren muss. Das stresst den Körper. Damit es erst gar nicht so weit kommt, sorgt der Duft selbst gebackenen Kuchen, der ab 14:00 Uhr durch jede Hausgemeinschaft zieht, fast automatisch dafür, dass viele unserer Bewohner bloß einen Powernap einlegen. Also eine kurze Siesta halten und so nachts gut durchschlafen.

3. Weniger Demenzsymptome

Geistige, körperliche und soziale Aktivität sorgen dafür, dass Demenzsymptome nicht so sichtbar werden. Dieser Dreiklang bettet ältere Menschen in ein Gefüge ein, das sich positiv auf Demenz auswirkt. Was solche Rahmenbedingungen bewirken, zeigt auch die sogenannte Nonnenstudie. Die viel zitierte US-amerikanische Untersuchung mit 678 Nonnen im Alter von 75 bis 106 Jahren kam zu einem interessanten Ergebnis. Viele der Gehirne der Ordensschwestern wiesen Amyloid-Plaques im Gehirn auf, die verantwortlich für die Ausprägung von Demenz sind, aber nur wenige zeigten zu Lebzeiten Anzeichen einer gehirnorganischen Erkrankung. Das stellten die Epidemiologen der University of Kentucky fest, als sie ihre Gehirne postmortal untersuchten.

Eines der »schlimmsten Alzheimer-Gehirne, die wir je gesehen hatten«, schrieb Studienautor David Snowdon, hatte die 85-jährige Schwester Bernadette. Demnach wäre es für die betagte Ordensfrau eigentlich unmöglich gewesen, bis zu ihrem Lebensende geistig anspruchsvolle Tätigkeiten auszuüben, da die Gewebeproben ihres Gehirns auf eine schwer demente Patientin hindeuteten – ohne Gedächtnis, ohne Orientierung und beinahe sprachlos.

Wie sich herausstellte, waren 85 Prozent der Teilnehmerinnen Lehrerinnen, und viele von ihnen unterrichteten in ihren 90ern noch in Vollbeschäftigung bis zu ihrem Tod. Das heißt, sie waren geistig, aber auch körperlich gefordert. Das machten die Wissenschaftler für das erstaunliche Ergebnis der Studie verantwortlich. Außerdem würden sich soziale Faktoren wie die Gemeinschaft und ein geregelter Tagesablauf positiv auf Demenz auswirken, ebenso wie starke Gläubigkeit, häufiges Beten, kein Nikotinkonsum sowie wenig Alkohol, so die Forscher.

Grundsätzlich würden nicht nur Plaque-Bildungen im Gehirn, sondern auch Schlaganfälle das Risiko erhöhen, dement zu werden. Allerdings könne beides mit einem entsprechenden Lebensstil eingedämmt werden. Schlaganfällen, die häufig auf das Konto von Diabetes, Bluthochdruck, Dickleibigkeit und Depression gingen, ließe sich – ebenso wie der Plaque-Bildung – unter anderem mit kognitiver, körperlicher und sozialer Aktivität vorbeugen.

Auch die Lebenseinstellung scheint ein wichtiger Faktor zu sein. Das fand eine Langzeitstudie von Patricia Boyle und Kollegen heraus, für die sie mehr als 900 geistig fitte, sich selbst versorgende Seniorinnen und Senioren regelmäßig befragten: Das Risiko, an Alzheimer-Demenz zu erkranken, war bei den Probanden, die einen Sinn im Leben sahen und Zukunftspläne hatten, um 52 Prozent geringer als bei den Befragten mit eher negativen Erwartungen, wobei die Gruppen bezüglich Alter, Geschlecht und Bildung vergleichbar waren.

Grundsätzlich verbessern sich durch regelmäßige körperliche Aktivität, auch bei Menschen über sechzig, die Verarbeitungsgeschwindigkeit des Gehirns sowie die Fähigkeit, bei Aufgaben unnötige Reize auszublenden. Doch nicht nur die kognitiven Fähigkeiten stiegen durch körperliche Aktivität, sondern auch die Beweglichkeit und Mobilität jedes Einzelnen. Und: Je komplexer eine Tätigkeit, desto besser ist sie für die kognitive Gesundheit. Allerdings muss die Aufgabe zur Person passen, damit sie sie fit hält. Die Wissenschaftler sprechen in diesem Zusammenhang auch von »Person-Environment-Fit«. Eine stark sehbehinderte Dame etwa kann nicht den Tisch decken, aber ein Mann mit Rollator sehr wohl Holz für den Kaminofen holen. Es ist wichtig, die individuellen Möglichkeiten und Fähigkeiten zu definieren, um zu sehen, was leistbar ist und sich damit auch positiv auf den Einzelnen auswirkt.

4. Längeres Leben

Im Vergleich zum Bundesdurchschnitt haben wir in unseren Häusern eine deutlich höhere »Verweildauer«, wie wir das im Fachjargon nennen. Das heißt, unsere Bewohner leben über drei Jahre bei uns, während der Bundesdurchschnitt bei 18 Monaten liegt.

Allerdings gibt es auch Seniorinnen und Senioren, die zehn Jahre und mehr bei uns sind. Manche allerdings nur wenige Wochen, weil sie Krebs im Endstadium haben oder nach einer OP an Herzinsuffizienz sterben. Andere wiederum kommen zu uns zum Sterben und blühen auf. Etwa Christa E.: Nach schwerer Darm-OP und Ausgangsstoma war sie stark untergewichtig und konnte kaum stehen, geschweige denn gehen. Sie saß im Rollstuhl und benötigte zunächst bei allen Verrichtungen des täglichen Lebens Unterstützung durch das Pflegeteam. Doch sie ließ sich nicht unterkriegen und bekam durch die Gemeinschaft solchen Auftrieb, dass sie nach kurzer Zeit psychisch wieder stabil war und sich aktiv einbrachte: Sie half beim Kochen mit, machte Rezeptvorschläge und genoss es, wieder aktiv zu sein. Schnell begann sie, wieder zu essen, und nahm langsam an Gewicht zu. Bald war sie kräftig genug, um mit Krankengymnastik zu starten. Tag für Tag konnten wir mit Freude beobachten, wie Christa E. ihren Lebensmut zurückgewann und andere Bewohner damit ansteckte. Ihr erklärtes Motto war: »Ich laufe hier auf meinen Beinen wieder raus.« Ein Vorhaben, das noch vor Wochen undenkbar schien, rückte in greifbare Nähe. Ihr Gewicht stieg stetig, schnell brauchte sie noch nicht einmal mehr einen Rollator zum Gehen. Es war erst erstaunlich: Christa E. konnte tatsächlich wieder nach Hause in ihre alte Wohnung zurückkehren.

Doch der Kontakt zu ihr brach nie ab. Und ihre Geschichte grenzt fast an ein Wunder. Ähnlich wie die von Benedikt K. Seine Patientenverfügung lag dem behandelnden Arzt in der Klinik nicht vor oder wurde übersehen, deswegen wurde er reanimiert und kam ins Heim, um zu sterben. Zwei Jahre lebte er daraufhin noch glücklich bei uns. Ja, so mancher Todgeweihte lebt länger, wenn er gut betreut wird, sich als wertvoll und selbstwirksam empfindet, soziale Kontakte hat sowie Dankbarkeit und Optimismus verspürt.

All diese Parameter vermitteln uns ein positives Lebensgefühl und stärken das Immunsystem, wie die Psychoneuroimmunologie weiß. Sie ist ein neues interdisziplinäres Forschungsgebiet, das die Wechselwirkung von Psyche, Nerven- und Immunsystem untersucht. Doch nicht deswegen und aufgrund wissenschaftlicher Erkenntnisse pflegen wir, wie wir pflegen. Sondern weil ich davon überzeugt bin und immer wieder im Familien-, Freundes- oder Bekanntenkreis feststellen konnte, wie günstig sich Faktoren wie Aktivität, Selbstwirksamkeit und Sinnhaftigkeit auswirken. Meine Mutter beispielsweise fährt mit 94 Jahren noch Auto, und das gut und verkehrssicher. Sie würde krank werden, wenn sie nicht mehr täglich ihre Aufgaben erledigen könnte. Sie freut sich am Machen, Tun, Helfen, daher sage ich gerne: Lasst den Menschen ihre Probleme, lasst ihnen die Freude, sie zu lösen!

5. Leichteres Sterben

Jedes Jahr stirbt rund ein Drittel unserer Bewohner. Unser biologisches Ende ist für uns alle unausweichlich. Es gehört zum Sein und ist für uns – mit aller Demut – normal und alltäglich in unseren Einrichtungen. Auch wenn die Pflegenden im Umgang mit dem Tod geübt sind, ist es immer wieder traurig und ein Einschnitt, wenn ein gemeinsamer Weg zu Ende geht, weil oft enge Beziehungen aufgebaut wurden.

Auch beim Sterben ist die Psychologie ein wichtiger Faktor. Sieht jemand keinen Sinn mehr im Leben, fühlt sich alt und überflüssig, färbt das auf sein Denken ab: Sein Lebenswille erlischt, und er beginnt, sich nach dem Tod als Erleichterung zu sehnen. Dieser Geselle stellt sich aber oft nicht so schnell ein. Gerade wenn jemand nichts mehr zu tun hat, sich allein, isoliert, traurig und nutzlos fühlt, kann sich diese Phase vor allem gefühlt sehr lange hinziehen.

Um den Prozess zu beschleunigen, hören manche Menschen auf, zu essen und zu trinken. In so einem Fall wird geprüft, ob eine Depression vorliegt und behandelt werden kann oder ob künstliche Ernährung geboten ist. Häufig wirft das auch die wichtige Frage auf: Gibt es eine Patientenverfügung? Wer darf für den Betroffenen entscheiden? Ein amtlich bestellter Vormund oder die Angehörigen, und wie entscheiden diese?

Ich erlebe es immer wieder: dass eine Tochter oder ein Sohn für die lebenserhaltenden Maßnahmen stimmt, während die andere Tochter oder der Sohn dagegen sind. Und beide Parteien haben eine Verfügung oder beide keine. Gleichzeitig kommen der Arzt und seine Diagnose als weiterer Faktor hinzu. Im Spannungsfeld zwischen ärztlicher Anweisung und Angehörigenwünschen muss dann ein guter Weg gefunden werden. Grundsätzlich vereinfacht eine Patientenverfügung Entscheidungen ungemein – auch und vor allem im Sinne des Sterbenden und seiner Angehörigen.

Auch in unserem Hausgemeinschafts-Konzept tritt ein Genughaben und Sterbenwollen auf. Aber anders: Unsere Bewohner werden nicht immer schwächer und schleichen sich aus dem Leben. Nein. Viele von ihnen sind fit bis zum Tod und oft noch fitter, als sie bei uns eingezogen sind.

Wir erleben auch immer wieder, dass sich relativ aktive Bewohner nach dem Mittagessen aufs Sofa legen oder abends zu Bett gehen, einschlafen und nicht mehr aufwachen. Ein gnädiger Tod am Lebensabend, den sich die meisten für sich auch wünschen. Die beste Vorbereitung darauf ist ein (sinn-)erfülltes Leben ohne Hadern oder Verbitterung, denn in einem positiven emotionalen Zustand ist das Loslassen leichter. Wer sich dagegen sagt: »Mir geht es schlecht, alles ist schlimm«, der leidet, weil seine Organe im Zweifel wunderbar weiterarbeiten, während der Geist »Stopp« brüllt: »Ich mag nicht mehr, ich bin nur noch eine Last für mich und andere. Gleichzeitig frustriert es mich, dies und das nicht gelebt oder Freunden, Familienangehörigen, Weggefährten nicht verziehen zu haben.«

Sind Seele und Geist im Einklang, können Menschen von allein und friedlich einschlafen, das ist die feste Überzeugung gerade von erfahrenen Pflegekräften und der Tenor von Experten auf Palliativstationen. Dokumentiert in Büchern wie »Dieser Mensch war ich: Nachrufe auf das eigene Leben« von Christiane zu Salm oder »Fünf Dinge, die Sterbende am meisten bereuen« von Bronnie Ware. Und auch ich kann aus der Praxis sagen: Wer sich sinnvoll fühlt, wer als hochbetagter Mensch lacht und seine Wünsche lebt, wer mit sich im Einklang ist, der kann leichter loslassen.

Schwierig wird es allerdings für ihn, wenn ein Sohn, eine Tochter oder ein anderer wichtiger Angehöriger nicht loslassen kann. Sie ihn vielleicht aus Angst, nach seinem Tod allein zu sein und sich verlassen zu fühlen, oder aufgrund ungeklärter Fragen und Konflikte am Sterben hindern wollen. Da bräuchte es meiner Meinung nach eine Expertise in der Pflege und eigens dafür geschulte Menschen, die sich um die Angehörigen kümmern. Und das schon vor dem Tod des Vaters, der Mutter oder des Ehepartners. Ehrenamtliche oder kirchliche Angebote können das nicht auffangen.

Gleichzeitig kosten Bestrebungen, jemanden mit aller Macht am Leben zu erhalten, etwa mit genauen Vorgaben der Angehörigen für die involvierten Mitarbeiter, was der Pflegebedürftige essen darf und zu welchem Zeitpunkt etc., enorm viel Energie. Glücklicherweise sind solche Fälle eher selten. In der Mehrzahl ist der Tod für viele Angehörige ein großer Einschnitt, aber sie können sich durch den Prozess der Pflege, der die Endlichkeit des Lebens andeutet, gut darauf vorbereiten. Weil der geliebte Mensch nicht wie bei einem Unfall oder Herzinfarkt jäh aus dem Leben gerissen wird und wir auch auf diesen letzten Metern des Lebens versuchen, im Sinne aller Beteiligten sehr individuell für den Bewohner und seine Angehörigen da zu sein.

Nähe und Mitgefühl zu gewährleisten ist gerade beim Sterben nicht immer leicht durchzusetzen, weil so manche Idee garantiert gegen eine der vielen Auflagen verstößt. Auflagen und Regularien sind eine große Herausforderung in der Pflege. Vor allem, wenn es um Menschlichkeit geht.

Kapitel 3:
Mutig und kreativ andere, sinnvolle Wege gehen

Pflege, wie ich sie verstehe und in meinen Häusern umsetze, ist oft nicht konform mit den Auflagen der Behörden. Das führt zu Meinungsverschiedenheiten, zu Diskussionen, zu umfangreichem Mailverkehr bis hin zu Drohungen, Zwangsgeld- und Bußgeldbescheiden. Aber auch zu kreativen Lösungen und Innovation. Nicht immer, aber oft.

Natürlich ist es wichtig und richtig, dass der Staat Pflegebedürftige und in der Pflege Beschäftigte schützt. Dass er darauf achtet, dass es zu keinen Infektionen kommt, Verbände richtig gewechselt und Erkrankungen fachgerecht behandelt werden, dass man Senioren nicht bettlägerig hält, Notrufe und Arbeitspausen beachtet ebenso wie Brandschutzauflagen – um nur ein paar der Vorgaben zu nennen. Mit Vorschriften legt der Staat einheitliche, für alle Pflegeeinrichtungen gültige Standards fest, um sie kontrollieren und gute Pflege gewährleisten zu können.

Viele dieser Regularien dienen jedoch nicht nur dem Schutz älterer Menschen, sondern sind auch dazu da, sich abzusichern. Aus diesem Grund definieren Staat und Politik das Bedürfnis zu Pflegender und machen ihre Lebens- und Betreuungsqualität an normativen Größen fest: an Quadratmetern, Quoten und Schlüsseln.

Ob Kennzahlen eingehalten werden oder nicht, lässt sich leicht überprüfen. Sie sollen die Qualität von Pflege sicherstellen. Doch reicht das? Ist das wirklich die Pflege, die wir uns wünschen? In meinen Augen nicht. Halten wir weiter an Quoten und fest definierten Schlüsseln fest, werden wir scheitern. Damit lässt sich nicht menschenfreundlich und bedürfnisgerecht pflegen. Denn einheitliche Normen und individuelle Bedürfnisse widersprechen sich. Beides unter einen Hut zu bringen gelingt nur mit sehr differenzierten Lösungen. Denken Sie zum Beispiel nur daran: Wenn es Ihnen nicht so gut geht, was wollen Sie dann am liebsten? Einfühlung, Wohlgefühl und Sicherheit – oder einen Schlüssel, der festlegt, wie viel Personal Sie pflegen soll?

Einfühlung und menschliche Begegnung sind im Alter wichtiger denn je. Schließlich gibt es schlechte Tage wesentlich häufiger als in jungen Jahren. Weil die Energie fehlt oder weil Schmerzen, die Beeinträchtigungen des Alters, aber auch die Nebenwirkungen der Medikamente auf die Stimmung schlagen. Und weil man grundsätzlich viel mehr auf andere angewiesen ist.

Menschlichkeit zu leben verlangt zuzuhören, kreative und individuelle Lösungen, viel Überzeugungsarbeit, Kraft und Mut: Mich treibt die Vorstellung an, Pflege so zu gestalten, wie ich sie mir für mich selbst, für meine Angehörigen und Freunde auch wünsche, geleitet von dem Spruch, der mir vor vielen Jahren einmal begegnet ist und heute an meiner Bürotür hängt: »Alle sagten, es geht nicht. Da kam einer, der wusste das nicht und hat es einfach gemacht.« Und wenn jemand sagt: »Das geht nicht«, spüre ich automatisch Widerstand in mir aufsteigen und denke: »Wieso nicht?« Wie kann es sein, dass sich ältere Menschen der Struktur eines Dienstplans unterzuordnen haben, ihnen morgens ein weiches Ei versagt werden soll und Quadratmetervorgaben ihr Wohnen bestimmen? Wieso und warum soll das so sein?

Es geht auch anders, und es gibt einen Weg, ein menschliches Miteinander und schönes Wohnen in den Vordergrund zu rücken. Dieses ganz selbstverständliche Bedürfnis nach Wohlgefühl. Auch im Pflegeheim, und damit nicht den Ansatz eines Mini-Krankenhauses zu verfolgen, den die Vorschriften präferieren. Was sicherlich der leichtere Weg wäre. Meiner Meinung nach aber nicht der richtige. Denn ganz klar ist: Qualität und Wohlgefühl lassen sich nicht pauschal normieren. Mindeststandards ja, aber wenn Mindeststandards zum Regelstandard werden, läuft etwas schief.

Quadratmeter, Quoten und Schlüssel stellen Qualität sicher – wirklich?

Normen sollen Qualität sicherstellen und werden permanent verändert. Ist eine Novelle erfüllt, wartet bereits die nächste auf Umsetzung. Das führt so weit, dass selbst vorhandener Wohnraum in Pflegeheimen angepasst werden muss. Schließlich gibt es keinen Bestandsschutz: Legt ein Bundesland fest, die Zimmer der Bewohner müssten 14 Quadratmeter groß sein, müssen sie 14 Quadratmeter groß sein. Selbst wenn sich Wände in Häusern nicht einfach hin und her schieben lassen wie beim Messebau. Spannend wird es dann, wenn auch noch definiert ist, wie die 14 Quadratmeter zu ermitteln sind: ohne Vorflur, mit einem Achsmaß von mindestens 3,20 Metern, mit Schrankfläche, ohne Schrankfläche ... – manchmal wundere ich mich, wie viel Energie, Zeit und Geld in solche Themen gesteckt werden.

Mit Infrarotmessgeräten prüfen die Vertreter der Heimaufsicht dann zentimetergenau nach: Entspricht der Ist-Wert dem Soll des neuen Gesetzes oder nicht? Weicht er bloß minimal ab, wird es haarig. In einem unserer Zimmer mussten wir, um die Freigabe der Behörde zu erhalten, den Schrank des Bewohners in den Vorraum rücken. Im Zimmer gegenüber der Badezimmer-Schiebetür. Allerdings verdeckte der Schrank dort das Fenster. Die Bewohner erklärten uns zwar für verrückt. Doch die Behörde machte uns unmissverständlich klar: Sollten wir oder die Bewohner es wagen, den Schrank zu verschieben, würde die Erlaubnis erlöschen und ich einen Pflegeplatz verlieren.

Eine weitere baurechtliche Auflage betrifft die Fläche eines bestimmten Anteils an Bädern. Sie muss so groß sein, dass man mit einem Elektrorollstuhl darin rangieren kann. Neben der Tatsache, dass wir genügend Mitarbeiter haben, die bei der Körperpflege helfen, duscht niemand im Elektrorollstuhl. Genauso wenig wie jemand sich in der Badewanne die Haare föhnt.

Warum sind 14 Quadratmeter Zimmergröße gut und 13,4 Quadratmeter schlecht?! Das ist reines Theoretisieren und berücksichtigt auch nicht, dass es unterschiedliche Konzepte in der Pflege gibt. Dass unsere Senioren etwa durch die Wohngemeinschaften zusätzlich große Wohnzimmer als Gemeinschaftsräume nutzen können, eine offene Küche, ein Café, einen Garten. Die Vorschriften sind blind dafür. Auch wird nicht berücksichtigt, ob manch Älterer als Schlafzimmer ein Doppelzimmer bevorzugt. Nein. Je nach Bundesland sind Einzelzimmer für jeden bzw. Einzelzimmer- oder Doppelzimmerquoten vorgeschrieben. Ganz zu schweigen von Pflegeoasen mit vier, fünf, sechs oder sieben Betten in einem Zimmer. Sie ermöglichen Menschen, die hirnorganisch erkrankt oder dauerbettlägerig sind, sich sozial integriert zu fühlen.

Wir haben keine solche Oase, doch stellt sich für viele unserer Bewohner die Frage: Doppel- oder Einzelzimmer? Und vielleicht möchte einer der Partner ja auch in einer Mietwohnung wohnen, die wir an vielen Standorten ebenfalls im Gebäude anbieten (dort dürfen wir aber keine Dienstleistung erbringen). Das ist kein Wirrwarr, sondern sehr berechtigt. Es definiert die individuellen Bedürfnisse und Wünsche, und die können sich im Laufe eines Aufenthalts auch ändern. Das Leben ist lebendig, und Pflege sollte es auch sein. Sie sollte sich an das Leben und die Bedürfnisse der Pflegebedürftigen und ihrer Angehörigen anpassen können. So wie es für jeden Einzelnen besser und angenehmer ist. Oder es verlieben sich Bewohner ineinander und möchten künftig als Paar ein gemeinsames Schlafzimmer teilen. Auch das gibt es und schafft oft ein Problem. In einem Fall ging es so weit, dass die Behörde die schriftlich vorgetragenen Wünsche der Bewohner für »irrelevant« erklärte. Wo, bitte schön, bleibt die Mündigkeit von Staatsbürgern, wenn das Gesetz bestimmt, was pflegebedürftige Menschen wollen, und sonst niemand? Das finde ich erschreckend autokratisch.

Doch nicht nur die Belegung von Zimmern und die Quadratmeterzahl werden vorgeschrieben, sondern bis vor Kurzem auch die Fachkraftquote. Das bedeutete: Setze ich heute 20 Pflegekräfte ein, müssen 50 Prozent davon, also zehn, Pflegefachkräfte sein. Überlege ich, für die Betreuung einer Wohngruppe noch zwei Hilfskräfte dazuzunehmen, erhöht sich die Mitarbeiterzahl auf 22 und damit die vorgeschriebene Anzahl der Fachkräfte auf elf. Diese weitere Pflegefachkraft finde ich nicht, und weil eine Unterschreitung der Quote unzulässig wäre, bleibt es eben bei 20 Beschäftigten. Die Vorschrift »50 Prozent Pflegefachkräfte in der Pflege« verhindert, dass in der Altenpflege mehr Personal eingesetzt werden kann. Denn oftmals sind gar nicht so viele qualifizierte Pflegefachkräfte nötig, um Spritzen und Medikamente zu geben usw., sondern Hilfskräfte, die sich um die Grundpflege kümmern, um Körperhygiene, Haushaltstätigkeiten, persönliche Ansprache, die Zeit haben.

Ab dem 1. Juli 2023 gelten – wie bereits in Kapitel 1 angedeutet –Äquivalenzziffern sie lösen die Fachkraftquote ab. War bisher die Fachkraftquote vorgeschrieben, müssen künftig nicht nur Pflegefachkräfte nach Äquivalenzziffern je Pflegegrad vorgehalten werden, sondern auch entsprechend ausgebildete Helfer. Diese Anzahl an ausgebildeten Helfern gibt es gar nicht, also eine Vorschrift, die faktisch nicht umgesetzt werden kann – willkommen in der Pflege. Unser Hausgemeinschaftskonzept mit all den Mitarbeitern, die ich dafür brauche, etwa auch Präsenzkräfte, eine Mischung aus Pflegehilfskraft und Hauswirtschaft, werden darin nicht berücksichtigt. Und bis heute wissen wir nicht, wie die Personalschlüssel an diese neuen Äquivalenzziffern angepasst werden.

Es gibt so viele gute Ausbildungen und Qualifizierungen, dass der Einsatz von mehr Personal nicht allein an der Quote der Pflegefachkräfte festgemacht werden sollte. Welche eigenartigen Folgen das haben kann, zeigt sich an der Ausbildung zum Heilerziehungspfleger. Schwerpunkt dieses Berufs ist die Betreuung behinderter Menschen, wobei es aber auch sehr dezidiert um pflegefachliches Wissen geht. Mancher stellt die berechtigte Frage, ob man bei der Pflege wirklich unterscheiden kann zwischen einem geistig behinderten Menschen, der alt geworden ist, und einem alten Menschen, der hirnorganisch erkrankt ist. Jedenfalls erfüllte man mit dieser Ausbildung bis vor einigen Jahren die Pflegefachkraft-Kriterien und konnte damit die Quote bedienen. Diesen Status hat der Beruf heute in einigen Bundesländern verloren. Gleichzeitig gestand der Gesetzgeber ihn denjenigen weiterhin zu, die bereits vor dem Stichtag in der Altenpflege tätig waren. Als eine Heilerziehungspflegerin aus einem unserer Heime in Baden-Württemberg in die

Tagespflege wechselte und nach einigen Jahren zurückkehren wollte, war ihr Recht darauf allerdings verwirkt: Für die Tagespflege traf dieser Schutz nicht zu. Sie hätte an ihrem alten Arbeitsplatz im Heim nur als Hilfskraft beginnen können. Das wollte sie nicht. Sie wechselte in die Behindertenhilfe, weil sie dort weiterhin als Fachkraft anerkannt ist und bezahlt wird, und wir verloren eine gute Mitarbeiterin.

Zu glauben, dass die Menge an Mitarbeitern, deren Ausbildung und Bezahlung automatisch eine gute Pflege sichern, ist ein Irrtum. Natürlich sind das wichtige Faktoren, aber sie genügen nicht, um eine gute Qualität zu gewährleisten! Viel entscheidender ist nämlich: Was bewirkt bei pflegebedürftigen Menschen was? Schließlich kann es durchaus sein, dass eine Hilfskraft bei einem pflegebedürftigen Menschen mehr erreicht als eine Fachkraft. Denn neben Fachexpertise ist emotionale Kompetenz eine entscheidende Gabe in der Altenpflege. Nur wenn der ältere Mensch seinem Gegenüber auch vertraut und sich von ihm oder ihr wertgeschätzt und wirklich unterstützt und verstanden fühlt, entstehen ein gutes Gefühl sowie kleine und große Erfolge.

Die Fachkraftquote ist in jedem Bundesland gleich und wird zukünftig durch eine Äquivalenzziffer geregelt, der Personalschlüssel aber in jedem Bundesland ein anderer. Er besagt, wie viel Personal in bestimmten Bereichen eingesetzt werden muss und wie viel Personal durch den Pflegesatz refinanziert werden kann. Warum man in Bayern und Baden-Württemberg mehr Personal finanziert bekommt und in Niedersachsen weniger, mag verstehen, wer will. Die Personalschlüssel weichen teilweise um bis zu 20 Prozent voneinander ab. Wir sind mit unseren 26 stationären Pflege-einrichtungen in fünf Bundesländern vertreten. Würde sich diese unterschiedliche Gewichtung tatsächlich auswirken, müssten wir in jedem Bundesland je nach Personalschlüssel andere Qualitätsstufen erzielen. Das ist aber nicht der Fall. Nicht weil wir das entsprechend anpassen, sondern weil wir versuchen, bedürfnisorientiert vorzugehen. Diese Heraus-forderung zu bewerkstelligen empfinde ich oftmals als Qua-dratur des Kreises, da uns die Auflagen sehr einschränken.

Das zeigt sich auch an den Vorgaben zur Pflegedienst-leitung. Wer diesen Beruf ergreifen will, muss eine ganze Reihe an Qualifikationsnachweisen erbringen: Sozialma-nagement, Arbeitsrecht, Kalkulation, Umgang mit Ehren-amtlichen usw. Und hat er oder sie zum Beispiel das Schu-lungsmodul an der TU München besucht, wird dieses in Bayern nicht anerkannt. Während die Teilnahme am inhalt-lich gleichen Kurs an der Hamburger Fernhochschule (HFH) okay ist. Warum? Weil die HFH im Gegensatz zur TU in die-sem Spezialgebiet staatlich zertifiziert ist.

Gleichzeitig sagt eine formale Qualifikation, also ein Zertifikat über einen belegten Kurs, nichts darüber aus, ob jemand dieser Aufgabe in der Praxis tatsächlich gewachsen ist: In Führungspositionen braucht es Menschen, die führen wollen und können. Und so banal das klingen mag, wer diese Fähigkeit nicht besitzt, kann noch so lange studieren, er oder sie wird es nicht lernen. Das hat mit Persönlichkeit zu tun und bedeutet nicht, dass jemand ohne diese Kompe-tenz ein schlechter Mitarbeiter wäre. Nein. Aber eben keine Führungskraft. Andererseits ist es schade, dass Menschen, die diese Führungseigenschaften aufgrund ihrer natürlichen Autorität und ihres Verantwortungsbewusstseins haben, keine Leitungsposition übernehmen dürfen, bevor sie verschiedene Schulungsmodule nachweisen können; dass andere aber, die es nicht können und die Nachweise erbringen, sofort in diese Position aufrücken. Vergleiche ich das mit anderen Sparten, frage ich mich: Warum wird in der Pflege so wenig auf persönliche Eignung und so viel auf Theorie geachtet?

Etwa auch beim Thema Gerontofachkraft. In jeder bayerischen Pflegeeinrichtung ab 30 Bewohnern muss eine Pflegefachkraft über diese Zusatzqualifikation verfügen, um besondere Kenntnisse im Umgang mit demenziell erkrankten Menschen sicherzustellen. Wer jedoch in der Altenpflege nicht weiß, wie man mit dementen Menschen umgeht, ist dort von vornherein fehl am Platz und muss nicht erst eine einjährige, über 3000 Euro teure Ausbildung absolvieren. Das freut – mit Verlaub – die Ausbildungsinstitute, in der Praxis bringt uns das nichts. Auch nicht, dass zum Beispiel in Baden-Württemberg die Tagdienstquote bei 1:30 liegt. Das heißt, dass auf 30 Bewohner mindestens eine Pflegefachkraft kommen muss oder ein Betreuungsschlüssel 1:20. Bei jedem Bewohnerwechsel, bei jeder Änderung der Pflegegrade müssen wir die Quoten prüfen: 50 Prozent, 1:30, 1:20. Auch dann, wenn Mitarbeiterinnen ihre Stundenzahl ändern wollen oder wegen Schwangerschaft ausfallen.

Markant ist auch folgendes Erlebnis: Eine Leitungsstelle war nach sechs Wochen noch nicht besetzt. Wir hatten gesucht, Bewerbungsgespräche geführt und alles unternommen, um jemand Geeigneten zu finden. Der Behörde genügte das nicht, sie verhängte ein Zwangsgeld in Höhe von 10.000 Euro – als ob sich dadurch die geeignete Person schneller finden ließe. Jede Einrichtung brauche jederzeit eine Leitung, so die simple Argumentation, und jeder Träger müsse das stets sicherstellen.

Delikat: Sterben und Nachtdienste

Das Arbeitsschutzgesetz legt unter anderem fest, wie viele Stunden Mitarbeiter arbeiten dürfen, wann sie Pause machen und wie viel Ruhezeit sie einhalten müssen. Das bedeutet: Bei weniger als sechs Stunden ist keine Pause nötig, bei mehr als sechs Stunden eine Pause von einer halben Stunde verpflichtend. Nach neun Stunden eine Dreiviertelstunde Pause und nach zehn Stunden Arbeitszeit eine Ruhezeit von elf Stunden. Bei kurzen Diensten, die nur vier oder fünf Stunden dauern, sind ganz bewusst entweder gar keine oder nur wenige Minuten für eine Pause eingeplant. Nicht um die Mitarbeiter zu quälen, sondern weil diese nach vier Stunden Arbeit nicht noch eine halbe Stunde pausieren wollen, bevor sie nach Hause gehen dürfen.

So weit, so klar. Doch was passiert in der Sterbephase? Da kann es vorkommen, dass keiner der Angehörigen vor Ort oder gerade auf dem Weg ins Pflegeheim ist und einer meiner Mitarbeiter beim Bewohner am Bett sitzt. Dadurch, dass wir keine großen Stationen haben, sondern bewusst nur bis zu 14 Bewohner pro Pflege-WG betreuen, entstehen unter den Mitarbeitern und den Bewohnern emotionale Bindungen. Folglich ist es nur normal, dass meine Mitarbeiter gerade in den letzten Lebenszügen und -minuten das Bedürfnis haben, dem sterbenden Menschen beizustehen. Selbst wenn die Arbeitszeit eigentlich vorbei wäre.

In den Dienstplänen halten meine Mitarbeiter fest, dass sie beispielsweise sieben bis acht Stunden ohne Pause gearbeitet, sprich: am Bett des Bewohners verbracht haben. Das ist für das Gewerbeaufsichtsamt »nicht zulässig«. Bei einer Kontrolle prüfte das Amt bei allen in einem Jahr geleisteten Diensten eines Standorts, ob die Mitarbeiter das Arbeitsschutzgesetz eingehalten hatten. Die Auswertung von rund 10.000 Früh-, Spät- und Nachtschichten dauerte mehrere Monate. Mit dem Ergebnis, dass wir bei rund 600 Diensten angeblich das Arbeitsschutzgesetz verletzt haben sollen.

Es kam zu einer Anhörung, und mein Anwalt befürchtete, dass ich bei 600 Verletzungen mit einem Bußgeld von insgesamt 80.000 Euro zu rechnen hätte. Nachdem wir die 600 Fälle überprüft hatten, stellten wir in 61 Fällen Übertretungen fest. Das heißt, bei 0,58 Prozent der geprüften Dienste hatten wir gegen die gesetzliche Vorgabe verstoßen. Und bei über 90 Prozent dieser 61 Fälle ging es um die Verletzung der Pausen- und Ruhezeitregelung. Dass Mitarbeiter etwa eine halbe Stunde länger als geplant geblieben sind, nach dem Spätdienst, weil ein Kollege ausgefallen war, und am anderen Tag dessen Frühdienst übernahmen. Es ging hier also in erster Linie um eine Verletzung der Pausen- und Ruhezeitvorschriften. In keinem Fall wurden die Mitarbeiter dazu gezwungen.

Nach monatelangem Ringen einigten wir uns auf einen Vergleich über rund 5.000 Euro, die ich dann privat zu zahlen hatte. Im Beisein meines Anwalts bekam ich vonseiten des Behördenvertreters bei einer Besprechung zu hören: »Selbst der Tod rechtfertigt keinen Verstoß gegen das Arbeitsschutzgesetz. Damit müssen Sie rechnen.« Ernsthaft? Ich denke, niemand kann – selbst wenn er noch so gerne wollte und es Anzeichen für einen sich ankündigenden Tod gibt – den genauen Zeitpunkt des letzten Atemzugs vorhersagen. Und als Geschäftsführer mache ich keine Dienstpläne. Das ist Aufgabe der Pflegeleitung, gleichzeitig trage ich die Verantwortung dafür, dass alle 2000 Mitarbeiter das Arbeitsschutzgesetz einhalten.

Die Pausenregelung und das Einhalten einer maximalen Arbeitszeit sind Rahmenbedingungen, die sich in einer Kfz-Werkstatt, im Einzelhandel oder im Büro gut umsetzen lassen. In der Pflege bremst uns das aus, da können Sie auch nicht kreativ werden. Was nicht heißt, dass Willkür einkehren soll, um die Mitarbeiter auszubeuten. Aber wir brauchen faire und adäquate Arbeitsbedingungen und eine gewisse Flexibilität, in besonderen Situationen auch anders handeln zu können. Vorschriften sollen den Menschen helfen und nützen und sie nicht gegen jegliche Vernunft drangsalieren.

Das Arbeitsschutzgesetz stammt aus dem Jahr 1973 und muss im Kontext der damaligen Rechtsposition der arbeitenden Klasse gesehen werden. Zu ihrem Schutz entstanden diese Normen, doch in der Pflege gibt es beinahe täglich Situationen, die nicht planbar sind: Sei es, dass es ums Sterben geht, Dienstausfälle kompensiert werden müssen oder man einfach eine halbe Stunde länger bleibt, um die Frage eines Angehörigen zu beantworten, sich zu unterhalten oder mit einem Kollegen etwas zu klären. Eine Tätigkeit mit dem Glockenschlag zu beenden geht bei Maschinen, aber nicht bei Menschen. Doch all das ist irrelevant, weil das Gesetz einzuhalten ist. Sonst droht die Strafe der Staatsmacht.

Ich bin bestimmt nicht auf Krawall oder Widerstand aus. Das ist nicht meine Philosophie, sondern dass wir vernünftige, der Sache und den Menschen dienende Entscheidungen treffen. Doch kommt eine Gesetzesnovelle, der zufolge wir Personal am Tag abziehen müssen, damit sie nachts Däumchen drehen, gehe ich auch vor Gericht, wenn alle anderen Mittel und Gespräche ausgeschöpft sind. Es war das erste Mal, dass ich aufs Äußerste ging:

Wir verklagten die Länder Bayern und Baden-Württemberg hinsichtlich des Nachtdienstschlüssels. Oberstes Gebot für uns ist, Personal dann einzusetzen, wenn es gebraucht wird. Diese Freiheit wurde uns vor einigen Jahren durch Vorkommnisse in anderen, größeren Pflegeeinrichtungen genommen. Sie zwangen die Politik zum Handeln – zu unserem Nachteil. Schließlich liegt der Schwerpunkt unseres Hausgemeinschaftskonzepts darin, tagsüber für Aktivität und Beschäftigung zu sorgen, weshalb es auch kaum Schlafprobleme und eine geringere Notwendigkeit für nächtliche Betreuung gibt. Daher setzten wir bei Einrichtungen mit sechs Wohngemeinschaften und circa 80 Bewohnern lange Jahre und ohne Probleme zwei Personen für Nachtdienste ein. Bei vier Pflege-WGs und circa 56 Bewohnern eine Fachkraft im Nachtdienst und eine Hilfskraft in

Rufbereitschaft. Dafür habe ich eine spezielle Technik entwickelt und installiert: Wird ein Notruf nicht nach circa acht Minuten im Zimmer des Bewohners vom Nachtdienst quittiert, wird automatisch die Rufbereitschaft alarmiert. Dieses Prinzip wollten wir beibehalten, trotz der Neuregelung. Es gibt aber eine wissenschaftliche Untersuchung, die für die neue Vorschrift herangezogen wurde. Die besagt, dass bei angenommenen 40 Pflegeplätzen bei jedem Bewohner dreimal pro Nacht ein Kontrollgang durchgeführt werden müsse. Nach jedem dieser Ultrakurzbesuche hätte eine Händedesinfektion zu erfolgen, die im Schnitt drei Minuten dauere. Dadurch kam man auf die einfache Rechnung 40 x 3 x 3 Minuten = 6 Stunden Arbeitszeit allein für die Händedesinfektion! Folglich braucht man zwei Nachtdienste. Unsere Bewohner schlafen und werden nicht dreimal pro Nacht kontrolliert. Nachts wird das getan, was erforderlich ist – dafür braucht man bei 56 Bewohnern keine zwei Kräfte.

Nun gibt es in beiden Bundesländern einen Nachtdienstschlüssel. In Bayern ist er mit 1:30 oder 1:40 je nach Örtlichkeit (sind es ein oder zwei Gebäude, mehr- oder einstöckig, welche Pflegegrade, etc.) definiert. In Baden-Württemberg liegt der Schlüssel bei 1:45 und besagt, dass pro Bewohner so und so viele Mitarbeiter nachts anwesend sein müssen. Das ist eine behördliche Vorschrift und ein Schwellenwert. Folglich genügt bei 45 nachtaktiven Menschen auf der Station in Baden-Württemberg eine Person im Nachtdienst. Gilt es dagegen, 50 Bewohner zu betreuen, von denen möglicherweise alle schlafen, müssen Sie aufgrund des Personalschlüssels 1:45 zwei Mitarbeiter einsetzen, in Bayern schon ab 40 Bewohnern zwei. Egal, wie viele davon schlafen oder unterwegs sind.

An zwei Standorten haben wir mit der Heimaufsicht einen sinnvollen Kompromiss gefunden: bis 24:00 Uhr zwei Nachtdienste, von 0:00 bis 6:00 Uhr eine Fachkraft und eine Hilfskraft in Rufbereitschaft. Ich möchte allerdings nicht wissen, was diese Behördenvertreter von ihren übergeordneten Ämtern zu hören bekommen haben. Jedenfalls wurde mein Vorschlag, dies auch anderweitig anzuwenden, kategorisch abgelehnt: »Man muss irgendwo eine Grenze ziehen«, meinte auch der Richter. Selbst wenn von allen unseren rund 1.700 Bewohnern nur rund 80 nächtlich unruhig sind. Das sind 4,7 Prozent, verteilt auf 26 stationäre Standorte in Deutschland.

Gleichzeitig bedeutete diese Regelung, dass wir für eine Nachtschicht zweieinhalb Vollzeitstellen brauchen. Um auch Krankheits-, Urlaubs- und andere Fehltage ausgleichen zu können. Und das sieben Tage die Woche, 365 Tage im Jahr. Unterm Strich benötigen Sie für ein Modell mit zwei Nachtdiensten mindestens fünf Vollzeit-Mitarbeiter – und diese fehlen am Tag: Der Gesetzgeber hat beim Nachtdienst zwar den Personalbedarf erhöht, damit mehr Personal während der Schlafenszeit zur Verfügung steht, den gesamten Personalschlüssel jedoch unberührt gelassen. Sie müssen also tagsüber, wenn die Mitarbeiter gefordert sind, weil alle Bewohner wach und auf den Beinen sind, Leute abziehen, damit diese nachts dasitzen und in die Luft gucken, wenn die Bewohner schlafen.

All diese Querelen um Quoten und die richtigen Schichtpläne vernichten viel Motivation und Potenzial, das an anderer Stelle viel effizienter eingesetzt werden könnte. Stattdessen müssen wir weiter diese Schlüssel bedienen. Denn unsere Klage war vergebens, und damit war auch ausgeschlossen, auf kreativem Weg individuellere und bessere Lösungen zu finden. Nur an den beiden Standorten, an denen die Heimaufsicht sachbezogen und vernünftig gehandelt und ihren Ermessensspielraum ausgeschöpft hat, können wir abweichen, sonst nirgends – schade. Bürokratie sticht Vernunft! Ungeachtet der Tatsache, dass, wenn ein Nachtdienst nach 7 bis 8 Minuten, nachdem ein Klingelruf ausgelöst wurde, nicht quittiert wird, sofort und automatisiert die Rufbereitschaft alarmiert wird. Falls diese nicht regieren sollte, schließlich ist es auch möglich, dass Mitarbeiter einen Herzinfarkt erleiden oder mit einer Situation überfordert sind, eskaliert der Alarm bei der Pflegedienstleitung auf deren Handy.

Misstrauenskultur: Pflege

Um zu überprüfen, ob wir alle Schlüssel, Quoten und Normen in puncto Personal, Hygiene, Brandschutz und Abrechnungsleistungen auch einhalten, statten uns – wie jeder anderen Pflegeeinrichtung auch – verschiedene Prüfer einen Besuch ab. Einmal im Jahr kommen die Damen und Herren der Heimaufsicht, die Vertreter des Gesundheits- und/oder des Veterinäramts, der Lebensmittelkontrolle, des Medizinischen Dienstes der Krankenkasse (MD), des

Brandschutzes, der Berufsgenossenschaft, des TÜV zur Arbeitssicherheit und die Beamten des Zolls, um nur die Wesentlichen zu nennen.

Die Zollbeamten kontrollieren, ob unsere ausländischen Mitarbeiter eine Arbeits- und Aufenthaltserlaubnis besitzen und ob der Mindestlohn eingehalten wird. Hierzu betreten sie in Uniform, dazu gehört auch die Waffe am Gürtel, das Haus. Das bedeutet sehr viel Aufregung und Stress für unsere älteren Bewohner, von denen viele noch den Krieg miterlebt haben. Natürlich ist das keine böse Absicht, sondern Vorschrift. Doch warum ist es nicht möglich, in besonderen Situationen Zivil zu tragen?

Neben diesen Regelkontrollen finden auch sogenannte »anlassbezogene Prüfungen« statt. Hat sich etwa ein Bewohner oder Angehöriger beschwert, erhalten wir unangemeldet Besuch von der Heimaufsicht oder dem Gesundheitsamt. Natürlich sind Kontrollen richtig und wichtig, zum Wohle und für die Sicherheit der Pflegebedürftigen. Denn jedem unterlaufen trotz aller Anstrengungen Fehler – auch uns. Selbst wenn wir zusätzlich eigene Kontrollen durch unser Qualitätsmanagement und die Verbraucherschutzorganisation Heimverzeichnis durchführen. Aber warum kann man nicht verständnisvoller miteinander umgehen? Es kann durchaus vorkommen, dass zwei, drei oder auch vier Behördenvertreter nachts klingeln, um zu kontrollieren. In der Regel stehen sie morgens ab acht Uhr zur unangekündigten Kontrolle vor der Tür. Genau dann, wenn die Mitarbeiter mit der Grundpflege der Bewohner beschäftigt sind; Leitungen den Tag organisieren, indem sie einen krankheitsbedingten Ausfall kompensieren; versuchen, Angehörige zu erreichen, bei denen der Vater oder die Mutter im Sterben liegt; Rechnungen bearbeiten; in einer Telefonkonferenz stecken; auf einer Schulung oder in einer Besprechung sind. Braucht die Behörde Unterlagen – die Liste aller Mitarbeiter, aller Bewohner usw. –, und eine Veränderung ist gerade noch nicht eingetragen, erfolgt nochmals ein Check, ob alles aktuell ist. Und wehe, wenn ein Pflegegrad nicht stimmt oder der Einzug von gestern Abend nicht mit dem richtigen Datum und der Zimmernummer verzeichnet ist. Oder wenn die Zuordnung der Mitarbeiter etwa bei einer geänderten Arbeitsstundenzahl nicht mit dem Dienstplan übereinstimmt. Dann wird meist vermutet, dass etwas absichtlich falsch eingetragen wurde. Gleichzeitig müssen Bewohner ausgewählt werden, damit die Heimaufsicht ihren Zustand prüfen kann, wozu aus Datenschutzgründen das Einverständnis des rechtlich selbstständigen Bewohners oder des Betreuers bzw. des Angehörigen nötig ist. Weiterhin ist den Behördenvertretern ein Platz zuzuweisen, damit sie sich die Dokumentation ansehen können, und ihnen ein Mitarbeiter zur Seite zu stellen, der sie durchs Haus führt, ihnen die Bewohner vorstellt und die hygienerelevanten Bereiche wie Küche oder Wäscherei zeigt.

Dadurch, dass normalerweise alle Mitarbeiter zu tun haben, sitzt niemand da und wartet, bis die Behörde zur Kontrolle kommt. Also ruft man schnell einen Kollegen an, der in der wohlverdienten Freizeit ist, ob er einspringen und aushelfen kann. Muss das so sein?, frage ich mich oft. Der MD (Medizinische Dienst der Kassen) macht das seit Kurzem anders. Bis vor kurzem kam auch er unangekündigt. Jetzt meldet er sich aufgrund einer neuen Vorschrift mindestens einen Tag vorher an. Manchmal haben wir sogar zwei Tage Vorlauf. Gelegentlich erhalten wir auch mal am Sonntag per Fax die Mitteilung, dass am Montag kontrolliert wird. Da am Sonntag die Verwaltung nicht besetzt ist, kann es sein, dass der Fax-Eingang nicht bemerkt wird. Das stellt uns Montagmorgens vor Überraschungen und wirft die Frage auf: Warum werden solche Mitteilungen nicht per Mail versendet, damit sie auch auf dem Handy zu lesen sind? Willkommen in der digitalen Welt deutscher Bürokratie! Wir können die Listen und Unterlagen vorbereiten sowie zusätzliche Mitarbeiter einteilen. Gäbe es uns bekannte Fehler, könnten wir die auch nicht innerhalb von 24 Stunden beheben oder in der Dokumentation verstecken. Das geht nicht. Ist Gefahr im Verzug, verstehe ich, dass Behörden unangekündigt kommen. Aber bei fehlendem Anlass frage ich mich, warum das so überfallartig, fast wie bei einer polizeilichen Hausdurchsuchung erfolgt. Gleichzeitig hat das Denunziantentum stark zugenommen. Dadurch, dass der Staat sogenannte Whistleblower schützt, nehmen unberechtigte Anzeigen, oftmals Racheaktionen gegenüber Mitarbeitern zu. Das ist sehr anstrengend. Was unterstellt der Gesetzgeber den Pflegekräften, den Pflegedienstleitungen, den Heimleitungen, einem Vorstand oder Geschäftsführer? Im Übrigen verlangen manche Bundesländer bei jeder neu eingestellten Fachkraft ein polizeiliches Führungszeugnis und wir müssen mehrmals jährlich Personallisten vorlegen. Bei jeder Inbetriebnahme einer Einrichtung braucht es von mir als Geschäftsführer eine steuerliche Unbedenklichkeitsbescheinigung und ein polizeiliches Führungszeugnis. Unabhängig von dem Bürokratieaufwand für alle und dem sehr begrenzten Effekt (selbst Gauner bekommen das alles gut geregelt) ist die offenkundige Botschaft, dass der Staat der Altenhilfe misstraut. Er stellt sie in die Ecke der Ausbeuter oder gar Verbrecher, indem wir permanent beweisen müssen, dass wir es redlich meinen. In einem solchen Klima fällt es zunehmend schwerer, Verantwortung zu übernehmen und initiativ zu sein. Vor allem wenn privaten Trägern von vorneherein alles Schlimme zugetraut wird. Die arbeiten ja nur zur Gewinnmaximierung, zu Lasten der pflegebedürftigen Menschen und unter Ausbeutung der Mitarbeiter. Dieses Vorurteil hat Hochkonjunktur insbesondere seit auch Bundesgesundheitsminister Lauterbach verkündet hat, dass die Probleme in der Pflege hauptsächlich daher rühren, dass private Träger zugelassen wurden - Stand heute im stationären Bereich rund 40 Prozent der Einrichtungen. Die Kommunen - so der Minister - könnten das besser. Welch ein Irrtum, was sollen Kommunen denn noch alles tun? Den Betrügern, die man angeblich treffen will, sind diese Überregulierungen egal, sie finden ihren Weg.

Blicke ich auf unsere Branche, zwingt sich mir der Eindruck auf, dass wir unter Generalverdacht stehen und maximales Misstrauen genießen. Ich kann nur mutmaßen, woher das rührt: Pflege hat sich aus Leid entwickelt. Es war lange Zeit Sache der Ordensschwestern, sich um Kranke, Behinderte und Versehrte zu kümmern. Finanziert durch Almosen, die sie erbetteln mussten. Oder denken Sie an das

Gleichnis des barmherzigen Samariters aus dem Neuen Testament. Er bringt einen von Wegelagerern Ausgeraubten und Verwundeten auf seinem Pferd zu einer Herberge und gibt dem Wirt Geld, damit für dessen Genesung gesorgt wird. Pflege war historisch gesehen immer auf den guten Willen und die Barmherzigkeit anderer angewiesen und nie eine Instanz, die aus sich selbst schöpfte. Auch fehlt ihr bis heute eine Lobby, wie sie Ärzte, die Medizin- oder Krankenhaussparte haben. Damit meine ich aber keineswegs Pflegekammern, sondern vielmehr eine Branche, die mit einer Stimme spricht. Gleichzeitig gibt es immer wieder Skandale, ich will das nicht kleinreden. Doch die gibt es auch in anderen Branchen. In der Pflege allerdings rühren sie an menschliche Urängste: Hinter verschlossenen Mauern weggesperrt und anderen hilflos ausgeliefert zu sein ist eine Urangst, die an der Branche klebt. Vor allem, wenn es um Heime geht, um stationäre Einrichtungen. Daher lautet ein Grundprinzip der Gesellschaft, der Politik und Gesetzgebung: »ambulant vor stationär«, signalisiert ambulant für viele doch mehr Selbstbestimmtheit und vermittelt Älteren: »Ich bin noch nicht alt, ich kann noch alles. Brauche niemanden.« Während das Heim vielen als Kapitulation vor dem Alter gilt. Auch für Angehörige. Bei ihnen gesellt sich zu solchen Überlegungen noch ein schlechtes Gewissen: sich vor der Pflege und ihrer Verantwortung gegenüber Vater oder Mutter zu drücken.

Gibt es einen Vorfall in einem Heim, lassen sich diese Schuldgefühle und Urängste mit der entsprechenden Schlagzeile wunderbar befeuern und lösen einen großen

Medienrummel aus. Etwa Geschichten über Pharma-Greise, wonach Ältere durch Psychopharmaka ruhiggestellt würden, nur alle vier Wochen geduscht würden, oft stundenlang in eingekoteter Kleidung ausharren müssten oder wundgelegen und ausgetrocknet gefunden würden, weil Pflegern die Zeit fehlte, sie zu versorgen. Das ist möglicherweise in derartig schlimmem Ausmaß passiert. Doch reagiert der Gesetzgeber in solchen Situationen sofort mit extremen Gegenmaßnahmen. Oft aus reinem Aktionismus, um zu zeigen: Wir tun etwas! Ob es vernünftig ist und er damit nicht eine ganze Branche an die Kette legt, steht auf einem anderen Blatt. Die Fehler Einzelner werden zur Auflage, zur Last, zur Behinderung für alle.

Sicher ist eines: Fehlverhalten wird mit noch so vielen Reglementierungen nicht völlig unterbunden werden können. Man stelle sich vor, die Politik käme auf die Idee, künftig in jedem Privathaushalt einmal pro Jahr eine Hausdurchsuchung durchführen zu lassen, um Kriminellen das Handwerk zu legen. Das ist genauso wenig zielführend, wie die Kontrollen in Heimen gute Pflege gewährleisten. Ganz ehrlich! Ermessensspielräume sind längst passé. Stattdessen geht es den Behörden um Risikominimierung und Absicherung, werden Vorschriften und Auflagen immer stärker ausgeweitet und verschärft. Denn jeder der Akteure will Regeln: die Kassen, die Pflegeverbände, die Bundespolitik und – seit Bauverordnungen und Personal in die Entscheidungshoheit der Länder fallen – auch die Länder.

Ein Dickicht an Statuten und Komplexitäten, in dem viele nicht mehr durchblicken. Wie oft werde ich von Angehörigen oder Bewohnern gefragt, warum sie jede ambulante Leistung einzeln abzeichnen müssen. Selbst das Blutzuckermessen. Da kommen schnell zehn bis 14 Abrechnungsvorgänge pro Klient und Monat zusammen. Man stelle sich vor, der Arzt dürfe seine Leistungen gegenüber der Kasse nur abrechnen, wenn jede einzelne vom Patienten gegengezeichnet ist. Oder wie wäre es, wenn auf der Rechnung Ihres Handwerkers neben seiner Leistung und der Anfahrt obligatorisch ein Ausbildungszuschlag abgerechnet würde?

Vieles davon hat der Gesetzgeber so festgelegt, manches haben die Kostenträger eingefordert und macht mich glauben, in der schönsten Planwirtschaft unterwegs und als Pflegedienstleister Teil einer Betrüger-Mafia zu sein, die das System und die älteren Menschen nur ausbeuten will. Das ist frustrierend und kräftezehrend. Gerade für Dienstleister, die es ehrlich meinen. Natürlich gibt es einen bestimmten Bodensatz an Geschäftemachern, die Lücken über das Maß hinaus für sich nutzen und betrügen. Doch alle über einen Kamm zu scheren, Normen nur an den schwarzen Schafen auszurichten, ist verfehlt; außerdem erstickt dieses Vorgehen viel Innovationspotenzial. Denn im Zweifel gelten wir als schuldig und müssen permanent das Gegenteil beweisen. All das ist der Feind von Innovation, und gerade jetzt bräuchten wir Innovation wie noch nie!

In der Dokumentation halten die Mitarbeiter fest, welche Leistungen der einzelne Senior erhält, wie viel er oder sie wiegt, ob er eine Brille trägt, aber auch, wie viel getrunken wurde, wie hoch der Body-Mass-Index (BMI) ist, ob ein Wundrisiko besteht und wann welche Medikamente, Spritzen oder Infusionen verabreicht wurden. Hat die Pflegekraft allerdings eine Notiz vergessen, gilt die Leistung als nicht erbracht. Das Schriftliche zählt und nicht das Tatsächliche, damit man es kontrollieren kann.

Ich mache mir viele Gedanken über unsere Zukunft und wie die Gesellschaft das Thema Pflege gestemmt bekommt. Doch zuerst einmal möchte ich mich dafür starkmachen, Menschen grundsätzlich mehr zuzutrauen: Arbeitszeiten, Quoten und Quadratmetervorgaben sagen nichts über qualitativ hochwertige und gute Pflege aus. Es gibt Menschen, die als Leitung Verantwortung tragen.

Wir holen niemanden in der Zwangsjacke zu Hause ab, sperren ihn ein und werfen den Schlüssel weg. Zu uns ins Heim zu kommen ist eine freie Entscheidung. Gefällt dem Interessenten oder der Interessentin unser Angebot nicht, wenden sie sich einem anderen Anbieter zu. Allerdings, das muss ich an der Stelle auch sagen, sind die meisten Senioren sehr wohl in einer Zwangssituation. Durch einen Sturz, einen Schlaganfall, eine OP oder durch fortschreitende Demenz sind sie oder ihre Angehörigen genötigt, schnell einen Heimplatz zu finden, ohne je diese Option überdacht oder sich vorbereitet zu haben.

Erschwerend kommt hinzu, dass unsere Gesellschaft verlernt hat, mit dieser Lebensphase bewusst umzugehen. Stattdessen ging sie dazu über, Alter und Sterben mehr und mehr auszugrenzen. Gebrechen und Tod passten nicht ins Bild des Fortschritts, des Jugendkults, des Schneller, Höher, Weiter, einem Stakkato, das viele Jahre unser Leben diktierte. Während ein Krankenhaus oder ein Arzt erfolgreich sind, wenn der Patient geheilt wird, begründet sich unser Erfolg darauf, Menschen in der letzten Phase ihres Lebens eine möglichst gute Zeit zu bereiten. Mit guter Pflege, schönen Momenten und positiven Emotionen. Und am Ende stirbt der Mensch, unausweichlich. Das ist die Natur unseres Lebens, und darin liegt – im Vergleich zur Medizin – die Crux der Pflege: Uns fehlt dieses greif-, mess- und sichtbare Ereignis des unmittelbaren Erfolgs, dass der Patient nach einer Krankheit gesund oder nach Rehabilitation wieder fit und beweglich entlassen wird.

»Ich will keine Probleme, ich will Lösungen«

Um herauszufinden, was Pflegebedürftige wirklich wollen, und die eigene Qualität zu testen, ist es sehr wichtig, genau zuzuhören, was Bewohner und Angehörige rückmelden. Dazu sind mein Personal und mein Qualitätssicherungsteam angehalten. Zusätzlich lassen wir unsere Häuser alle zwei Jahre (was wir während Corona ausgesetzt hatten) von einem unabhängigen Institut durchleuchten: Nach wissenschaftlichen Kriterien befragen Studenten der Dualen Hochschule Baden-Württemberg (DHBW) unsere Bewohner. Sie kommen nicht nur einen Tag vorbei, marschieren durchs Haus und überprüfen Quote, Zahlen und Quadratmeter, sondern fragen, wie es den Menschen geht. Zur Klarheit: Mir ist nicht daran gelegen, alle Regeln abzuschaffen. Aber sie auf ein vernünftiges Maß zurückzufahren, damit Einrichtungen die Freiheit haben, auf die Individualität ihrer Bewohner einzugehen und darauf, wie es ihnen geht. Was auch bedeutet, ihnen und ihren Angehörigen eine gewisse Eigenverantwortung zuzugestehen.

Bei dieser internen Qualitätssicherung untersuchen die Studenten unter Leitung von Anke Simon, Professorin für BWL-Gesundheitsmanagement und Angewandte Gesundheits- und Pflegewissenschaften, die Lebensqualität der Bewohner mithilfe strukturierter Fragebögen und dem Nottingham Health Profile (NHP). Das NHP wurde in den 1970er-Jahren in Großbritannien als wissenschaftliche Messmethode für subjektive Gesundheit entwickelt. Zusätzlich werten die Studenten die Patientenakten aus und prüfen die Zufriedenheit der Angehörigen auf Grundlage sogenannter Paderborner Patientenfragebögen, ein wissenschaftliches Werkzeug, um die Zufriedenheit von Patienten zu ermitteln.

Die Befunde dieser Untersuchung zeigen uns, wo Handlungsbedarf besteht, wo wir andere Schwerpunkte setzen müssen und was bereits gut läuft. Damit hole ich mir beileibe nicht alle zwei Jahre die Bestätigung: Wir sind die Tollsten und die Besten. Sondern ich will herausfinden: Wo stehen wir? Und wie können wir uns verbessern? Dieses Wissen diskutieren wir intern, und es fließt in die Zielvereinbarungsgespräche mit den Leitungen ein. So konnten wir uns seit 2012 von einer Gesamtnote zur Qualität der Einrichtungen von 2,52 auf eine 2,04 im Jahr 2020 vorschieben. Damit ist die Zufriedenheit unserer Bewohner zwischen 70 und 85 Jahren im Vergleich zum Deutschen Alterssurvey, einer vom

Bundesministerium geförderten Langzeitstudie, überdurchschnittlich hoch, was aktuell an 17,58 Prozent Stand Mai 23 möglicher Rückstufungen beim Pflegegrad sichtbar wird.

Es ist das Ergebnis unseres Ansatzes, dass sich die Konstitution von Bewohnern verbessert. Doch paradoxerweise sind alle konsterniert – die Kassen, die Kostenträger und auch die Angehörigen: Wie, was, wieso? Rückstufungen gibt es nicht. So blauäugig kann keiner sein, darauf hinzuzielen – so die allgemeine Annahme. Denn je höher der Pflegegrad, desto höher die Leistungen der Pflegekassen. Und wenn Sie von 500 Euro weniger (Unterschied PG 2 zu 3 und PG 3 zu 4) je zurückgestuftem Pflegegrad ausgehen, kommen bei aktuell 240 davon profitierenden Personen im Monat 120.000 Euro zusammen. Oder pro Jahr nur für die Einrichtungen der BeneVit-Gruppe 1,4 Millionen Euro oder hoch gerechnet auf alle Heimplätze in Deutschland, wenn alle so arbeiten würden, wäre das ein Einsparpotenzial in der Pflegeversicherung von über 780 Millionen Euro pro Jahr. Doch bedeutet ein geringerer Pflegegrad in unserem Pflegesystem weniger Geld und Personal, und das hat oftmals gegenteilige Folgen. Es werden die falschen Anreize gesetzt. Ein Punkt, den ich seit Jahren betone, aber auf wenig Zustimmung stoße, vielmehr auf massive Gegenwehr.

Wohnen statt Mini-Krankenhaus

Ein wichtiger Faktor, der zum Erfolg unseres Hausgemeinschaftskonzepts beiträgt, ist neben der Individualität und der Menschlichkeit der Faktor Wohnen und die Behaglichkeit. Deshalb haben viele unserer Einrichtungsgegenstände und Utensilien des täglichen Lebens vor allem eines gemeinsam: Sie verbreiten keine Klinikatmosphäre. Im Krankenhaus verbringen Menschen im Schnitt sieben Tage, da ist eine solche Struktur sinnvoll. Im Pflegeheim liegt die durchschnittliche Verweildauer bei 18 Monaten, bei BeneVit bei über drei Jahren. Da braucht es ein Gefühl von Wohnlichkeit und Heimat und kein aseptisches Umfeld, jedenfalls eine andere Struktur als im Krankenhaus.

Statt Plastikteller mit rotem Rand gibt es bei uns zum Beispiel hochwertiges Porzellangeschirr, weil viele Menschen dieser Generation mit schönem Porzellan Wertigkeit verbinden und diese Tischkultur schätzen. Doch Porzellan statt Plastik führt immer wieder zu Diskussionen: Wissenschaftliche Abhandlungen, so das Argument der Experten, würden den Vorzug jener rot umrandeten Teller bestätigen. Natürlich gibt es Bewohner, die aufgrund ihrer Fehlsichtigkeit einen Porzellanteller auf einer weißen Tischdecke nicht gut erkennen können. Auf solche individuellen Besonderheiten nehmen wir selbstverständlich Rücksicht. Doch Plastikteller standardmäßig für alle vorzuschreiben, weil pro Haus bloß eine Person davon profitieren würde, ist übertrieben und jenseits aller Verhältnismäßigkeit. Das Gleiche gilt für das Prinzip Schnabeltasse. Ist sie notwendig – keine Frage, dann wird und muss sie eingesetzt werden. Aber nicht pauschal, weil wir pflegebedürftige Menschen versorgen. Dieser Defizitdenke widersetzen wir uns.

Deswegen gibt es bei uns über den Betten auch keine

Aufrichtvorrichtung. Versuchen Sie mal, sich an einem solchen »Galgen« im Bett liegend emporzuziehen. Sie schaffen es maximal halb hoch, auf keinen Fall aber zum aufrechten Sitz. Viele vermissen dieses Utensil dennoch: Wir haben es auf Lager, und wer diese Vorrichtung unbedingt will, kann sie bekommen. Aber wer beim Aufrichten ein wirkungsvolles Hilfsmittel braucht, bekommt eine kleine »Strickleiter«, die auf der Bettdecke liegt und an der man sich hochziehen kann. Außerdem kann man Pflegebetten wunderbar wie daheim auch mit Holzdekor gestalten. Gleichzeitig elektrisch höhen- und tiefenverstellbar, können sie in verschiedene Liege- und Sitzpositionen gefahren werden.

Genauso viel Spielraum ist auch beim Thema Nachttische möglich, die wir mit einem Möbellieferanten weiterentwickelt haben: Es gibt keine üblichen Rollen, die praktisch, aber auch gefährlich sind. Etwa wenn sie nicht fixiert sind und sich jemand an dem Tisch abstützt, dann rollt das Ding weg, und er stürzt. Unser Modell ist nur mit Möbelgleitern an den hölzernen Füßen versehen. Bei Bedarf lässt sich ein mobiler Servierwagen mit Tablett über dem Bett daran befestigen. Unsere Schränke sind ebenfalls aus Holz und haben ein variables Innenleben. Um das Inventar möglichst bedürfnisgerecht zu designen, beobachten wir, was in der Praxis gut funktioniert, und bessern nach. Zudem lassen wir auch den Geschmack der Bewohner einfließen. Unsere Zimmer sind möbliert, wenn ein Bewohner es aber wünscht, räumen wir alles raus, und sie oder er kann sich ganz nach ihren oder seinen eigenen Vorstellungen einrichten. Wenngleich es nicht immer einfach ist, die Wünsche des Bewohners gegenüber denen der Angehörigen zu berücksichtigen. Weil diese gerne »seniorengerechte Möbel« für die zu Pflegenden vorsehen würden. Das heißt kein Sofa, sondern hohe Sitze und keine Stühle, sondern Aufstehhilfen. Die Wahrheit liegt meist dazwischen: Bett, Schrank, Nachttisch von uns und dann individuelle Möbel dazu.

Neben diesen Gemütlichkeitsfaktoren gibt es in meinen Einrichtungen auch schöne Vorhänge, Teppichböden und Kaminöfen. Teppichboden und Kaminofen in einem Pflegeheim? Völlig undenkbar für manche Behördenvertreter. Was aber schafft eine heimeligere Atmosphäre als diese beiden Ausstattungskriterien?

Der Teppichboden ist zwar in der Anschaffung hochpreisiger als herkömmlicher Bodenbelag, aber das von uns eingesetzte spezielle Produkt hat viele Vorzüge: Es ist keine Schlingenware, sondern hat eine stehende Faser, dadurch können bei der Reinigung auch Staub, Pollen & Co. entfernt werden und bleiben nicht in der Schlinge hängen. Zusätzlich ist es möglich, aber auch nötig, den Belag zu desinfizieren und nass zu reinigen. Dadurch ist er genauso hygienisch wie Operationsfliesen und sorgt nebenbei für Atmosphäre. Gleichzeitig ist er rutschsicher, sodass die Bewohner auch barfuß oder strumpfsockig laufen können. Und ideal für Allergiker, da kein Staub aufgewirbelt wird.

All unsere Argumente zogen zwar Diskussionen nach sich, und es bedurfte etwas Überzeugungsarbeit gegenüber den Gesundheitsämtern, aber letztlich genehmigten sie uns diesen Zu-Hause-Faktor, nicht nur im Wohnbereich, im Wohnzimmer, Esszimmer, sondern auch im Bewohnerzimmer. Während der Teppichboden noch relativ leicht durchzusetzen war, entpuppten sich die Kaminöfen als größere Zerreißprobe. Für alle neu gebauten 25 Hausgemeinschaftshäuser brauchte es Genehmigungen. Kaum ein Bauprojekt berührt so viele behördliche Fachabteilungen wie ein Pflegeheim. In einem Brandschutzkonzept müssen alle Belange untersucht und abgehandelt werden. Ein Kaminofen in jeder Wohngemeinschaft verursachte daher zunächst sehr große Bedenken: Was nicht alles bei offenem Feuer im Pflegeheim mit demenziell erkrankten, zum Teil aggressiven Menschen passieren könne. Sie würden die Ofentür öffnen und das brennende Holzscheit herausreißen oder mit dem Schürhaken auf andere losgehen. Alle möglichen Horrorszenarien kamen aufs Tablett. Wir konnten sie ausräumen, sodass wir bis heute über hundert Kaminöfen genehmigt bekamen und in Betrieb nehmen konnten.

All den Aufwand für Kaminöfen? Mir geht es neben der Optik und dem Wohlfühlfaktor vor allem um die therapeutische Wirkung. Um ihn herum sitzen die älteren Herrschaften im Wohnzimmer, unterhalten sich, trinken ein Glas Wein, sehen fern oder gucken nur in die Flammen. Vor allem lösen die Strahlungswärme und die Flamme nicht nur bei pflegebedürftigen Senioren ein angenehmes Gefühl aus. Jeden von uns beruhigt und entspannt es, um ein Kaminfeuer zu sitzen und dem Lodern und den Funkentänzen zuzuschauen. Es scheint unser Unterbewusstsein positiv zu stimulieren. Denn: Wie lange war für unsere Ahnen Feuer eine Notwendigkeit, um zu überleben? Außerdem können vor allem Männer ihr Können zeigen, indem und wie sie die Asche leeren, Holz holen und das Feuer entzünden. Es ist faszinierend, wie kompetent diese Generation bei all dem ist, weil sie viel Übung aus ihrer Kinder- und Jugendzeit hat. Kamin- und Ölöfen wurden im Winter zum Heizen benutzt und mussten entfacht werden. Meine Mitarbeiter lernen oft von den Bewohnern, wie man Feuer macht.

Übrigens löste kein einziger Ofen je einen Brand aus. Das einzige Mal, dass die Feuerwehr in einem Hausgemeinschaftskonzept-Haus ernsthaft im Einsatz war, war im Frühjahr 2018. Ein Senior, der gerne mit elektronischen Geräten herumgewerkelt hat, löste einen Zimmerbrand aus. Akkus sind nicht ungefährlich. Obwohl wir darauf achteten, dass es keine elektronischen Geräte in seinem Zimmer gab, hatte er ein Bastelobjekt versteckt. Allerdings zeigte sich bei diesem Stresstest, dass unsere Brandschutzvorkehrungen bestens greifen. Niemand kam zu Schaden – die Feuerwehr war innerhalb kurzer Zeit automatisch benachrichtigt worden, und die sieben Rauchabschnitte auf jeder Etage schotteten die Bewohner bereits vor deren Eintreffen vorsorglich ab.

An einem Standort ging der Streit mit den Behörden um die Kaminöfen so weit, dass das ganze Projekt an der Genehmigung der sechs Kaminöfen zu scheitern drohte und ich den Standort gedanklich bereits aufgegeben hatte. Lange intensive und sehr kontroverse Auseinandersetzungen bis hin zur Staatskanzlei brachten kein positives Ergebnis. Schließlich fanden wir eine Einigung: Wir ließen abnehmbare Griffe für die Ofentür fertigen, die Kaminrohre brandschutztechnisch einhausen und die Öfen so nah wie möglich am Fenster aufstellen. Als ich später bei einem

Hausbesuch zufällig in eine Wohnung kam, legte eine Bewohnerin gerade Holz nach und hantierte mit dem abnehmbaren Griff. Er entglitt ihr und fiel ihr auf den Fuß. Vorwurfsvoll wandte sie sich an mich: »Welches Rindvieh hat denn das so machen lassen?« Für sie war klar: Ich bin der Chef und dafür verantwortlich. Ich sagte, es täte mir leid, und nahm es auf meine Kappe. Statt ihr lang und breit zu erklären, wie wir zwei Jahre lang für diese Öfen gekämpft hatten und dass dies der Kompromiss wäre. Dass das in jedem Bundesland und bei jeder Kreisbehörde anders wäre. Abhängig vom Beurteilungsspielraum des Amtsträgers, von seiner Erfahrung, seiner Einschätzung.

Ich habe es bei all diesen Auflagen mittlerweile aufgegeben, über die Sinnhaftigkeit solcher Beschränkungsmethodik nachzudenken. Denn statt eine Lösung anzustreben, wird ein Problem oder ein Risiko definiert – und dann hört man auf nachzudenken. Will man eine Herausforderung lösen oder gar etwas anders als bisher üblich machen, gilt als erstes, der Blick ins Gesetz, um zu prüfen: Was sagt die Vorschrift? Ist die Herausforderung oder ein neuer Weg im Gesetz nicht geregelt, bleibt die Herausforderung ohne Lösung bestehen und gibt es keine neuen Wege. Wir haben zwischenzeitlich ein System, das an die erste Stelle allen Handelns die Vorschrift, die Norm, das Gesetz stellt. Ist das Gesetz überholt, veraltet, nicht mehr stimmig und die Realität hat sich geändert - andere Anforderungen, andere Erkenntnisse, andere Wirklichkeit, dann gilt das Gesetz weiter und es wird alles unternommen, um zunächst die Realität in Frage zu stellen. Vielleicht ist diese immer stärker um sich greifende Haltung eine Auswirkung unserer Wohlstandsgesellschaft. Viele Menschen haben ein sehr hohes Niveau an Bildung und Wohlstand erreicht. Diesen Status quo wollen wir erhalten und beginnen deshalb, Risikofaktoren zu definieren. Sie sollen wie ein Alarmsystem das Erreichte sichern und verhindern, dass wir unsere Pfründe verlieren. Doch sind wir als Gesellschaft nicht bereit, auf das Risiko zuzugehen, um die Herausforderungen zu lösen und zu beherrschen, werden wir uns zurückentwickeln. Evolution lebt von der Disruption, dem Blick in den Abgrund und davon, Lösungen für Gefahren und Risiken zu finden.

Wie Hygienekonzepte helfen, normal zu leben

Da wir im Vergleich zu herkömmlichen Einrichtungen nicht nur Kaminöfen haben, sondern auch eine offene Küche, in der jeden Tag alles frisch gekocht wird, stieß diese Idee erst einmal auf keine große Gegenliebe bei den Behörden. Schließlich leitete uns die Vorstellung, dass die Küche kein abgeschlossener Bereich für das Küchenpersonal ist, sondern so wie zu Hause auch von den Bewohnern benutzt werden kann. Die Bedenken der Gesundheitsbehörde bzw. des Veterinäramtes waren: Alte Menschen hätten multiresistente Keime, sie seien krank und infektiös. Außerdem: Was könnten demenziell erkrankte Menschen nicht alles mit Herdplatten, Küchenmessern usw. anstellen?! Also erarbeiteten wir verschiedene Sicherheits- und Hygienekonzepte. Darin listeten wir die verschiedenen Risiken auf und erklärten, mit welchen Maßnahmen wir vorbauen wollten: Die Elektrogeräte in der Küche können mit einem zentralen Schlüsselschalter außer Funktion gesetzt und die Besteckschubladen abgeschlossen werden, falls es die Situation erfordert. Es würde Schutzkleidung getragen, gäbe eine Händedesinfektion, und der Öffnungszeitpunkt würde auf allen Lebensmittelverpackungen vermerkt. Die Präsenzkräfte würden von jeder Mahlzeit Proben zurückstellen, damit diese im Fall einer Infektion untersucht werden könnten, und aufgetischte, nicht verzehrte Speisen würden weggeworfen. Lebensmittel und Speisereste in den Töpfen, die in der Küche bleiben, dürften je nach Lebensmittelart dagegen aufgehoben werden. So lauten die wichtigsten von uns definierten Regeln.

Allerdings sollten die Bewohner aus Vorsicht vor Salmonellen kein Spiegel- oder weich gekochtes Ei zum Frühstück bekommen. Mit 90 Jahren im Heim und kein Ei mehr, wie man es sich wünscht und sein ganzes Leben gegessen hat? Das kann es nicht sein!, dachte ich und suchte nach einer Lösung. Am Ende schafften wir es, mit klar definierten Regeln und weil wir in unserer kleinen Küche just in time kochen. Das heißt, ohne große Wege kommt die zubereitete Speise auf den Tisch. Dazu gehört auch das Vier-Minuten-Ei oder das einseitig gebratene Spiegelei.

Unser Lebensmitteleinsatz pro Bewohner und Tag ist deutlich höher als in einer Großküche. Das liegt an den viel kleineren Gebinden, der Frischware, dem Verzicht auf Fertigprodukte und der Vielfalt. Mit den Bewohnern und Angehörigen wird der Speiseplan besprochen und das gekocht, was die Bewohner gerne essen. In einem unserer Häuser hatte ich einen ehemaligen Küchenchef einer Altenheim-Zentralküche eingestellt, der zu Beginn den Speiseplan für die Bewohner erstellte – er wusste ja, was Senioren gerne essen. Als ich davon erfuhr, habe ich ihn verpflichtet, mit Bewohnern und Angehörigen den Speiseplan zu beratschlagen und das zu kochen, was die Bewohner mögen. Es war für ihn eine schmerzhafte, aber lehrreiche Erfahrung. Die Speisepläne sahen danach völlig anders aus.

Unsere Kleinküchen sorgen nicht nur für eine Vielfalt an täglichen und normalen Gerichten, sie machten es den Behörden auch möglich, uns die offene Küche und damit von den Vorschriften abweichende Hygieneregeln zu gestatten. Ein Behördenleiter verglich uns gar mit einer »Rotte«. Gemeint war, dass man innerhalb einer kleineren Einheit entsprechende Antikörper entwickelt und Krankheiten schneller erkennen sowie eindämmen könnte, bevor sie auf andere Einheiten übergriffen. Gerade in der Coronakrise hat sich dieses Konzept mehr als bewährt, und bei einer Bewohnerbefragung in der Hochphase der Epidemie war dieser Fakt der größte positive Effekt.

Die Idee, eine offene Küche einzurichten, hat ihre Wurzeln im Pflege-WG-Konzept des Kuratoriums Deutscher Altenhilfe (KDA). Der Architekt Hans-Peter Winter und der Sozialgerontologe Rolf Gennrich hatten sich im Vorfeld der Einführung der Pflegeversicherung 1995 nach guten Konzepten in Europa umgeschaut und die Idee von Hausgemeinschaften in der Altenpflege mitgebracht. Es wurden die ersten Modellprojekte mit entsprechenden Fördermitteln umgesetzt. Damals, Mitte der 1990er-Jahre, war gerade die Pflegeversicherung eingeführt worden, und man fragte sich: Wie sieht die Zukunft in der Pflege aus, wie können wir wegkommen vom Stationsgedanken und Mini-Krankenhaus hin zu einem Wohnkonzept? Wir standen damals in regem Austausch, und ohne die beiden Pioniere hätte ich wohl nie die Idee des Hausgemeinschaftskonzepts weiterentwickeln können. Vieles von ihrer Ursprungsidee ist heute noch genau so vorhanden.

Die offenen Küchen sind ein wichtiger Teil unseres therapeutischen Konzepts, das die Aktivität unserer Bewohner fördert. Indem sie sich animiert fühlen, Kartoffeln zu schälen, Gemüse zu schnippeln, den Tisch zu decken, Alltag zu leben. Mit dem schönen Begleitumstand, dass ab 11 Uhr leckerer Essensduft durch die Wohnungen zieht. Folglich gibt es bei uns auch keinen Induktionswagen mit Tablettsystem, und es wartet auch keiner der Bewohner ab 11:30 Uhr darauf, dass um 12 Uhr endlich mit der Ausgabe des Essens begonnen wird. Portioniert und vorgefertigt. Nein. Bei uns steht für jeden Bewohner ein Teller auf dem Tisch, auf Platten und in Schüsseln werden die dampfenden Speisen aufgetragen. Davon nimmt sich jeder dann Fleisch, Gemüse und Salat, und wer damit Schwierigkeiten hat, dem legt eine Mitarbeiterin oder ein Mitarbeiter Essen vor. Manchmal helfen sich die Bewohner auch gegenseitig.

Freitags gibt es Fisch – was bei einem Großteil unserer Bewohner Tradition hat. Gibt es jemanden, der keinen Fisch mag, setzt die Präsenzkraft schnell eine weitere Pfanne auf und brutzelt ihm ein Schnitzel oder etwas anderes. Oder die

Senioren inspizieren, was in der Nachbarwohnung auf den Tisch kommt, und holen sich dort eine Portion. Eine solche Flexibilität bieten nur ein Hausgemeinschaftskonzept und eine offene Küche.

Wir wollen es richtig machen, auch wenn wir dabei einen anderen Weg wählen

Egal, welche Auflagen es zu beachten gilt: Wir wollen keine Revoluzzer sein, sondern die Dinge richtig und für alle Beteiligten passend machen. Da wir zum Beispiel unsere Wäsche selbst waschen, lassen wir sie laufend auf Keime prüfen und unterziehen die Reinigung einer strengen Qualitätskontrolle. Dazu haben wir mit dem Deutschen Beratungszentrum für Hygiene, das an der Uni Freiburg angegliedert ist, einen Kooperationsvertrag. Die Freiburger Experten, aber auch der Medi-TÜV, führen Beprobungen durch und erstellen eine Gefährdungsbeurteilung.

Schließlich fördert auch das Wäschewaschen die Aktivität unserer Bewohner und ist ein Mosaikstein unseres Konzepts »Alltag als Therapie«. Denn Wäsche muss gebügelt, zusammengelegt und zugeordnet werden wie zu Hause auch. Alternativ dazu wäre für ein Haus mit 56 Plätzen eine eigene Zentralwäscherei mit all ihren Auflagen nicht wirtschaftlich gewesen und ein externer Dienstleister letztlich auch keine Lösung: Er würde die Schmutzwäsche bloß zweimal die Woche abholen, und wir müssten sie zwei, drei Tage zwischenlagern. Wir müssten dafür einen entsprechenden

Raum vorhalten und Vorkehrungen gegen die Geruchsentwicklung treffen. Da können Sie noch so viele Entlüftungsanlagen einbauen, und dann muss die Wäsche ja auch durchs Haus zum Lkw transportiert werden. Das ist auch der Grund, warum sich Besucher unserer Einrichtungen darüber wundern, dass es bei uns nicht »nach alten Menschen« riecht. Im Klartext heißt das: Warum riecht es hier nicht nach Urin und Desinfektionsmitteln? »Weil wir die Wäsche sofort in die Waschmaschine stecken und gar nicht erst irgendwo lange herumliegen lassen.« Und »weil man bei uns jeden Tag frisch kocht«, ist da meine Antwort.

Natürlich duftet es auch bei uns nicht immer nur nach Rosen. Doch unsere Präsenzkräfte sorgen dafür, dass sich schlechte Gerüche gar nicht erst ausbreiten – geschweige denn irgendwo einnisten können. Dafür gibt es ein einfaches, aber wirkungsvolles Rezept: Wir sammeln die schmutzige Wäsche nicht in einer Kammer, um sie später einer Großwäscherei zu übergeben. Deshalb rotieren in unseren Häusern die Waschmaschinen nahezu rund um die Uhr, und das in jeder Wohnung.

Außerdem gehen auf dem Weg in eine Wäscherei, das heißt zwischen Bewohner, Sammlung, Transport zur Wäscherei und zurück, auch immer Artikel verloren. Diese herkömmliche Variante mag zwar günstig sein, aber nach einem Praxistext überzeugte sie uns qualitativ nicht. Also haben wir nachgedacht, Hygieneexperten konsultiert, Gutachten erstellen lassen und waschen nun selbst.

Morgens nach der Grundpflege wird die Kleidung eingesammelt, sortiert und landet eine Stunde später, bevor sich Gerüche entwickeln können, in der Waschmaschine. Die komplette Wäsche der Bewohner und der jeweiligen WG wird nun gewaschen, gebügelt, aufbereitet; dabei helfen die Bewohner und übernehmen Aufgaben. Manchmal beobachte ich, wie ein Wäschekorb im Wohn- oder Essbereich steht. Allein und einsam. Plötzlich hievt sich eine ältere Dame aus ihrem Rollstuhl hoch und beginnt, sich um die Wäsche zu kümmern. Sie legt sie zusammen, und viele falten sie so akkurat, wie mir das nie gelingen wird. Es gibt natürlich auch Bewohnerinnen, die gleich zu Beginn klarstellen, dass sie lange genug gebügelt und dazu keine Lust mehr hätten. Das ist dann auch gut. Andere dagegen bügeln sehr gerne, was nicht heißt, dass unsere Mitarbeiter mit der Wäsche keine Arbeit mehr hätten. Für sie bleibt noch genug übrig.

Und weil die Mitarbeiter ihre Arbeitskleidung (wohlgemerkt nicht die Schutzkleidung), die zu Beginn komplett im Haus gewaschen wurde, auch selbst waschen und bügeln wollten, gab es immer eine Riesendiskussion, weil Teile fehlten, sie sich ihren Lieblings-Waschpulverduft wünschten und T-Shirts so gebügelt haben wollten, wie sie das mochten. Daher war wieder Kreativität gefordert, wurden Experten eingeschaltet, wurde überlegt und nachgedacht. Geholfen haben das deutsche Beratungszentrum für Hygiene der Universität Freiburg (BZH) und ein Hygienekonzept, bei dem die Frage geklärt wurde: Gibt es für die verschiedenen Tätigkeiten Schutzkleidung, und wird diese auch konsequent getragen?

Die klassischen Konzepte unterstellen der Altenhilfe,

dass keine Schutzkleidung gestellt wird oder vorhanden ist, oder – falls doch – von den Mitarbeitern nicht getragen wird. Übernimmt die Arbeitskleidung in diesem Fall die Funktion der Schutzkleidung, muss sie auch hygienisch so behandelt, das heißt desinfizierend gewaschen werden. Wir jedoch haben Schutzkleidung, die auch getragen wird, somit ist und bleibt Arbeitskleidung Arbeitskleidung. Ist die Wäsche nicht verkeimt – so die Untersuchungen der Freiburger Wissenschaftler –, können die Mitarbeiter sie mit nach Hause nehmen und dort waschen. Wäre die Wäsche kontaminiert – also mit Stoffen beschmutzt, die eine Verkeimung auslösen können, wie Blut, Urin, Ausscheidungen oder Spucke –, dann muss sie laut Gutachten im Haus chemisch und/oder thermisch desinfizierend gewaschen werden. So machen wir es, und die Mitarbeiter und Hygiene-Experten sind zufrieden. Nach diesem Prinzip verfahren wir seit 15 Jahren und bekommen selbst multiresistente Keime in den Griff. Wie Noro- oder MRSA-Viren, die im Krankenhaus oder durch Kontakt mit Angehörigen übertragen werden. Infektionen kann man so nicht verhindern, doch man kann sie lokalisieren, eingrenzen und Gegenmaßnahmen einleiten, damit sie schnell wieder verschwinden und nicht das ganze Haus durchseucht wird. Bei Corona haben wir alles desinfizierend im Haus gewaschen, jetzt soll das wieder eine externe Wäscherei erledigen.

Doch wechselt in einer Behörde der Ansprechpartner, wird unser Wäschekonzept wieder unter die Lupe genommen und infrage gestellt. Mit der Begründung, es gäbe ein Gutachten vom Robert-Koch-Institut, das erkläre, Mitarbeiter könnten nicht beurteilen: Liegt eine Kontaminierung vor oder nicht? Außerdem käme es im Alltag allzu oft vor, dass bei bestimmten pflegerischen Handlungen keine Schutzkleidung getragen würde.

Natürlich muss bei der Grundpflege eine spezielle Schutzkleidung getragen werden. Diese Schürze wird im Haus gewaschen und desinfiziert. Der Einwegschutz, falls dieser beim Duschen oder Versorgen erforderlich ist, landet nach dem Gebrauch im Müll. Was nun seit über zehn Jahren erfolgreich praktiziert wurde, ist nun wieder erneut in Frage gestellt und aktuell verbieten sieben Gesundheitsämter, dass die nicht kontaminierte Arbeitskleidung von den Mitarbeitern gewaschen wird. Also alles soll im Haus gewaschen werden und das Wäschegeld für die Mitarbeiter entfällt - und die Diskussionen fangen wieder von vorne an. Erstaunlich, dass manche Gesundheitsämter es so, andere es wieder anders bewerten. Hygiene, dachte ich, müsste eigentlich ein objektives Thema sein. Vielleicht liegt bei mancher Entscheidung auch das Vorurteil zu Grunde, dass ich als Arbeitgeber meine Mitarbeiter dazu zwinge, die Arbeitskleidung zu waschen, um Geld zu sparen. Willkommen in der Misstrauenskultur. Fakt ist, dass die Mehrkosten für das Waschen im Haus deutlich geringer sind, als die Kosten für das Wäschegeld.

So mancher Behörde ist auch die Tatsache, dass bei uns dezentral in der Wohngemeinschaft gekocht wird, ein Dorn im Auge. Schließlich stehe die Präsenzkraft in der Küche und koche. Dazu trägt sie eine Schürze. Wendet sich nun ein Bewohner an sie, weil er auf die Toilette müsse, habe die

Mitarbeiterin die Schutzkleidung in der Küche abzulegen, ihn zur Toilette zu begleiten und dort die Schutzkleidung »Pflege« anzuziehen. Die Präsenzkraft lässt die Schutzkleidung »Pflege« im Zimmer des Bewohners, desinfiziert sich die Hände und geht zurück in die Küche. Dort legt sie sich die Schürze wieder an. Das sei so kompliziert, sodass Arbeitskleidung wie Schutzkleidung zu behandeln sei. Was bedeutet: entweder wegwerfen oder desinfizierend waschen.

Das ist das Grundproblem in der Pflege: Es wird davon ausgegangen, der Mitarbeiter sei doof und mache alles falsch, weshalb alles mittels Auflagen, Schlüsseln und Quoten geregelt werden muss. Dort, wo die höchsten Hygieneregeln nach diesem klassischen System gelten, wie in Krankenhäusern, nutzen all die Vorkehrungen jedoch nichts, denn dort gibt es mit multiresistenten Keimen erhebliche Probleme. Also sei doch die Frage erlaubt, ob dieses System so richtig ist und warum es nicht zulässig sein sollte, anders zu denken? Die Ergebnisse geben uns jedenfalls mehr als recht!

Aber um was geht es in unserer Branche? Um Wirtschaftlichkeit, Einfachheit, die Einhaltung von Normen, Kontrollierbarkeit – oder darum, das zu tun, was pflegebedürftigen Menschen guttut? Die Unterstellung, dass wir aus egoistischen Gründen rein auf Gewinnmaximierung aus seien, ist verletzend und einfach unwahr. Und dieses Stigma lastet immer noch auf uns. Wie schön wären etwas mehr Verständnis und Unterstützung, Vertrauen und positives Denken. Natürlich gibt es auch Behörden, die sich nicht querstellen und unseren Beitrag und Weg anerkennen. Aber immer wieder kommt es auch anders. Insbesondere, wenn der Sachbearbeiter sich beruflich verändert und jemand Neues seine Stelle übernimmt.

Einmal, das möchte ich Ihnen an dieser Stelle gerne noch erzählen, bin ich durch den Personal-Umkleidebereich einer unserer Einrichtungen gegangen. Sie müssen wissen, ich bin ein Fan von Stichproben. Dazu prüfe ich mit dem Finger, ob sich beispielsweise Staub auf der Dunstabzugshaube angesammelt hat, öffne die Kühlschränke und sehe nach, ob alle Lebensmittel korrekt ausgezeichnet sind oder ob Stühle wackeln. Nicht, weil ich Fehler suche. Sondern um sicherzugehen, dass unsere Bewohner bestmöglich versorgt sind, und weil wir nach dem Motto arbeiten: Wir sollten keine Behörde brauchen, um Fehler zu entdecken. Aus diesem Grund habe ich mir auch die Spinde meiner Mitarbeiter von innen angesehen.

Spinde in Pflegeeinrichtungen sind absolut normgerecht. Sie sollen für eine Trennung von Arbeits- und Privatkleidung sorgen und so eine Kontamination vermeiden. Doch als ich die Spinde in Augenschein nahm, hätte mich fast der sprichwörtliche Schlag getroffen. Denn was entdeckte ich dort? Wurstbrote, Joghurts und die Arbeitskleidung mal da, mal dort, und dann wird der Spind zugesperrt, und keine Kontrolle kommt auf die Idee, sie zu öffnen. Das sind pure Keimschleudern. Aus diesem Grund haben wir die Spinde abgeschafft. Für die Wertsachen – den Schmuck, den Geldbeutel, das Handy – gibt es abschließbare Wertfächer, und die Arbeits- und Privatkleidung hängt nun sichtbar für alle an Haken. Darunter stehen die Schuhe, und bei Kontrollgängen sieht die Leitung sofort: Wer trägt möglicherweise falsche Schuhe, wie sieht die Arbeitskleidung aus und wo hängt die Privatkleidung? Auch fristet kein vergammelter Joghurt mehr im Verborgenen sein Dasein.

Dieses transparente Modell sorgt für eine bessere Hygiene. Weil es aber nicht der Regel entspricht, nicht das ist, was man kennt, finden die Behörden dieses Vorgehen fremd, ungewohnt und suspekt. Das Problem unserer Branche ist vielfach, dass viele Vorschriften und Handlungsweisen der Behörden stark traditionsgeprägt sind, weil man das immer schon so gemacht hat. Sie sind zum Teil zehn bis 20 Jahre alt oder älter und waren damals richtig. Heute aber sind sie überholt. Das ist übrigens auch eine Feststellung, zu der der mittlerweile verstorbene schwedische Wissenschaftler Hans Rosling in seinem Buch »Factfulness« kommt.

Rosling war Professor für Internationale Gesundheit am berühmten Karolinska Institut und Direktor der Gapminder-Stiftung in Stockholm. Er fand heraus, dass unser Wissen in vielen Bereichen fast 30 Jahre dem Stand von heute hinterherhinkt. Seine Erläuterung: »Die Welt hat sich verändert, nicht aber unsere Sicht auf die Welt. In unseren Köpfen ist sie immer noch gleich.« Aus diesem Grund möchte ich Ihnen gerne eine Frage stellen, die nicht mit dem Thema Pflege zu tun hat, aber dennoch tief blicken lässt. Sie lautet:

»Was glauben Sie, wie viele Mädchen absolvieren heute eine fünfjährige Grundschulausbildung in den Ländern mit niedrigem Einkommen?«

Antwort A: 20 Prozent

Antwort B: 40 Prozent
Antwort C: 60 Prozent

Welche Antwort ist richtig? Nehmen Sie sich Zeit und denken Sie kurz nach, dann entscheiden Sie.

Die letzte Antwort ist übrigens die richtige, und ich habe – das muss ich gestehen – auch die falsche gewählt und fand das sehr augenöffnend.

Doch die ausgetretenen Pfade zu verlassen – kommen wir wieder auf die Pflege zurück – verlangt Mut. Als ich damals vor Gericht gezogen bin, habe ich auch gelernt, dass wir schlechte Karten haben: Richter haben verständlicherweise fachlich von Pflege wenig Ahnung. Sie sind auf Expertisen angewiesen und entscheiden tendenziell immer so, dass eine möglichst große Sicherheit gewährleistet ist. Und das richtet sich meist gegen die gelebte Normalität, das Bedürfnis des Einzelnen und dagegen, das Wohnen in den Mittelpunkt zu stellen statt der punktuell zu verrichtenden Pflege. Stattdessen wird auf Funktionalität und Absicherung Wert gelegt.

Damit wir unseren anderen Weg gehen können, brauchen wir also nicht nur Kraft, Kreativität und Mut, sondern auch Nerven und Geld, um unser Modell mit Gutachten abzusichern und mit neuen Technologien und Erkenntnissen zu verfeinern und auszubauen. Sei es bei der Hygiene, beim Brandschutz oder bei der Telemedizin.

Nicht nur für die Geschäftsführung, auch für Mitarbeiter ist das Anderssein herausfordernd. Denn eine normale pflegerische Infrastruktur besteht aus Wäscherei, Zentralküche und einer Leitung, die sagt, was zu tun ist, und sich darauf konzentriert, all die behördlichen Vorgaben umzusetzen und keine Beanstandung zu bekommen. Bei unserem Hausgemeinschaftskonzept wird wie vorgeschrieben der individuelle Pflegeplan verfolgt und dokumentiert. Doch es geht eben auch darum, für eine gute Atmosphäre und Geborgenheit zu sorgen und zu schauen: Was kann jeder Einzelne dazu beitragen? Jeder einzelne Mitarbeiter. Und jeder einzelne Bewohner, indem er mit einer hauswirtschaftlichen Tätigkeit, mit einer Aufgabe zu körperlicher, geistiger und sozialer Aktivität angeregt wird.

Besser werden – ein dauernder Prozess

Um dazuzulernen, damit wir uns permanent verbessern, bitte ich meine Mitarbeiter darum, Anregungen einzubringen. Zudem kümmern sich ein achtköpfiges Team und ich um die Qualitätssicherung. Zusammen prüfen wir den Status quo und das Entwicklungspotenzial unseres Service und legen Ziele fest. Als Grundlage dient die digitale Dokumentation des WG-Lebens. In ihr wird neben den individuellen Vitalzeichen der Bewohner auch festgehalten, wer welche Aufgabe übernommen hat, wie sehr er oder sie integriert ist, ob er oder sie sich wohlfühlt. Damit sowie über interne, alle sechs bis acht Wochen stattfindende Kontrollbesuche in den einzelnen Häusern evaluieren wir unsere Qualität. Zusätzlich berücksichtigen wir die Ergebnisse aus der alle zwei Jahre stattfindenden Erhebung der Dualen Hochschule Baden-Württemberg. Vor allem die Beurteilungen, Kommentare und Vorschläge der Bewohner, Angehörigen und Studenten. Wir überlegen, wie wir neue Auflagen umsetzen, ob und welche technologischen Neuerungen für unser Pflegekonzept sinnvoll sind. Die Ergebnisse besprechen wir je nach Thematik auch in Mitarbeiter- und/oder Bewohner- und Angehörigenversammlungen und suchen gemeinsam nach Lösungen. Weitere Kennzahlen über die Qualität der Pflege oder Personalkennzahlen, Belegung, Wirtschaftlichkeit etc. runden das Bild ab.

Natürlich können wir es nicht allen recht machen. Das gilt insbesondere für ordnungsrechtliche Vorschriften, bei denen ein Bundesland anders entscheidet als das andere und manche Prüfer zusätzlich eigene Ideen haben. Etwa, dass wir eine Uhr mit Glockenschlag aufhängen sollten, aus Hygienegründen in jedem Bewohnerzimmer einen Desinfektionsspender anbringen, die Raumtemperatur in jedem Zimmer messen und diesen Wert in der Pflegedokumentation festhalten sowie einen Handlauf von 30 Zentimetern Länge zwischen zwei Zimmertüren anbringen. Glauben Sie mir, erkenne ich, dass so ein Handlauf für unsere Senioren notwendig ist, bin ich der Erste, der ihn an der betreffenden Stelle und sogar höchstpersönlich anbringt. Doch wenn eine Vorgabe nur deshalb so definiert wurde, weil man das immer schon so gemacht hat, ist mir das zu wenig, und wir setzen uns mit dem Thema auseinander: fragen, ob es die Sicherheit und das Lebensgefühl unserer Bewohner verbessert. Ist die Antwort Nein, suchen wir nach Alternativen.

Wenn uns das Gesetz keine Möglichkeit lässt, geben wir

uns geschlagen. Sehen wir aber eine Chance, es besser zu machen, gehen wir es an. Wir haben dadurch viele Dinge erreicht und verändert. Auch treffen wir immer Mitstreiter, die – wie in der Coronakrise – ein Auge dafür haben, dass manche Belange und Notwendigkeiten mehr Freiraum fordern.

Wir können unsere Türen nicht schließen und unsere Bewohner wegschicken oder zu allen Mitarbeitern sagen: Macht bitte Homeoffice. Wir können auch nicht wie Restaurants und Cafés in dieser Notsituation nur Take-away anbieten. Nein, wir müssen, egal, wie die Situation ist und wie lange sie andauert, hilfsbedürftige Menschen versorgen. Auf höchstem Niveau. Gerade jetzt! Wir haben zu Coronazeiten einen tollen Zusammenhalt innerhalb unseres Teams erlebt, haben Menschlichkeit, soweit wir das vertreten konnten, ermöglicht, indem Angehörige von Corona-erkrankten Bewohnern dennoch Abschied nehmen konnten. Gleichzeitig waren diese drei langen Jahre auch eine sehr schwere Zeit, wie ich bereits zu Beginn des Buches geschrieben habe. Denn immer im Notfallmodus zu arbeiten und dabei großem emotionalen Druck standzuhalten ist höchst herausfordernd. Die Auswirkungen bemerken wir immer noch an vielen Stellen, selbst jetzt, nachdem seit einigen Monaten alle Corona-Schutzmaßnahmen zurückgefahren wurden.

Kapitel 4:
Gute Pflegekräfte trotz demografischen Wandels

Die Notwendigkeit an pflegerischen Dienstleistungen nimmt zu - egal, ob ambulant oder stationär. Heute ist nicht die Nachfrage das Problem, sondern das Nadelöhr Personal. Der Bedarf an Pflegekräften steigt und macht gute Mitarbeiter zu einem seltenen Glücksfall: Mitarbeiter, die einfühlsam, respektvoll und mit diplomatischem Geschick ausgestattet sind. Gerade im Umgang mit Menschen mit Demenz und Delirien, von denen Außenstehende oftmals denken, dass diese in ihrer eigenen Welt leben würden und deshalb unempfindlichen seien für das, was um sie herum geschieht. Mitarbeiter, die diese persönlichen Fähigkeiten besitzen und zudem ihr Handwerk beherrschen, zu finden und zu halten ist eine Herausforderung. Besonders in einer personalintensiven Branche wie der Pflege. Im *War for Talents* konkurrieren wir mit allen Branchen, auch mit der gut bezahlenden Metall- und Automobilindustrie, und spüren den demografischen Wandel trotz Zuwanderung deutlich. Um dennoch optimistisch in die Zukunft zu blicken, braucht es verschiedene Lösungsansätze und Modelle, um diese Herkulesaufgabe zu meistern.

Warum wir mehr Pflege brauchen

Mein Vater war der letzte Kriegsteilnehmer in seinem Dorf. Er starb 2019 mit 91 Jahren und gehörte einer Generation an, deren Jahrgänge durch den Krieg dezimiert wurden. Daher waren sie in Summe wesentlich weniger als die folgende Generation, die sogenannten Babyboomer. Das sind in Deutschland alle zwischen 1955 und 1969 Geborenen. Die ersten von ihnen gehen nun in Rente. Selbst wenn sie noch weit vom Thema Pflege entfernt sind, auch die Babyboomer werden älter. Und durch ihre Vielzahl – wir sprechen hier von knapp 20 Millionen Menschen! – wird diese Generation den Bedarf an Pflege drastisch in die Höhe schnellen lassen. Zudem nimmt unser aller Lebenserwartung zu. Sie liegt bei Männern derzeit bei 78,7 Jahren, Frauen werden durchschnittlich 83,5 Jahre alt.

Hundertjährige wie Methusalem sind jedoch schon heute keine Seltenheit mehr. Als ich vor 25 Jahren in die Altenpflege eingestiegen bin, beglückwünschte ich als Geschäftsführer alle Geburtstagsjubilare zu ihrem 100. persönlich. Sowohl die ambulanten wie die stationären. Mit Blumen, einer Flasche Wein oder Eierlikör, je nach Vorliebe. Doch nach wenigen Jahren musste ich dieses Ritual aufgeben, sonst wäre ich nur noch unterwegs gewesen.

Keine Frage, es ist großartig, dass die Lebenserwartung

steigt. Gleichzeitig potenziert sich mit der Zahl der Jahre auch das Risiko altersbedingter Erkrankungen und Hemmnisse. Vor allem zum Ende des Lebens hin komprimiert sich die sogenannte Morbiditätsrate, also die Erkrankungshäufigkeit.

Ein weiterer Faktor, der zu einem höheren Pflegebedarf führt, sind die veränderten Familienstrukturen. Wer beruflich erfolgreich sein will, ist gefordert, in Metropolen zu ziehen. Sie sind das Epizentrum der *Corporate World*, und Mobilität gehört in einem globalen Wirtschaftssystem ganz selbstverständlich zum Arbeitsleben. Aus diesem Grund wohnen die Kinder nur noch selten am Heimatort ihrer Eltern. Das gilt genauso für die Töchter, die üblicherweise die häusliche Pflege übernehmen. Wie ihre Partner sind sie berufstätig und verfügen über wenig Freiraum, sich um pflegebedürftige Angehörige zu kümmern.

Gleichzeitig verkleinert eine sinkende Kinderzahl die Chance, dass sich mehrere Geschwister die Pflege teilen. Deutschland hatte 2022 eine Geburtenrate von 1,58, also rund eineinhalb Kinder im statistischen Mittel pro Frau. Rund 739.000 Kinder wurden geboren. Nach allgemeiner Auffassung ist für eine stabile Bevölkerung eine Geburtenrate von 2,1 Kindern je Frau notwendig. Damit fehlen rund 243.200 Geburten im Jahr, um die Bevölkerungspyramide stabil zu halten. In den nächsten Jahrzehnten werden mehr Menschen aus dem Berufsleben ausscheiden und in Rente gehen, als Schulabgänger ins Berufsleben einsteigen.

Das Netzwerk »Familie« und die gegenseitige Unterstützung der Generationen funktionieren nur noch bedingt. Lebensläufe, in denen man mit 20 Jahren geheiratet hat, Kinder bekam, arbeitete, sich um die Enkel kümmerte, bis man selbst von den Angehörigen gepflegt werden musste, und mit 90 starb, werden seltener. Stattdessen steigt die Scheidungsrate, es gibt Patchworkfamilien und immer mehr Menschen, die zum zweiten oder dritten Mal heiraten. Dass Frauen ihren Ex-Mann pflegen würden oder Männer ihre Ex-Frau, ist unwahrscheinlich.

Dass der Pflegebedarf aus all diesen Gründen massiv (bis 2050 um rund 40 Prozent) steigen wird, weiß man seit zig Jahren. Trotzdem wird nur sehr kurzfristig gehandelt. Schließlich leben Politiker von Wahlen und setzen sich primär für Themen ein, die beim Volk gut ankommen, die Wählerstimmen bringen. Politik lebt vom kurzfristigen Wahlerfolg. Doch Pflege und Pflegeversicherung sind eher langfristige Themen und haben auf sofortige Wahlentscheidungen relativ wenig Einfluss; das mag auch an der Komplexität dieses zugegeben schwierigen Themas liegen. Die Inflation, der Ukraine-Krieg und Nachbesserungen, um Energiekosten zu reduzieren, sind größere Aufreger.

Spricht man Politiker auf die Babyboomer, die steigende Lebenserwartung und die veränderten Familienstrukturen an, die sich ab dem Jahr 2030 sehr stark auf die Pflege auswirken werden, ist das allen wohl bewusst. Es gibt aber auch Politiker, die sagen: »Das ist ja recht. Aber was interessiert mich, was 2030 ist?«, oder: »Wenn wir das tun, was notwendig wäre, verlieren wir die Wahlen!« Und doch müssen wir langfristig denken und jetzt endlich Maßnahmen ergreifen.

Wir sind gerade in diesem Bereich gefordert, auf langfristige Themen zu achten.

Weniger Mitarbeiter durch geburtenschwache Jahrgänge und Fluktuation

Um den wachsenden Pflegebedarf zu bewältigen, brauchen wir mehr Mitarbeiter. Das ist schon heute kein einfaches Unterfangen. Schließlich gehen bereits aktuell mehr Menschen in Rente, als Schulabgänger ins Berufsleben einsteigen. Diese Kluft wird weiter zunehmen, wenn die geburtenschwachen Jahrgänge zu arbeiten beginnen und die Babyboomer nach und nach ins Pensionisten-Leben wechseln; der 1964er-Jahrgang ist mit mehr als 1,3 Millionen Geburten der stärkste in der deutschen Nachkriegsgeschichte.

Diesen Engpass spüren wir schon jetzt, da unsere Branche sehr personalintensiv ist und es trotz Digitalisierung bleiben wird. Der Wettbewerb um qualifizierte Mitarbeiter und junge Menschen, die eine Ausbildung machen wollen, ist gewaltig. Noch vor wenigen Jahren haben viele junge Leute eine Lehrstelle gesucht und keine bekommen, doch nun fehlen umgekehrt die Azubis für die Ausbildungsplätze – und das wird so weitergehen, und das lässt sich mit Zuwanderung und Zeitarbeitskräften nicht kompensieren. Es braucht neue Konzepte!

Zudem wandern Mitarbeiter ab. Nach Mitteilung der Bundesagentur für Arbeit liegt die Fluktuation über alle Branchen hinweg bei über 30 Prozent. Bei uns beträgt sie im

Schnitt 23 Prozent. Rund fünf Prozent davon entfallen auf Mitarbeiterinnen, die sich in Mutterschutz und in Elternzeit befinden. Schließlich ergreifen den Pflegeberuf nach wie vor bevorzugt Frauen. Sobald eine Mitarbeiterin schwanger ist, wird in der Regel ein Beschäftigungsverbot erteilt. Denn sie trägt ein erhöhtes Risiko, sich mit multiresistenten Keimen und Krankheiten anzustecken. Gleichzeitig kann eine Pflegekraft, wenn jemand gestürzt ist oder gelagert werden muss, nicht sagen: »Ich bin schwanger, ich darf nicht heben, ich kann Ihnen jetzt nicht helfen.« Das geht nicht.

Weil ich mehr Mitarbeiterinnen als Mitarbeiter beschäftige, ist auch der Anteil derer höher, die wegen eines kranken Kindes zu Hause bleiben und nicht zur Arbeit kommen können. Väter, die in solchen Fällen einspringen, bilden immer noch die Ausnahme. Und Männer, die ihre Betriebsferien nach den Wünschen ihrer Frau ausrichten, sind auch nicht gerade üblich.

Zur Pflege nahestehender Angehöriger gestattet der Gesetzgeber Mitarbeitern seit 2008, eine berufliche Auszeit zu nehmen. Analog zur Elternzeit nennt sich dieser temporäre Ausstieg »Pflegezeit« und ermöglicht eine Freistellung von bis zu sechs Monaten. Zusätzlich besteht die Möglichkeit, sich kurzfristig für zehn Tage von der eigenen Tätigkeit freistellen zu lassen, um beispielsweise die Pflege eines nahen Angehörigen organisieren zu können. Für diese Zeit wird nach einem entsprechenden Antrag ein Pflegeunterstützungsgeld gewährt, das sich am Nettolohn orientiert. Die Höhe der Unterstützungsleistungen soll Anfang 2025 und 2028 ein weiteres Mal an die Preisentwicklung angepasst werden. Das ist eine großartige Chance. Nur ergreift sie der Enkel, der sowieso in der Pflege arbeitet, eher, um Opa oder Oma zu Hause zu versorgen, als jemand aus der Automobil- oder Metallbaubranche. Was unsere Sparte doppelt belastet, weil diese Neuerung sich zusätzlich auf die Fluktuation unserer Angestellten auswirkt, die Pflegezeit in Anspruch nehmen.

Unabhängig vom Pflegekonzept stehen alle Anbieter, egal ob kirchlich, frei, gemeinnützig, kommunal oder privat, mehr oder weniger vor der gleichen Herausforderung. Am Beispiel meiner Firma möchte ich das konkretisieren. Ich beschäftige in meinen Einrichtungen rund 2000 Mitarbeiter. 200 davon arbeiten im ambulanten Bereich, die anderen im stationären. Ein Drittel des Personals sind Pflegefachkräfte. Sie verfügen über eine dreijährige Ausbildung und verantworten die Pflegeplanung, verabreichen Spritzen und geben Medikamente aus, wechseln Verbände oder kümmern sich um die medizinische Wundversorgung. Zwei Drittel der Mitarbeiter sind Pflegehilfs- und Hauswirtschaftskräfte. Klassische Pflegehilfskräfte sind der kleinere Teil. Sie unterstützen die Pflegefachkräfte und sind wie diese primär in der Grund- und Behandlungspflege tätig. Die größte Gruppe bilden Präsenzkräfte, sie sind eine Mischung aus Pflegehilfskraft und Hauswirtschaftskraft. Diese Allrounder übernehmen ähnliche Tätigkeiten wie pflegende Angehörige zu Hause: Sie führen den Haushalt und helfen bei der Grundpflege mit. Sie unterstützen die älteren Menschen bei der Körperpflege, beim Wäschewechsel, sie machen das Bett und begleiten durch den Alltag. Sie reinigen die Wohnung, waschen die Wäsche und bereiten die Mahlzeiten zu – und beziehen dabei die Bewohner mit ein. Dann gibt es noch Betreuungskräfte. Sie organisieren die Gruppen- und Einzelbetreuung, unternehmen Spaziergänge, laden zur Sitzgymnastik oder zu anderen Aktivitäten ein.

Pro Wohnung gibt es ein Team von Präsenzkräften, die von 7:00 bis 20:00 Uhr in drei Schichten, in der Mittagszeit zu zweit, anwesend sind und ihre Aufgaben erledigen. Insgesamt rund 3,20 Vollzeitstellen, aufgeteilt auf vier bis fünf Mitarbeiter, je nach deren Teilzeitwunsch.

Wie viele Mitarbeiter ich grundsätzlich einsetzen kann, bestimmt der sogenannte Personalschlüssel. Er ist föderal definiert und bis auf Hessen an die Pflegegrade der betreuten Bewohner angelehnt: Ändert sich der Pflegegrad eines Bewohners, ändert sich auch die per Pflegesatz finanzierte Personalmenge. Und das teilweise innerhalb einer Woche. Oft können wir die Arbeitsverträge der Mitarbeiter nicht so schnell anpassen und müssen gegebenenfalls sogar von jetzt auf gleich eine Stelle neu besetzen. In diesen kaum zu bewältigenden Handlungszwang kommen wir auch, wenn eine Mitarbeiterin schwanger oder für länger krank wird. Das gilt vor allem, wenn es sich dabei um eine Pflegefachkraft handelt. Denn: Fachkräfte sind absolut rar auf dem Arbeitsmarkt. Sie machen zwar nur ein Drittel meines Personals aus, aber für bestimmte Tätigkeiten sind sie mit ihrer Qualifikation unerlässlich. Da gibt es auch keine Alternative, etwa indem man diese Kräfte – wie das bei Hauswirtschaftern und Hilfskräften möglich ist – anlernt und dadurch qualifiziert. Und bei einer Fluktuation von aktuell 21,5% bei den

Mitarbeitern in den stationären BeneVit-Hausgemeinschaften brauchen wir grundsätzlich jedes Jahr 400 neue Mitarbeiter. Das geht nur, indem wir unseren Nachwuchs selbst ausbilden und Anreize für neue Mitarbeiter und Fachkräfte schaffen.

Es ist auch ein weit und bis hoch ins Gesundheitsministerium hinein verbreiteter Irrglaube, dass das Personalproblem in der Pflege zu lösen wäre, indem man aus den Teilzeitkräften Vollzeitstellen macht. Denn die Beschäftigten haben sich aus freien Stücken für eine reduzierte Stundenzahl entschieden, und nicht, weil sie von ihren Arbeitgebern dazu gezwungen worden wären. Der Arbeitnehmer definiert seine Wünsche nach Beschäftigungsumfang, und der Arbeitgeber ist gut beraten, alles zu tun, diese wenn irgend möglich zu erfüllen.

Meine rund 2.000 Mitarbeiter besetzen umgerechnet 1.500 Vollzeitstellen und entsprechen somit einem durchschnittlichen Beschäftigungsgrad von 75 Prozent. Jeder, der von Teilzeit in Vollzeit wechseln möchte, erhält bei uns diese Möglichkeit – und ich bin sicher, das ist anderswo genauso. Unser Angebot und unsere Bitte, Mitarbeiter mögen doch Vollzeit arbeiten, wird hingegen von vielen abgelehnt. Sei es, weil Kinder zu Hause betreut werden müssen, sei es aus gesundheitlichen oder anderen Gründen. Menschen in der Pflege sind in der Regel nicht karriereorientiert, die private Situation wird oft vor den Beruf gestellt. Man mag dies bedauern und beklagen, aber es ist Fakt. Vielleicht lässt sich hier ein Wandel erreichen, wenn die Löhne in der Pflege so steigen, dass sie eine Familie als Alleinverdiener ernähren können. Dann würde sich der weniger verdienende Partner danach richten, wie die Rahmenbedingungen desjenigen sind, der den Hauptteil des Einkommens erwirtschaftet.

Dass die Vergütungen in der Pflege zu gering waren und erhöht werden mussten, das wurde nun in Teilen erfüllt. Denn in der Pflegebranche müssen die Löhne steigen. Aber für alle – für Pflege, Betreuung und Hauswirtschaft! Ich befürworte, dass die Pflegebranche zu den bestbezahlten Berufszweigen Deutschlands wird. Dass eine Pflegefach- oder eine Hauswirtschaftsfachkraft bei gleicher dreijähriger Ausbildung mindestens genauso viel Gehalt erhält wie in der IT-Branche. In der Pandemie hat sich deutlich gezeigt, welche tragende, systemrelevante Rolle Pflege spielt – egal, ob ambulant zu Hause, im Krankenhaus oder im Pflegeheim. Es muss aber allen klar sein, dass dann auch die Pflegesätze steigen. Es ist faszinierend, dass viele eine bessere Bezahlung fordern, gleichzeitig aber die Höhe der Eigenanteile beklagen. Hier wäre mehr Ehrlichkeit aller Beteiligten – der Politiker, des Sozialsystems, der Angehörigen und der Gesellschaft – hilfreich. Doch in Verhandlungen der Heime mit Kostenträgern, vor allem mit der Sozialhilfe, heißt es stets, der Pflegesatz müsse so gering wie möglich sein. Und was wäre die Lösung? Dass Bewohner oder Sozialhilfe tiefer in die Tasche greifen? Wir haben in unseren Einrichtungen 20 Prozent Bewohner, die ergänzende Sozialhilfe erhalten, und diese 20 Prozent definieren die Berechnungsgrundlage des Pflegesatzes. Bei den jetzt anstehenden Verhandlungen werden wir mehr Gehalt für die Mitarbeiter einfordern. Das hat Gewicht. Denn was ein Tagessatz Pflege kostet, hängt stark vom Personalschlüssel ab, und die Gehaltskosten machen rund 70 Prozent des Gesamtaufwands aus. Pflegekräfte besser zu entlohnen geht nur, wenn wir die Kassenleistungen und den Eigenanteil erhöhen.

Eigene Nachwuchsschmiede und viele Anreize

Zum Glück gelingt es, Auszubildende zu finden, die sich für einen Job in der Pflege begeistern. Denn anders als vor 20 oder 30 Jahren möchten junge Leute nicht irgendeinen Job ausüben, nur um Geld zu verdienen. Viele Jugendliche und junge Erwachsene der Generation Y suchen mehr und mehr nach einer sinnstiftenden Tätigkeit. Das kommt uns zugute. Denn die Pflege älterer Menschen ist tatsächlich etwas Sinnhaftes. Gleichzeitig bieten wir unseren Auszubildenden eine überdurchschnittliche Vergütung: Im Schnitt erhält ein Azubi etwa 1.300 Euro pro Monat. Doch im sogenannten »War for Talents« zieht die Industrie nach. Sie zahlt ihren jungen Jobanwärtern mittlerweile auch höhere Löhne.

Die Ausbildung in der Pflege wurde vor Jahre geändert. Generalistik heißt das Schlagwort. Das bedeutet, dass alle Pflegekräfte egal, ob im Krankenhaus oder Pflegeheim, ob ambulant oder stationär gleich – nämlich generalistisch – ausgebildet werden. Die Absichten waren edel und gut. Fakt ist aber, dass die Ausbildungszahlen sinken und die Abbruchquoten steigen. Die Ursachen sind vielfältig, wie an anderer Stelle bereits erläutert. Um neue Mitarbeiter zu gewinnen, müssen sich Pflegebetriebe etwas einfallen lassen:

Printanzeigen kosten viel Geld und erreichen kaum jemanden. Facebook, Google und Stellenportale im Internet sind vielversprechender, ebenso wie Messestände. In manchen Regionen stellen sich engagierte Mitarbeiter auch mit Sonnenschirm und Flyern vor einen Supermarkt und gehen direkt auf potenzielle Kandidaten zu. Wir sprechen jedoch auch Angehörige an, fragen Bewohner, ob sie nicht jemanden kennen, dem dieser Job Spaß machen und der sich dafür eignen würde, und bitten Angestellte um ihre Mithilfe. Vermittelt uns jemand einen neuen Mitarbeiter, winkt eine ordentliche Geldprämie.

Insgesamt sind 80 Prozent unserer Arbeitskräfte deutsche Muttersprachler. Doch zwingt uns die angespannte Personalsituation, weltweit nach Talenten Ausschau zu halten. Dies fordert jedoch viel Aufwand, personell und finanziell.

Da der osteuropäische Arbeitsmarkt leer gefegt ist und Länder wie Polen, Tschechien oder Slowenien durch Überalterung und den wachsenden Lebensstandard ihre Kräfte in der Heimat brauchen, müssen wir uns auch in anderen Regionen umsehen. So stammen unsere ausländischen Mitarbeiter aus über 60 verschiedenen Nationen – von Äthiopien über Kenia bis hin zu China. Aber neben Osteuropa vor allem von den Philippinen. In diesem Inselstaat gibt es verhältnismäßig viele junge Leute und eine sehr gute vierjährige Pflegeausbildung.

Unsere Mitarbeiterin rekrutiert die philippinischen Mitarbeiter über Agenturen und fliegt für Vorstellungsgespräche direkt nach Manila. Derzeit dauert es ein bis zwei Jahre, bis wir philippinische Fachkräfte tatsächlich einsetzen können. Ist der Sprachkurs mit B2-Zertifikat nach circa einem Jahr in der Tasche, müssen die Bewerber eine Arbeitserlaubnis und ein Einreisevisum beantragen. Einen Termin auf der deutschen Botschaft zu erhalten dauert Monate. Ist die Fachkraft dann endlich in Deutschland, müssen viele ein Praktikum – überwiegend im Krankenhaus – absolvieren, um eine behördenwirksame Anerkennung als Fachkraft zu erhalten. Als Altenpflegekraft kann man sich in Deutschland nicht anerkennen lassen, nur als Krankenpflegekraft. Das klingt paradox. Außerdem ist es eher ein Nachteil, weil man dort Dinge lernt, die so in der Altenpflege nicht gebraucht werden. Die Krankenhäuser jedoch freuen sich über jeden Praktikanten und gehen während dieser Zeit in aktive Abwerbung, indem sie mit besserer Bezahlung, Gerätemedizin, heiratsfähigen Ärzten und weniger Grundpflege locken. Ich will das gar nicht kritisieren, ich würde das im Umkehrfall genauso machen. Nicht selten verlieren wir daher ausländische Fachkräfte schon während dieses Anerkennungsverfahrens an das Krankenhaus und bleiben auf der Vermittlungsprämie und den bislang entstandenen Kosten sitzen.

Ob das neue Fachkräfteeinwanderungsgesetz was bringt, bleibt abzuwarten. Außerdem liegt Deutschland auf der Wunschliste der ausländischen Pflegefachkräfte bei Weitem nicht vorne: Auf den Philippinen wurden rund 100 Anwärter gefragt, wer ins Ausland gehen möchte. Ergebnis: nahezu 90 Prozent. Auf die Frage, wer Deutschland ins Auge fasse, gab es eine Meldung. Beliebt sind stattdessen Länder wie Kanada, die USA, Australien oder Neuseeland. Sie haben allein schon aufgrund der Sprache deutliche Vorteile, da viele Pflegeheim-Anwärter bereits ein gutes Grundwissen in Englisch besitzen und nicht erst, wie das für Deutschland gefordert ist, B2-Deutschkenntnisse nachweisen müssen. Viele dieser Länder heißen Pflegekräfte mit staatlichen Prämien von mehreren Tausend Euro willkommen. Daneben stellen sie Familienzuzug vom ersten Tag an in Aussicht sowie eine Wohnung, das sind Dinge, von denen wir in Deutschland noch weit entfernt sind.

Sind die Fachkräfte endlich doch angekommen und erkennen, welche Rechte Arbeitnehmer in Deutschland haben, ist der Sog in die Großstädte, in denen es Kliniken gibt, in denen andere Landsleute arbeiten und in der Nähe leben, groß: Ich verliere circa 40 Prozent der aus dem Ausland gewonnenen Fachkräfte nach zwei, drei Jahren im Job.

Also Zuwanderung ja, aber es ist nicht das erhoffte Allheilmittel. Vielleicht Zuwanderung in Ausbildungsplätze, aber auch hier befinden wir uns im Wettbewerb mit Krankenhäusern, die naturgemäß Vorteile haben, die wir nicht kompensieren können. Es nützt auch nichts, den Krankenhäusern deswegen Vorwürfe zu machen. Der Akutbereich sitzt in der gleichen Klemme, und wir brauchen sowohl in der Langzeitpflege als auch in der Akutpflege Fachkräfte.

Bei der Auswahl der Mitarbeiter finde ich einen guten Mix wichtig. Es ist vorteilhaft, wenn möglichst ein großer Teil der Mitarbeiter aus der Region des Standorts stammt. Das ist zwar nicht zu 100 Prozent möglich, und wir wollen auch niemanden aufgrund seiner Herkunft auf- oder abwerten. Aber es ist gut für die Bewohner, Einheimische im Team zu haben: Sie kennen die Umgebung wie ihre Westentasche, wissen um historische Hintergründe und sprechen den örtlichen Dialekt.

Unsere Bewohner sind vielfach in einer Zeit groß geworden, in der nur Mundart gesprochen wurde. Manche Orte haben sogar einen ganz eigenen Dialekt. Im unterfränkischen Frammersbach im Landkreis Main-Spessart gab es zum Beispiel Flößer, die in ganz Europa unterwegs waren und ihre Waren verkauften. Sie entwickelten eine Art Geheimsprache, damit niemand sonst sie verstehen konnte, wenn sie sich austauschten. Beherrscht jemand aus dem Pflegeteam ein paar dieser alten Begriffe, ist das für die Bewohner ein Riesenspaß. Hören junge Pflegerinnen aus den Philippinen mit B2-Sprachkurs oder ein Mitarbeiter aus dem hohen Norden auf der Schwäbischen Alb von einer Bewohnerin: »Gib mir a mol dia Babbadecklschachtl«, wissen sie nicht, dass »Gib mir mal den Karton« gemeint ist. Das ist in Schwaben so, aber auch in unseren Einrichtungen in Baden, Franken, Hessen, Bayern, Niedersachsen oder im Saarland. Ortsansässige können schnell vermitteln und für bessere Verständigung sorgen. Auch dann, wenn es gilt, etwa muslimischen Mitarbeitern zu erklären, was die heilige Maria Mutter Gottes ist oder ein Marterl. Dieser Bildstock mit einem Heiligenbild am Rand von Flurwegen ist für im Ländlichen lebende Senioren ein beliebtes Ziel, um dort auf einer Bank in die Landschaft zu blicken oder sich an den geheimen Treffpunkt mit der ersten Liebe zu erinnern. Ortskundige wissen um diese Besonderheiten.

Dieses Wissen ist Gold wert und vermittelt den Heimbewohnern Vertrauen und Sicherheit. Es bildet eine Brücke zwischen Menschen, wenn Heimat und Geschichte geteilt werden. Doch mit Feingefühl und Interesse können zugezogene Mitarbeiter vieles ausgleichen.

Warum gute Mitarbeiter Gold wert sind und wie man sie hält

Ob es sich nun um Mitarbeiter aus der Region handelt oder Mitarbeiter aus dem Ausland: Unsere oberste Priorität ist, sie zu halten. Da Fluktuation Geld kostet, das Team durcheinanderwirbelt. Es bedarf Einarbeitungszeit und birgt immer auch das Risiko: Funktioniert der Wechsel am Ende oder nicht? Für die Bewohner bedeutet es immer eine Neuorientierung. Außerdem gehen viel Wissen und Erfahrung verloren und müssen neu aufgebaut werden. Um das zu verhindern, tun wir einiges, vom finanziellen Bonus für eine lange Betriebszugehörigkeit über die Kür des »Teams des Jahres« bis zu Teambildungs-Wochenenden. Schließlich legen wir großen Wert darauf, dass die Stimmung in unseren Häusern gut ist – das gilt in erster Linie für Bewohner sowie für Mitarbeiter.

In immer mehr Einrichtungen haben wir zum Beispiel auch Schwebeliegen mit Massagefunktion. Diese können Mitarbeiter in ihrer Pause – aber auch Bewohner und Angehörige – für eine Rückenmassage nutzen. Seit 2023 haben wir zusätzlich ein Projekt zum betrieblichen Gesundheitsmanagement aufgelegt. Gefördert und finanziert durch die

Techniker Kasse, kommen »health coaches« von Life Bonus in meine Einrichtungen, begleiten Mitarbeiter und leiten sie an. Mit dem Ziel, ihre Gesundheit zu stärken, Schwachstellen herauszufinden und zu korrigieren. Mittels einer App können Mitarbeiter eigenständig Übungen durchführen. Gleichzeitig werden in jeder Einrichtung »health coaches« ausgebildet, die das Konzept nachhaltig weiterführen. Immerhin gut zwei Millionen Euro werden dadurch über einen Zeitraum von zwei Jahren in die Gesundheit der Mitarbeiter investiert. Außerdem erhalten sie auf Wunsch einen Firmenwagen. Wer möchte, kann einen Teil seines Gehalts dazu nutzen, günstig ein E-Bike bei uns zu erwerben. Auch Arbeitgeberdarlehen biete ich meinen Mitarbeitern an. Etwa wenn jemand sagt: »Ich habe 5000 Euro Schulden, und die Bank gibt mir keinen Kredit«, dann kümmern wir uns darum. Alles, was wir mit Vernunft vertreten können, tun wir.

Meine Forderung – wie bereits zu Beginn des Buches angesprochen – bewusst nochmals wiederholt: es muss das Gehalt aller in der Pflege Tätigen von Hauswirtschaft bis Technik über Verwaltung bis Leitung und nicht nur von denen in Pflege und Betreuung Tätigen wettbewerbsfähig angehoben werden. Jetzt stimmt die Verhältnismäßigkeit nicht mehr. Ein Beispiel: Eine meiner Pflegedienstleitungen eines kleinen Hauses und Berufsanfängerin hat mich angesprochen, dass sie derzeit netto etwas über 3.000 € verdient (Grundgehalt 60.000 €/Jahr; Arbeitgeberbrutto 75.000 €). Im Pflegesatzverfahren wurden die von mir geforderten Personalkosten für Leitungen nicht anerkannt. Als alleinerziehende Mutter von drei Kinder hat sie sich ihren Anspruch auf Bürgergeld errechnen lassen. Nach Abzug aller Nebenkosten wie Miete etc. bekäme sie rund 2.500 € Bürgergeld. Also netto deutlich mehr, als sie jetzt verdient, weil sie von ihrem Nettolohn alle Nebenkosten zu begleichen hat.

Wie ist das erst bei »normalen« Fachkräften, und wie verändert sich das, wenn durch die Maßnahmen zur Beseitigung der Kinderarmut noch mehr Transferleistungen erfolgen?

Wir sind darüber hinaus auch im Wettbewerb mit der Industrie, die deutlich größere Spielräume hat. Eine Bank hat einem Mitarbeiter bei einem Wechsel 9.000 € mehr Grundgehalt, eine Startprämie von 10.000 € und eine bezahlte Urlaubsreise für die gesamte Familie geboten.

Wer in der Pflege arbeitet, dessen Beweggrund ist nicht nur, Geld zu verdienen, sondern vor allem ein sinnerfüllender Job. Weitere Kriterien sind eine gute Arbeitsatmosphäre und eine attraktive Bezahlung – nicht nur für Pflegefachkräfte, sondern für die gesamte Branche. Wird jedoch in der Politik oder Gesellschaft über Pflege und Personal diskutiert, geht es immer nur um Pflegefachkräfte. Sie sind aber nur ein Teil des Ganzen. Sie besser zu entlohnen ist gut und richtig. Gleichzeitig werden alle anderen Bereiche wie Verwaltung, Leitung, Technik und Hauswirtschaft in der Diskussion nicht berücksichtigt, obwohl sie zwei Drittel der Mitarbeiter ausmachen und mindestens so wichtig für die Qualität der Pflege sind wie examinierte Fachkräfte.

Für mich ist eine dreijährige Hauswirtschaftsausbildung gleich viel wert wie eine Pflegeausbildung. Ganz anders die

Tarifverträge und ihre Erhöhung zum 1.9.2022, die nur auf Pflege- und Betreuungskräfte abzielen. Als ich versuchte, mit der Gewerkschaft Ver.di einen eigenen Tarifvertrag auszuhandeln, war das Scheitern programmiert. Wie meistens in der Pflege sind auch meine Angestellten kaum gewerkschaftlich organisiert. Gerade mal in einer Einrichtung habe ich einen aktiven Betriebsrat. Gibt es ein Problem, kommen meine Mitarbeiter auf mich zu, und wir lösen es direkt. Wir können es uns nicht leisten, Wünsche von Mitarbeitern zu missachten. Die Zeiten, in denen Chefs einseitige Vorgaben machen konnten, sind vorbei. Die Mitarbeiter sind in einer noch nie da gewesenen Machtposition und wählen aus. Arbeitgeber bewerben sich um gute Kräfte – das hätten sich die Macher der Arbeitsschutzgesetze wohl im Traum nicht gedacht.

Bewirbt sich also jemand bei uns um eine Vollzeitstelle, erhält der- oder diejenige – überspitzt gesprochen – sofort einen Arbeitsvertrag: Grundsätzlich versuchen wir, Angestellten erst einmal höhere Stundenzahlen zu verkaufen, als sie eigentlich wollen. Gerade junge Jobanwärter merken allerdings am Ende ihrer Ausbildung häufig: Sie benötigen gar nicht so viel Geld zum Leben und hätten dafür lieber mehr Freizeit. Für Hobbys etwa oder zum Reisen. Dieser Wunsch ist unter jungen Leuten sehr verbreitet. Die Vertreter dieser Generation Y und Generation Z sind auch ein großer Treiber, wenn es um Sinnhaftigkeit in Unternehmen geht. Daher plädieren sie nicht selten für einen 75-Prozent-Vertrag. Und den erhalten sie auch.

Vor allem in unserer Branche müssen sich Chefs an den

Bedürfnissen der Beschäftigten und vor allem an denen der Mitarbeiterinnen orientieren. Ein Großteil lebt nach wie vor eine traditionelle Rollenverteilung: Der Mann arbeitet Vollzeit, die Frau kümmert sich um den Haushalt und die Kinder. Um Zeit für diese unbezahlten Care-Aufgaben zu haben, streben viele meiner Mitarbeiterinnen nur eine Teilzeitstelle an. Allerdings halte ich Beschäftigungsmodelle unter 50 Prozent für nicht zielführend. Eine Vertrauensbasis und damit eine Beziehung zu hilfsbedürftigen Menschen bauen sich nur durch eine gewisse kontinuierliche Anwesenheit auf. Gleiches gilt für die Teambildung.

Gleichzeitig müssen Jobmodelle in der Pflege familienfreundlich sein. Deshalb achten wir darauf, dass unsere Mitarbeiter Arbeits- und Privatleben in Einklang bringen können. Als beispielsweise eine alleinerziehende Pflegeleiterin von ihrem zehnjährigen Sohn hörte: »Ich sehe dich nicht mehr«, und sie sich verstärkt um ihn kümmern wollte, haben wir sofort reagiert und ihre Stelle in einen Teilzeitjob umgewandelt. Denn nur wer den Kopf frei und kein schlechtes Gewissen gegenüber seinen Lieben hat, ist gelassen und damit zugeneigter. Dass die dann frei gewordenen Leitungsanteile durch andere Mitarbeiter wieder auf 100 Prozent aufgefüllt werden müssen, steht so in den normativen Vorgaben. Aber finden Sie dann mal jemanden, der die Qualifizierung hat und sich darauf einlässt.

Einfühlung ist ein wichtiges Kriterium in der Pflege. Um dieser emotionalen Komponente gerecht zu werden, müssen Menschen entspannt sein. Stress, wie auch immer er geartet ist, verengt den Blickwinkel und verringert das Potenzial, gut zu pflegen. Daher habe ich in der Coronazeit meinen Mitarbeitern auch erlaubt, sich an unseren Lebensmittel- und Klopapiervorräten zu bedienen. Ist diese Grundversorgung gesichert, muss sich niemand einen Kopf machen, in den Supermärkten nach Feierabend nichts mehr zu bekommen.

Außerdem durften früher alle ihre Kinder mitbringen. Das war ein Gewinn für alle: Die Mitarbeiterin hat ein gutes Gefühl, weil sie trotz Job ihren Nachwuchs im Blick hat. Das Kind hat sich gefreut, weil es Omas und Opas gewinnt, mit denen es *Mensch ärgre Dich nicht* spielen, malen oder Hausaufgaben machen konnte. Und die alten Menschen haben den frischen Wind in der Einrichtung genossen. So entstanden viele positive emotionale Beziehungen. Vor allem auch dadurch, dass die Kinder, die Enkelgeneration, unbefangen, ohne Vorwürfe – wie das bei unmittelbar aufeinanderfolgenden Generationen, sprich Eltern-Kind-Beziehungen öfter mal der Fall ist – auf ältere Menschen zugehen. Selbst auf stärker hilfsbedürftige demenziell Erkrankte, was für eine entspannte Atmosphäre sorgte. Doch aufgrund von neuen Auflagen sind diese Zusammenkünfte nicht mehr möglich.

Wir haben auch gute Erfahrungen mit der betrieblichen Betreuung für Kleinkinder bis zu drei Jahre gemacht. Angepasst an die Arbeitszeiten der Mitarbeiter kümmerten sich Tagesmütter um die Kleinen, doch aufgrund von Auflagen ist dies nicht mehr möglich. Und wenn dann die Kindertagesstelle in der Kommune schließt, was auf dem Land immer häufiger vorkommt, verlieren wir Mitarbeiter.

Doch ihre vierbeinigen Lieblinge dürfen Mitarbeiter

nach wie vor mitbringen. Wenn es nicht zu viele werden. Und vorausgesetzt, sie sind gut erzogen, und niemand im Haus hat eine Tierhaarallergie. Das gilt es zu beachten. Und weil das bislang kein Thema war, konnten wir diesem Wunsch immer stattgeben. Bewohner dürfen ihre Haustiere übrigens nach den gleichen Kriterien mitbringen. Klassischerweise Hunde, aber auch schon Vögel, Hühner und Esel.

Weiterbildung – fachlich und sozial kompetent

Zur guten Pflege gehören gesetzlich vorgeschriebene Weiterbildungsprogramme zum Brandschutz, zur Ersten Hilfe, zur Hygiene. Zum anderen schulen wir unsere Mitarbeiter zu Expertenstandards, Umgang mit Demenz und vielem mehr. Was wird gekocht? Wie kommuniziere ich mit alten Menschen, wie erkenne ich deren Bedürfnisse? Wie vermittle ich Wertschätzung und Respekt? Man kann viel mit seinem Personal reden und es schulen, doch nichts wirkt besser als ein Ausflug in die Realität eines alten Menschen. Dazu stellen wir unseren Mitarbeitern den sogenannten Age-Anzug zur Verfügung. Mit Gewichten beschwert und dicken Brillengläsern simuliert dieser Anzug, wie Hochaltrige sich fühlen, wie stark sie in ihrem Bewegungsradius und Sichtfeld eingeschränkt sind. Das hilft gerade Neulingen, sich noch besser in sie und ihre Bedürfnisse einfühlen zu können. Für sehr wichtig halte ich auch, dass die Mitarbeiter in die Unternehmenskultur und das Konzept ihrer Einrichtung eingeführt werden. Ich habe gute Erfahrungen damit gesammelt, diese Schulung verpflichtend zu machen und sie selbst persönlich durchzuführen. Zum einen als Zeichen der Wertschätzung gegenüber den Mitarbeitern, zum anderen aber auch, um zu zeigen, was mir wichtig ist, warum ich als Eigentümer und Geschäftsführer für diese Idee brenne und meine Mitarbeiter mit mir zum Leuchten bringen möchte. Ihre Weiterbildung können meine Mitarbeiter mittlerweile nicht nur in der Gruppe und Face-to-Face absolvieren, sondern auch im E-Learning leisten. Den Zugang dazu erhalten sie passwortgeschützt über unser Internetportal. So bestimmen sie, wann und wo sie die Aufgaben lösen wollen. Natürlich im Dienst, aber auch etwa auf der Fahrt von der Arbeit nach Hause im Bus via Smartphone. Das begeistert viele Mitarbeiter, weil diese Möglichkeit zu lernen ihnen mehr Freiheit und Spaß bietet. Mit den richtigen Antworten am Ende des Moduls weisen sie nach, dass sie den Unterrichtsstoff verstanden haben.

Weiterbildung und Weiterqualifizierung sind in der Pflege beinahe wichtiger als in anderen Branchen. Ich kann nur dafür werben, die Mitarbeiter bei solchen Ansinnen zu unterstützen, ideell ebenso wie finanziell – denn der Mehrwert ist ein klassisches Win-win und die beste Mitarbeiterbindung. Daher haben wir auch Mitte 2022 die BeneVit-Akademie ins Leben gerufen. Dort führen wir IHK-zertifizierte Schulungen durch. Für eigene Präsenzkräfte wie die Mitarbeiter anderer Träger.

Einer meiner Mitarbeiter war sieben Jahren Pflegedienstleiter. Ihm schlug ich vor, sich zumindest formal als Einrichtungsleiter anerkennen zu lassen. Er hat gute Führungsqualitäten und hätte für diesen Schritt nur noch das nötige Testat gebraucht. Also legte er dem Berufsbildungswerk Bayern seine Zeugnisse und Qualifikationen vor. Auf seine Pflegedienst-Ausbildung hatte er sogar ein Studium in Sozialmanagement aufgesattelt. Das war der Behörde nicht genug. Sie forderte ihn auf, weitere 200 Stunden Fortbildung zu belegen. In völlig irrelevanten Fächern wie »Controlling« oder »Finanzierung und Bau von Pflegeheimen«.

Es mutete fast wie ein Schildbürgerstreich an, dass der verdiente Mitarbeiter noch einmal fünf Wochen lang die Schulbank drücken musste, um das bescheinigt zu bekommen, was er seit sieben Jahren jeden Tag unter Beweis stellt – oder, sollte er es jemals brauchen, längst wieder vergessen haben wird. Verlorene Zeit!

Teambildung und Teamfähigkeit sind in der Pflege sehr wichtig, denn man muss an einem Strang ziehen und sich aufeinander verlassen können. Deshalb gibt es bei uns Teambildungs-Events, Supervision und Coachings. Denn auch die Leitungen des Pflege- und Hauswirtschaftsbereichs müssen zusammenarbeiten. Sie müssen sich ganzheitlich verantwortlich fühlen: Niemand kann einfach sagen: »Ich bin anderer Meinung und mache das nicht«, sondern es gilt – auch wenn man unterschiedliche Auffassungen hat –, eine Lösung zu finden. Fragt etwa ein Angehöriger die Präsenzkraft nach dem Befinden seines Vaters oder seiner Mutter, ist es ein No-Go zu sagen: »Dafür bin ich nicht zuständig«, auch wenn sie nicht die richtige Ansprechpartnerin ist. Es ist eine Ausrede, keine Hilfe und fällt negativ auf das gesamte Team zurück.

Es gibt nicht die Pflege und die Hauswirtschaft. Nein. Das Team muss gegenüber den Bewohnern und Angehörigen ganzheitlich auftreten. Daher lautet die richtige Antwort: »Einen Moment bitte, ich hole die Kollegin für Sie.« Alle sind gemeinsam in der Verantwortung. Auch das verstehe ich unter guter Pflege. Bei einer Fußball- oder Handballmannschaft ist das genauso. Da gibt es zwar den Sturm, die Verteidigung und das Mittelfeld und natürlich den Torwart. Aber richtig gut spielen alle nur, wenn sie den Teamgedanken verinnerlicht haben und aufeinander achten und jeder sich für keine Aufgabe zu schade ist. Der Gedanke hat aufgrund der Pandemie, in der wir auch Zeitarbeiter einstellen mussten, um Quoten und Schlüssel zu erfüllen, definitiv gelitten.

Sich als Team zu sehen betrifft alle Mitarbeiter – selbst die Hilfskräfte und den Hausmeister; aber vor allem die Vorgesetzten: Eine durchschnittliche Einrichtung, auch eine kleine mit bloß vier Pflege-WGs wie bei uns, besteht aus etwa 56 zu betreuenden Bewohnern und 56 zu führenden Mitarbeitern. Pro Bewohner kommen im Schnitt zwei Angehörige dazu. Daneben gilt es, mit Ärzten, Apothekern, Handwerkern und den Prüfern der jeweiligen Behörden umzugehen, die einmal oder mehrmals im Jahr zur Visite kommen. Demnach hat eine Leitung ein soziales Umfeld von 300 bis 400 Menschen zu organisieren. Und da geht es insbesondere darum: Wie führe ich? Wie bekomme ich Menschen dazu, das zu tun, was sie tun sollen oder müssen? Und wie gehe ich mit Konflikten um?

Das gilt für Mitarbeiter, die sich untereinander zoffen, oder fordernde und kritische Angehörige. Vor ihnen und diesen Konflikten kann man sich nicht verstecken: Man muss sich konfrontieren, sie aktiv ansprechen und Termine vereinbaren. Bei Ärger unter Bewohnern gilt es, moderierend zu vermitteln. Manchmal hat auch schlechte Stimmung im Team auf die Bewohner abgefärbt, dann muss in beide Richtungen eingewirkt werden. Im Fall von schwierigen, vielleicht sogar verhaltensauffälligen und aggressiven Bewohnern muss man den richtigen Zugang finden, indem man nach der Ursache für ihre Angriffslust forscht.

Wir hatten einmal einen Bewohner, der wurde von heute auf morgen aggressiv. Keiner wusste, weshalb, bis meine Mitarbeiter durch feinfühlige Detektivarbeit herausfanden, dass er während des Kriegs in einem polnischen Lager inhaftiert war. Der polnische Dialekt einer Mitarbeiterin triggerte diese schmerzhafte Erinnerung in ihm und löste Aggressionen aus. Gerade in solchen Situationen zeigt sich, wie wichtig Sensibilität für diesen Job ist.

Was zeichnet gute Mitarbeiter aus?

Noch wichtiger als handwerklich versierte Mitarbeiter und die Einhaltung von Expertenstandards und Pflegeleitlinien ist es, den Bewohnern das Gefühl zu geben, sie wertzuschätzen und zu respektieren. Diese emotionale Komponente –

der zwischenmenschliche Kontakt und das subjektive Empfinden dabei – steht gerade in der Altenpflege noch viel mehr im Vordergrund als in der Klinik. Denn in keiner anderen Branche kommen sich Menschen dauerhaft so nahe. Pflegekräfte berühren Menschen, stützen sie, waschen und trösten sie und freuen sich mit ihnen, wenn sie nach einem Sturz nach tagelangem Training endlich wieder das Bett verlassen können. Bei dieser intensiven Nähe braucht es das Gefühl, sich angenommen und verstanden zu wissen. Also Sozialkompetenz zu beweisen, indem sie mitdenken, die Bewohner animieren, sich zu einer Aufgabe aufzuraffen und seine oder ihre Dienste im Haushalt mit einer Urkunde zu belohnen. Ja, gute Mitarbeiter sind ein Stück weit auch Entertainer: Sie ermutigen und gehen voran. Gleichzeitig sind sie warmherzig und fragen offen nach bzw. spiegeln die Gefühle ihres Gegenübers. Sie haben feine Antennen und reagieren individuell auf Befindlichkeiten. Ohne übergriffig zu sein. Was will der andere wirklich, was ist ihm oder ihr an Nähe und Berührung zu viel?! Auch dieses Fingerspitzengefühl für die persönliche Intimität eines jeden ist wichtig. Denn während den einen eine Umarmung glücklich macht, ist es bei jemand anderem ein Spaziergang, ein Lächeln, ein kleiner Witz oder wie im Fall von Kurt H. eine Kiste Bier.

Herr H. ist Oberfranke und war gerade erst in unsere Einrichtung umgezogen. Als er hörte, dass ich im Haus sei, wollte er mich sofort sprechen. Er erzählte mir seine Lebensgeschichte, dass er im Krieg ein Bein verloren hatte, aber trotzdem regelmäßig in die Berge ging. Wandern und das Oktoberfest waren die Höhepunkte seines Lebens. Jedes

Jahr besuchte er die Wiesn und trank dort ein, zwei Maß. Im Alter musste er ins Krankenhaus, kam dann in die Reha und schließlich ins Pflegeheim. »Das alles habe ich auch der Schwester erzählt, als ich hier eingezogen bin. Und am Abend stand eine Kiste Oktoberfest-Bier vor meinem Zimmer«, schloss Herr H. Er war so gerührt von dieser Geste, dass er beim Erzählen feuchte Augen bekam. »Sie hat mich ernst genommen, mir zugehört. Und sie hat sich etwas dabei gedacht«, sagte er, tief bewegt, dass ihm jemand eine solche Freude bereitet hatte. Alt zu sein und seine liebsten Beschäftigungen nicht mehr ausführen zu können hatte Herrn H. gestresst. Die Mitarbeiterin hatte das erkannt und ihm mit dieser kleinen Aufmerksamkeit den Druck genommen.

Den Einzug ins Heim empfinden viele als Kapitulation, da sie ihre Selbstständigkeit aufgeben. Gleichzeitig schürt die Situation Endzeitängste und löst emotionale Reaktionen aus: Am Beginn dieses neuen Lebensabschnitts weiß kaum jemand, was auf ihn zukommt, wo man doch »einen alten Baum nicht verpflanzt« – so die landläufige Meinung. Höchste Zeit, diese antiquierte Vorstellung zu korrigieren und zu erkennen, dass Altsein heute etwas anderes ist als noch vor 50 Jahren.

Um mögliche Bedenken abzubauen und schnell für Geborgenheit in der neuen Umgebung zu sorgen, erkundigen sich meine Mitarbeiter bei der obligatorischen Biografiearbeit nach Vorlieben und schaffen, wenn jemand klassische Musik mag, eine CD des entsprechenden Interpreten an. Wenn irgend möglich, besuchen wir den künftigen Bewohner vor seinem Einzug zuhause. Wir wollen sehen, wie hat jemand gewohnt, und erfahren allein dadurch sehr viel über seine Vorlieben und Besonderheiten. Auch den Lieblingssessel oder einen Großteil des Interieurs der alten Wohnung holen sie in das neue Zuhause. Bei Longtime-Care machen solche Gesten Qualität aus, und sie verdeutlichen: Hier meint man es gut mit Ihnen, möchte man Sie aufheitern, man kümmert sich, nimmt Sie ernst.

Gute Mitarbeiter verteilen eben nicht nur Medikamente, wechseln den Verband und stellen das Essen auf den Tisch. Sie haben auch die Gabe, sich in ihr Gegenüber einzufühlen, und kitzeln so manches Mal verschüttete Talente aus ihnen heraus, so wie bei Horst F. Der gelernte Porzellanmaler kam depressiv und verwahrlost nach dem Tod seiner Ehefrau in unser Haus. Mithilfe des Teams begann er wieder zu malen und verschwindet fast täglich in sein kleines Atelier. Während Hedwig W. sogar Büttenreden schwingt. Die Hessin musste in ihrem Leben sehr viele Schicksalsschläge hinnehmen, wie den plötzlichen Tod des eigenen Kindes und dass der Ehemann in der hauseigenen Mühle verunglückte und von ihr gepflegt werden musste. Laut Selbstaussage hatte sie vor dem Einzug in die Hausgemeinschaft über 40 Jahre nicht »gelebt«. Erst hier hätte sie das Lachen gelernt und ihre Vorliebe fürs Feiern entdeckt.

Keine Frage: Jeder Bewohner hat gute und schlechte Tage. Immer wieder gibt es Stunden des Erinnerns, die oft mit Wehmut verbunden sind: der Todestag des Ehemanns, der Ehefrau. Der Hochzeitstag. Der Geburtstag oder Todestag eines Kindes. Das alles sind Ankerpunkte des Lebens, über die das Pflegepersonal Bescheid wissen muss. Allerdings sind einige Ereignisse so verborgen – etwa ungelebte Lieben, alte Fehden oder traumatisierende Kriegsereignisse –, dass wir in diese Seelengründe oft nicht vordringen. Und das auch akzeptieren. Gleichzeitig versucht eine gute Pflegerin, bedeutungsvolle Ereignisse und Signale zu registrieren. Etwa dass eine Bewohnerin besonders empfindsam ist und sagt: »Ach, heute ist Valentinstag. Da habe ich von meinem Mann immer einen Strauß Blumen geschenkt bekommen. O Gott, war das schön.« Eine einfühlsame, engagierte Mitarbeiterin würde nun einen kleinen Blumenstrauß besorgen. Oder sie geht in den Garten und pflückt eine Blume, die sie der Bewohnerin überreicht. Die durch Anteilnahme und Wertschätzung Beschenkten geben ihre Dankbarkeit zurück, indem sie ihre Freude und Rührung zeigen. Am Ende ist es eine Streicheleinheit für beide Seelen. Und gerade für die Alten, die Verlust, Schmerz und Einschränkungen zu bewältigen haben, umso wichtiger!

Erfolg auf beiden Seiten

Besuche ich eine Einrichtung, frage ich gerne: »Wie sieht's denn so aus?« Viele meiner Mitarbeiter beginnen dann, begeistert von ihren Bewohnern und deren Fortschritten zu erzählen. Denn die Erfolge der alten Menschen sind auch ihre Erfolge. Zu den Aufgaben unseres Personals zählt nämlich auch, die älteren Herrschaften zu animieren: »Hilf mir, es wieder selbst zu tun« ist unsere Devise. Das fängt schon beim Anziehen an. Unsere Mitarbeiter leiten Bewohner zum Beispiel an, sich – etwa nach einem Schlaganfall – selbst wieder einen Pulli überzuziehen. Sie bleiben dabei, motivieren und unterstützen sie. Das kostet zwar mehr Zeit, als es schnell selbst zu erledigen. Doch schaffen die Bewohner es schließlich allein, ist das für beide Seiten ein großes Hurra und ein Zugewinn an Lebensqualität.

Unser Hausgemeinschaftskonzept regt die Bewohner aber auch von sich aus an, etwas erreichen zu wollen. Ein Beispiel: Ein älterer Herr kommt mit einer Ernährungssonde zu uns, weil er nicht mehr selbstständig essen kann, dazu bettlägerig und für den Gang zur Toilette zu schwach ist, also bringt er auch den Katheter mit. Dieser Mann riecht nachmittags den Duft des frischen Kuchens im Ofen, der durch die Wohnung zieht. Er hört Gelächter, Witze und Gesang. Plötzlich findet er ganz automatisch: »Da will ich mitmachen! Daran will ich beteiligt sein!« Er möchte seine Ernährungssonde loswerden und lernen, wieder eigenständig zu essen. Unsere Mitarbeiter unterstützen ihn dabei. Er schafft es. Sie machen mit ihm Toilettentraining, der Katheter wird entfernt. Schließlich kann er mit dem Liegerollstuhl ins Wohnzimmer fahren und wieder am Leben teilnehmen. Das sind Erfolge, die ungemein motivieren und meinen Mitarbeitern das Gefühl geben, einem sinnvollen Beruf nachzugehen, auch weil sie sich als selbstwirksam erfahren.

Gleichzeitig sind viele Erfolge nur möglich durch das Hausgemeinschaftskonzept und die damit verbundene höhere Personalpräsenz. Voraussetzung sind auch die Dezentralisierung aller Dienste und die Möglichkeiten der therapeutischen Mitarbeit der Bewohner. Die Angestellten verschwinden nicht in zentralen Strukturen, etwa in der zentralen Großküche oder in der zentrale Wäscherei, sondern sind direkt am Bewohner. Durch die Dezentralisierung können wir je nach Bundesland 40 bis 50 Prozent mehr Mitarbeiter an die Bewohner bringen, mit direktem Kontakt.

Durch den präsenten Einsatz und mehr Personal ist auch die Belastung der Mitarbeiter geringer. Zum Vergleich: Im Schnitt versorgt ein Mitarbeiter in deutschen Pflegeeinrichtungen circa 13 bis 14 Bewohner morgens in der Grundpflege. Bei unserem Hausgemeinschaftskonzept ist es ein Mitarbeiter auf circa sechs bis sieben Bewohner. Und durch unser Arbeitsmodell haben sie mehr Zeit, sich neben der Grundpflege auch um zwischenmenschliche Dinge zu kümmern: mit dem Bewohner den Tisch abzuräumen, eine Partie Canasta zu spielen, sich zu unterhalten oder ihn zu Bingo oder Kegeln zu animieren. Das macht die Bewohner und sie zufriedener; Stress oder Burn-out entstehen erst gar nicht oder haben andere Ursachen. Denn Burn-out wird unter anderem ausgelöst, wenn Mitarbeiter ihre Tätigkeit als gleichgültig empfinden, sie für stupide halten und keine Erfolge verbuchen. Es ist durchaus relevant, ob ich Bettlägerige einfach nur abarbeite oder meine Arbeit so gestalten kann, dass ich sehe, wie sich der Gesundheitszustand und die Lebensqualität älterer Menschen verbessern. Das ist wichtig. Zusätzlich gibt es zur Entlastung der Pflegenden ein Pilotprojekt am Fraunhofer-Institut. Es versucht, Pflege und moderne Technologien zu verknüpfen. Eine Bedarfsanalyse erhellte, in welchen Bereichen sich Pflegepersonal Unterstützung durch neue Serviceroboter-Technologien wünscht. Zum Beispiel durch Transportroboter, teilautonome Pflegewagen oder Multifunktions-Lifter.

Wir haben uns diese angesehen. Obwohl ich digitale Neuerungen sehr positiv sehe, halte ich Pflegeroboter derzeit weder für einsatzfähig noch für hilfreich. In einer Einrichtung wie unserer brauche ich keine sprachgesteuerte Filmmediathek, dafür haben wir unsere Betreuungsangebote. Auch keine selbststeuernden Pflegewagen, in denen sich Pinzetten, Scheren, Müllbeutel etc. befinden. Der ist vielleicht auf einer großen Station sinnvoll, bei uns jedoch sind diese Utensilien im Zimmer eines jeden Bewohners verstaut.

In unseren kleinen Wohngemeinschaften ist alles vor Ort, da muss man niemandem hinterherfahren. Deshalb erkenne ich auch keinen Mehrwert in einem sprechenden Servierwagen. Außerdem stehen bei uns überall Getränke und Fingerfood. Wir wollen, dass die Bewohner sich selbst holen, was sie möchten. Und die Frage ist: Nehme ich Menschen Dinge ab, die sie können, und hospitalisiere sie damit oder nicht?!

Wir möchten Menschen weder hospitalisieren noch bevormunden, sondern sie dazu ermuntern, aktiv zu bleiben. Robotic, Apps & Co. können weder Menschen noch Menschlichkeit ersetzen, uns aber in bestimmten Bereichen unterstützen und Zeit sparen. Zeit, die wir einsetzen können, zum Dienst am und mit dem anderen.

Um einen Ausweg aus dem demografischen Dilemma zu finden, brauchen wir keine Roboter, sondern eine andere

Einstellung dem Alter gegenüber. Wir müssen Lebenswelten schaffen, die bis ins hohe Alter körperliche und geistige Aktivität und soziale Kontakte fördern. Wir dürfen alte Menschen nicht bevormunden, indem wir ihnen ständig vorbeten: »Lass mich das für dich machen, du bist doch alt. Du kannst das nicht mehr.« Trotzdem ist künstliche Intelligenz ein Thema und wir setzen eine ganze Reihe von Techniken ein. Derzeit untersuchen wir auch, ob wir Assistenzroboter zum Beispiel von Boston Dynamics in den Einrichtungen nutzen können. Ein spannendes Projekt, das wir derzeit starten.

Neue Verantwortlichkeiten sind dringend nötig. Das betrifft neue Pflegemodelle, aber auch unser eigenes Denken in puncto Alter, vierter Lebensphase und Pflege. Wir können so viel mehr gestalten, als wir vielleicht vermuten. Dazu gilt es, sich mit dem Tabuthema Alter und Pflege zu konfrontieren und zu erkennen, welche Chancen diese Auseinandersetzung bereithält; nämlich fitter und freudvoller zu leben und damit auch das Pflegesystem zu entlasten. Denn jeder Tag, den wir bei guter Gesundheit und Fitness leben, ist ein Tag weniger in Pflege – für uns selbst, aber auch für unsere Liebsten. Dazu braucht es einen anderen, neuen Blick auf das Alter und seine Möglichkeiten. Bevor ich gleich im nächsten Kapitel darauf zu sprechen kommen möchte, will ich hier noch ein paar Gedanken über die schwere Zeit von Corona darlegen, denn ich finde, das kann man gar nicht genug würdigen, was die Mitarbeiter damals geleistet haben, und es wird heute gerne so hingestellt, als hätte es diese Zeit gar nicht gegeben.

Corona – eine große Herausforderung

Während der vergangenen drei Pandemie-Jahre haben Mitarbeiter in Krankenhäusern, in Arztpraxen, in Apotheken, in Pflegeheimen, in ambulanten Diensten, in der Tagespflege – im gesamten Gesundheitswesen und auch in den Zentralen – Großes geleistet. Täglich an der Grenze der Belastung und oftmals darüber. Das soll die Leistung in den Ministerien, Ämtern und Behörden – von Seiten der Politik – nicht schmälern, aber es ist ein Unterschied, am Schreibtisch zu arbeiten oder mit dem Patienten, Klienten, hilfs- oder pflegebedürftigen Menschen direkt. Das heißt nicht nur Mundschutz, Desinfektion, Schutzkleidung usw., sondern in dieser Zeit waren zusätzlich allein in meinen 48 Einrichtungen 1,7 Millionen Schnelltestest, 17.000 PCR-Tests und weit über 10.000 Impfungen durchzuführen. Insgesamt lag die Zahl der erkrankten Bewohner und Mitarbeiter bei 2.700 – kamen diese drei Jahre einem täglichen Katastropheneinsatz gleich, ohne Pause, immer in der Aktion, um Ansteckungen zu verhindern und Menschenleben zu retten und dann wurden Pflegeheime in den Medien pauschal als Sterbehäuser abgeurteilt. Das war ein schwerer Schlag, der uns allen sehr zusetzte. In meinen Einrichtungen verstarben in den Jahren 2020 bis 2022 rund 1.800 Menschen. Die Quote stellt im Vergleich zu den Vorjahren keine höhere Sterblichkeit dar und fiel gegenüber Jahren mit starken Grippewellen eher geringer aus.

Von den rund 1.800 Verstorbenen ließ sich bei 63 Fällen eine Verbindung mit Corona nachprüfen. Das sind rund 3,5

Prozent der Verstorbenen – will man das so nüchtern berechnen und herunterbrechen. Und diese Summe beinhaltet alle unsere 48 Einrichtungen, davon 26 stationär.

In Pflegeheimen wohnen hochaltrige Menschen, die mehrfach erkrankt sind und die einfach auch aufgrund des Naturgesetzes Hochaltrigkeit sterben und insofern nicht mit den Sterblichkeitsquoten der Normalbevölkerung verglichen werden können. Unsere Aufgabe ist es, alten und pflegebedürftigen Menschen diese Lebenszeit so schön, so gelassen und wohltuend wie möglich zu gestalten. Das machen wir und dem kamen wir selbst in der Coronazeit nach, zwar sehr eingeschränkt, was die Aktivitäten und das Erfüllen von Träumen anbelangte, aber dennoch. Und dafür wurden wir und vor allem meine Mitarbeiter und Mitarbeiterinnen immer wieder attackiert und gescholten. Für die einen haben wir zu wenig getan, für die anderen zu viel, und die große Mehrzahl, die es richtig fand, gab sich eher verhalten.

Corona war wirklich schlimm und hat dazu geführt, dass ich Leitungen und Mitarbeiter verloren habe. Denn drei Jahre Pandemie hieß: Ich habe zum Teil Mitarbeiter eingestellt, die noch nie unter normalen Bedingungen gearbeitet haben. Die kannten das Hausgemeinschaftskonzept gar nicht, weil, wenn es einen Corona-Ausbruch gab, mussten die Bewohner unter Quarantänebedingungen im Zimmer versorgt werden. Das bedeutete, die Mitarbeiter mussten, bevor sie das Zimmer des oder der Bewohnerin betraten, komplette Schutzkleidung anlegen; manchmal bis zu 14 Tage oder noch länger. Danach galt es, die Schutzkleidung ablegen und sich desinfizieren. Beim nächsten Bewohner wiederholten sie den Vorgang. Und es waren in dieser Zeit ja nicht nur Bewohner erkrankt, sondern auch Mitarbeiter, die dann fehlten. Also Mehraufwand bei reduzierter Personalausstattung. Das war eine Hyperstressbelastung und kostete viel Energie – körperlich wie emotional. Das ließ sich nicht so leicht abschütteln, gleichwohl stellte man die Uhren bereits im April 2023, als die Ansteckungsraten geringer wurden und die Pandemie offiziell für beendet erklärt wurde, schnell auf die Vor-Corona-Zeit zurück. Etliche Behörden erweckten gar den Anschein, Corona hätte es nie gegeben und die Kontrollinstanzen, die wieder ins Haus kamen, taten und tun so, als ob nichts gewesen wäre. Da geht viel Motivation verloren und das macht einen auch sprachlos.

Ich bin sehr stolz auf meine Mitarbeiter, was diese geleistet haben. Schließlich waren wir die ersten Monate zu Beginn der Pandemie total auf uns gestellt. Mit der Aussage der staatlichen Organe: »Macht, was ihr für richtig haltet«. Und genau das haben wir getan und es hat funktioniert! Wenige Monate später begannen die staatlichen Institutionen wieder zu reglementieren, einzugreifen – die Regeln und Vorgaben wurden inflationär, täglich gab es andere und in jedem Bundesland auch. Es musste gar der Besuch nach dem Verwandtschaftsgrad wie beispielsweise in Bayern organisiert werden – um nur ein Beispiel von sehr vielen herauszugreifen. Was für ein verrücktes System? Es wäre in meinen Augen so wichtig, mehr Verantwortung in den Einrichtungen zu lassen, denn gerade im Notfall hat sich gezeigt: Es ist möglich. Gleichzeitig wurde aus diesem

Learning kein Schluss gezogen. Immer noch denkt der Staat, er weiß es besser, anstatt auch die Praktiker zu fragen und in Entscheidungen miteinzubeziehen. Stattdessen hat das Misstrauen uns gegenüber weiter zugenommen. Wir hatten beispielsweise am 10.10.2022 eine Veranstaltung in einem Haus und zwei Tage später einen Corona-Ausbruch. Ein Angehöriger war infiziert, weigerte sich aber, sich testen zu lassen, und wir durften es nicht verlangen. Wenige Tage später haben wir dann von der Infektion erfahren. Nach dem Bekanntwerden der Infektion wurden für die Behörden tägliche Listen erstellt, wer, wann, was, wie erkrankt ist. Als eine Mitarbeiterin am 18.10. 2022 die Liste ausfüllte, wer im Haus Corona hat, hatte sie die 1 beim Datum vergessen. Zwei Stunden später bemerkte sie ihren Fehler, rief die Behörde an und klärte ihr Versehen. Nach etlichen Wochen fiel einem Sachbearbeiter die Liste mit dem Datum (1)8.10. auf. Daraufhin ging eine Revolte los. Es wurde uns unterstellt, dass wir am 10.10.2022 eine gemeinschaftliche Veranstaltung hatten, obwohl am (1) 8.10. schon eine Infektion vorlag. Es hieß, wir hätten ein Super-Spreader-Event veranstaltet. Ein örtlicher Landespolitiker schickte eine parlamentarische Anfrage an den Landtag und gab dies an die Presse weiter. Plötzlich meldeten sich Print- und TV-Medien bei uns, und interessanterweise habe ich so von diesem Vorwurf erstmals erfahren.

Es gab eine staatsanwaltliche Ermittlung, viel Wirbel, man wollte einen Schuldigen finden und die Altenheime galten in dieser Zeit als leichte Beute. Eine solche Story – auch wenn sie nicht stimmte – war ein Fest. Es war dramatisch und für meine Mitarbeiter, für uns alle desaströs. Solche Dinge nagen an der Motivation ebenso wie die Haltung manch eines Angehörigen und die Tatsache, dass wir in dieser Zeit Zeitarbeitskräfte beschäftigen mussten. Sie verdienen, wie bereits angesprochen, weit mehr als festangestellte Pflegekräfte und tun ihren Dienst mit einer anderen Verantwortlichkeit, da sie nur temporär in einer Einrichtung arbeiten. Zudem spitzte sich im Schatten von Corona, der Energiekrise und der aktuellen Inflation der demografische Wandel und der Fachkräfte-Notstand weiter zu und wirkt sich langsam auch auf meinen Optimismus aus. Vor allem, wenn Sie dann auch solche Schlappen einstecken müssen, wie im März 2023 mit einem wunderbar integrierten ausländischem Mitarbeiter. Er war Asylbewerber aus Pakistan und hat 2017 eine dreijährige Ausbildung zum Hauswirtschafter begonnen und erfolgreich abgeschlossen. Danach übernahm er die Aufgabe einer Präsenzkraft. Er war integriert, lebte in geordneten Verhältnissen und sollte in ein paar Monaten einen Leitungsposten übertragen bekommen, als die Bundespolizei morgens zu uns ins Haus kam und den jungen Mann abholte. Um 21 Uhr saß er im Flieger zurück nach Pakistan, und nun kann er wieder beginnen, einen Visa-Antrag zu stellen. Die Zuwanderung von Fachkräften zu erleichtern, ist schön und gut. Ich predige meinen Mitarbeitern immer: »Plan, Do, Check, Act!«. Also PDCA, und was macht der Staat? P funktioniert in der Theorie; D dafür ist man nicht zuständig, C wozu? Und A schon gar nicht, hat man noch nie gemacht.

Was völlig untergeht, ist das, was im Gesetz steht und

in der Praxis gelebt wird. Was kommt am Ende heraus? Das ist doch das Wichtigste, nicht die Theorie und das Wollen, nicht die Absicht, sondern das, was in der Realität entsteht, das Ergebnis ist entscheidend! Warum ist dieses System »Deutschland« immer mehr mit der Ideologie, der Theorie zufrieden und kümmert sich immer weniger um das Ergebnis, um das, was in der Praxis los ist? Dieser junge Mann war integriert, er hatte einen Job, er leistete gute Arbeit und wird einfach abgeschoben. Dabei brauchen wir Pflegekräfte und noch dazu gute, umso dringender! Und das einzige, was ich in seinem Fall machen kann, ist, ihm zu bestätigen, dass er einen Arbeitsplatz hat. Das ist traurig und frustrierend.

Kapitel 5:
Fit im Alter,
entlastet das Pflegesystem

Jeder Tag, den wir länger fit sind, ist ein Plus für jeden Einzelnen und entlastet unser Pflegesystem. Auch wenn für einige irgendwann der Zeitpunkt kommt, auf Hilfe angewiesen zu sein. Wie wir uns auf diese Situation vorbereiten, vor allem aber wie wir Alter gestalten, darum geht es in diesem Kapitel. Schließlich kann jeder für sich selbst sehr viel tun, um länger gesund und munter zu bleiben: Wir haben großen Einfluss darauf, wie schnell oder langsam wir abbauen und wie vital wir auch im hohen Alter sind.

Gerade in Deutschland ist Alter zu oft ein Tabu und negativ behaftet. Das sollten wir ändern und Alter als das betrachten, was es ist: ein Schatz. Betagtheit ist wertvoll und nichts, worüber wir mitleidig den Kopf schütteln sollten. Selbst Pflegebedürftige und Demente sind keine lästigen Trottel, sondern Menschen, denen Achtung gebührt. Sie haben im Leben viel geschaffen und erreicht, Kinder großgezogen, die Gesellschaft geprägt. Alte Menschen sind ein Teil von uns und unserer Kultur, und so soll es auch bleiben. Wir sollten sie in der Mitte der Gesellschaft belassen, ihnen auf Augenhöhe begegnen und sie nicht ab- und an den Rand schieben, weil sie vermeintlich zu nichts mehr nutze sind.

Alter nicht mehr als Defizit, sondern als Schatz zu betrachten und uns möglichst fit zu halten – dafür müssen wir unsere Einstellung ändern: Wir müssen Alter und den Prozess des Älterwerdens neu wahrnehmen und neu denken. Nicht nur wegen der jetzt älteren Menschen, sondern auch aus vorausschauender Aufmerksamkeit uns selbst gegenüber. Dazu gilt es, uns mit entsprechender Ernährung, ausreichend Bewegung und einer optimistischen Einstellung zum Leben jung zu halten (Stichwort: Longevity). Sich also frühzeitig mit dem eigenen Älterwerden auseinanderzusetzen und Pläne zu schmieden, wo und wie wir unsere dritte und vierte Lebensphase – die Zeit vom Renteneintritt bis in die Hochaltrigkeit – verbringen möchten. Wir müssen den Mut haben, unser Leben auch im Alter mehr als bisher selbst in die Hand zu nehmen und zu gestalten.

Es gibt viele Vorbilder, die das vormachen, wie die Fernsehmoderatorin Nina Ruge, die Schauspielerin Jane Fonda oder Musik-Legende Mick Jagger und darüber sprechen, wie sie sich fit halten. Sie haben auch nach der Rente weitergearbeitet und tun es immer noch. Andere beginnen, zu diesem Zeitpunkt noch mal durchzustarten. Egal, ob das »nur« ein neues Hobby oder ein neuer Tätigkeitsbereich wie ehrenamtliches Engagement ist. Auch die Fitness alter Menschen können wir aktiv fördern. Statt ihnen alles abzunehmen, sollten wir sie ermutigen, selbst Aufgaben zu übernehmen und Probleme zu lösen, denn das löst positive Emotionen aus: Selbstbestimmtheit und das Gefühl der Teilhabe sowie auch im Alter gebraucht zu werden und ein wertvolles Mitglied der Familie und Gesellschaft zu sein verbessern nicht nur die körperliche und psychische Gesundheit, sondern wirken auch lebensverlängernd. Egal, ob ältere Menschen fit, pflegebedürftig oder dement sind, sie erleben dadurch Stolz und Anerkennung. Und glauben Sie mir, jeder hat etwas einzubringen!

Alter ist ein Schatz: Denkmuster ändern

Meine Großeltern waren mit siebzig Jahren uralt. Sie haben zeit ihres Lebens körperlich sehr schwer gearbeitet, haben zwei Weltkriege mit Hunger und Entbehrungen überlebt und waren am Ende ihres Lebens sehr erschöpft und ausgezehrt. Sie verhielten sich nicht nur so, sie sahen auch so aus: Jenseits einer gewissen Altersgrenze trug man auf dem Land als Frau ein Kopftuch und im Grundton schwarze Kleidung, jedenfalls, wenn im Familien- oder Bekanntenkreis jemand verstorben war – bis zu ein Jahr Trauerkleidung war Usus. Heute ist das anders. Frauen färben sich die Haare, kleiden sich auch mit fortgeschrittenem Alter elegant bis bunt, selbst ein mutiges Rot als Lippenfarbe unterstreicht das Lebensgefühl der oftmals topfitten 80-Jährigen. Und Männer fahren Motorrad und kleiden sich modern und bunt.

Was sich allerdings nicht geändert hat, ist das Bewusstsein. Damit meine ich den Zeitpunkt, ab wann wir uns selbst für alt halten. Die allermeisten legen mit dieser Zahl, die sie sich selbst setzen, fest, dass bald die Zeit der Fürsorge und Hilfsbedürftigkeit beginnt. Das nämlich verstehen sie unter Alter und haben mit diesem selbst gewählten »Ablaufdatum« keinen Blick für die Möglichkeiten, die ihnen ein langes Leben tatsächlich schenkt.

Diese Sichtweise gründet in der Industrialisierung. Damals zählte vor allem Produktivität. Wer alt war, konnte körperlich nicht mehr die gleiche Leistung wie in jungen Jahren erbringen. Er mutierte vom Produktivitäts- zum Kostenfaktor. Menschen als »Humankapital« zu betrachten ist bis heute üblich. Ausrangiert wird, wer in unserer Leistungsgesellschaft nicht mehr mithalten kann. Daher fristen Betagte und Hochbetagte immer noch ein Schattendasein am Rande der Gesellschaft. Anders war es im ländlichen Bereich. Da hatten alte Menschen eine Aufgabe – sei es, Socken zu stricken oder zu stopfen, zu kochen, auf die Kinder aufzupassen oder sich um die Instandhaltung des Hauses zu kümmern. Aber auch dieses Modell ist inzwischen überholt. Alter birgt keinen Nutzen mehr, sondern ist lästig, macht Mühe.

In anderen Kulturen, etwa im asiatischen Raum, werden ältere Menschen geehrt und respektiert – unabhängig davon, was sie im Leben erreicht haben. Gleichzeitig gedenkt man der Ahnen mit Opfergaben und rituellen Festen, um das Wir-Gefühl zu stärken. Gerade in Japan gibt es eine Philosophie, »Wabi-Sabi« genannt, die in der kultivierten Eleganz des Alters wahre – nämlich tiefe und friedvolle – Schönheit und Stärke erkennt. Während bei den indigenen Völkern Amerikas Ältestenräte über das Wohl und Wehe ihrer Stämme richteten und sogar den Häuptling überstimmen konnten. Doch in Deutschland werden Senioren fremdbestimmt. Auch in der Coronakrise. Es hieß, man müsse alte Menschen schützen und den Kontakt zu ihnen vermeiden, um sie nicht zu gefährden. Aber wurden sie jemals gefragt? Ist das nicht auch eine Entscheidung jedes Einzelnen? Durch Zulassung der Sterbehilfe durch das Bundesverfassungsgericht seit 2019 ist es möglich, dass Menschen aktiv vom Leben zum Tod befördert werden können. Gleichzeitig grenzen wir die Natürlichkeit des Lebens aus, weil niemand an einer Krankheit sterben darf. Aber vielleicht will er es sogar oder mag das Risiko eingehen. Selbstverständlich hat alles seine Grenzen, wenn ich andere gefährde, womöglich anstecke. Ich bin davon überzeugt, dass viele sich für den Schutz entschieden hätten. Aber warum maßen sich so viele an, für andere und vor allem für Ältere zu entscheiden, warum so wenig Vertrauen in die Eigenverantwortung auch älterer Menschen?

Unsere Gesellschaft glaubt zu wissen, was alte Menschen brauchen: Sie müssen gut gepflegt und genährt sein und medizinisch gut versorgt werden – viel mehr wird ihnen nicht zugestanden. Es ist eine Fürsorge, ohne auf die Bedürfnisse der Betroffenen einzugehen. Ein blindes Kümmern an den Bedürfnissen der Einzelnen vorbei. Wir verschließen die Augen davor, was sie sich wünschen, und versagen älteren Menschen, frei zu entscheiden. Auch sind wir oftmals blind für ihre Weisheit, die sie im Laufe ihres Lebens gesammelt und beizutragen hätten. Ich staune immer wieder über das Wissen unserer Senioren. Manchmal stehe ich nur da und sage: »Wow.« Ihr Erfahrungsschatz wird viel zu wenig geschätzt und berücksichtigt. Obwohl Wissenschaftler sich einig sind, dass sogenanntes Erfahrungslernen immer wichtiger wird. Gerade in einer Zeit, in der Wissen überall frei verfügbar ist und man sich dank Internet mit einem Klick schlau machen kann. Das Wissen der Älteren geht über dieses Wissen hinaus. Es unterscheidet sich auch von den Kenntnissen, die wir in der Schule oder aus Lehrbüchern erwerben. Es wurde durch praktisches Wirken erfahren, erlernt und modifiziert und hat sich in der Anwendung bewährt. Damit bildet es die Grundlage von Intuition.

All dieses Know-how könnten die älteren Menschen mit uns teilen. Die Gesellschaft, der Mainstream ist allerdings primär auf die Zukunft fokussiert und glaubt, die Welt neu sortieren zu müssen. Das ist bis zu einem bestimmten Grad auch gut und richtig. Gleichzeitig dürfen wir nicht den Erfahrungsschatz aus der Vergangenheit außer Acht lassen: Die Alten von heute haben Kriege und Krisen durch- und überlebt. Sie haben womöglich Flucht und Vertreibung erlebt, Hunger gelitten, die Wirtschaftswelt wiederaufgebaut, sie hatten Erfolge und Misserfolge. Wir sollten von der Lebenserfahrung und der Weisheit der alten Menschen lernen und diese als Mehrwert in unseren Entscheidungen berücksichtigen. Wissen ist wichtig und gut, ergänzt und erweitert durch Erfahrung aber besser.

Eben weil sie schon so viel erlebt haben, sind betagte Menschen deutlich gelassener als junge. Auch weil sie sich nicht mehr permanent profilieren müssen. Status und Prestige spielen für sie keine große Rolle mehr. Dadurch können sie eine ganz andere Haltung und Perspektive einnehmen, die uns Jüngere (ich bin Jahrgang 1956!) inspirieren kann, Alter mit anderen Augen zu betrachten. Wir brauchen keine Seniorenteller, Silver-Surfer-Angebote oder ermäßigten Eintritt für Ältere. All das ist Diskriminierung und sendet die Botschaft, dass Alter defizitär ist. Das gilt genauso, wenn junge Leute abwertend »OK Boomer« sagen, nach dem Motto: »Mach dich mal locker, Alter«, und sich damit als jemand outen, der ältere Menschen und ihre Ansichten als engstirnig, veraltet und irrelevant abtut.

Wir alle sollten eine andere Perspektive einnehmen und Alter völlig neu definieren – als Schatz, der zum Dialog einlädt. Als betagter Mensch kann man in der Gesellschaft weiterhin eine wichtige Rolle ausfüllen. Wir aus den jüngeren Generationen sollten das anerkennen und alte Menschen als Subjekte und nicht als Objekte verstehen. Sie haben nach wie vor einen eigenen Willen, und wir sollten sie zu mehr Selbstbestimmung ermutigen. Alte Menschen müssen selbstbewusster werden und sich trauen, ihre eigenen Bedürfnisse wahrzunehmen und einzufordern, dass diese auch gestillt werden. Denn Alter ist nur eine Zahl. Das eigentlich Entscheidende ist: Wie geht es mir in meinem Kopf, in meiner Wahrnehmung? Wie sehe ich mich selbst?

Alter entsteht im Kopf

Ellen Langer von der Harvard University hat bereits 1979 bewiesen, dass es weniger die körperlichen Veränderungen sind, die uns im Alter begrenzen, sondern unsere Einstellungen, Erwartungen und die Art, wie wir selbst über uns und unser Alter denken. In einem Experiment schickte die Psychologie-Professorin betagte Bewohner eines Altenheims auf eine Zeitreise: Acht Männer ab 70 sollten fünf Tage lang so leben, als wäre es 1959 und als wären sie zwanzig Jahre jünger. Nichts sollte ihre Illusion trüben: Es gab keine Spiegel, nur Fotos von ihnen, die ihr zwei Dekaden jüngeres Selbst zeigten. Sie kleideten sich nach der damaligen Mode, und keiner behandelte sie, als wären sie alt: Niemand trug ihre Taschen oder half ihnen beim Treppensteigen. Im Radio liefen die Hit-Single »Put your hand on my shoulder« von Paul Anka und andere damals angesagte Songs von Perry Como und Jack Benny, im Schwarz-Weiß-TV wurde der 1959 erstausgestrahlte Film »Anatomie eines Mordes« gezeigt, und sie diskutierten über die Geschehnisse des Jahres 1959, als würden sie aktuell stattfinden: Castros Machtübernahme in Kuba, die USA-Reise des Kreml-Führers Nikita Chruschtschow und die Notwendigkeit von Luftschutzbunkern. Eine Vergleichsgruppe sollte dagegen fünf Tage lang in Erinnerungen an 1959 schwelgen, sich in der Vergangenheitsform über die damaligen Ereignisse unterhalten, aber nicht so leben, als wäre es tatsächlich zwanzig Jahre früher.

Nach diesem Ausflug in die Vergangenheit wurden die körperlichen und kognitiven Fähigkeiten der Teilnehmer getestet. Die Ergebnisse waren erstaunlich: Alle fühlten sich besser. Sie waren agiler, stärker, gingen aufrechter, hörten und sahen besser und schnitten in Intelligenz- und Gedächtnistests deutlich besser ab als zuvor. Ihre Gelenke waren flexibler, ihre Hände geschickter und zeigten weniger Arthritis-Symptome. Auf Vorher-Nachher-Fotos wurden die Probanden nach dem Experiment sogar deutlich jünger geschätzt, denn sie sahen auch frischer aus. Bei allen Tests zeigten sich bei den Männern sogar signifikant stärkere Verbesserungen als in der anderen Gruppe.

Die betagten Männer hatten sich fünf Tage lang für zwanzig Jahre jünger gehalten, also ihr Denken hinsichtlich ihres eigenen Alters geändert. »Wherever you put the mind, the body will follow«, erklärte Ellen Langer die Erkenntnisse aus ihrer Studie. Das bedeutet: Wenn wir unsere Denkweise ändern, passt sich der Körper dem an. Wir sind, was wir denken.

Alter entsteht also tatsächlich im Kopf. Vorurteile über das Altern beeinflussen unseren Alterungsprozess und wirken wie eine sich selbst erfüllende Prophezeiung. Wer dem Altern positiv entgegensieht, lebt länger und bleibt gesünder als Menschen, die sich vorm Alter fürchten. Das hat auch eine Befragung von 150.000 Menschen in 101 Ländern ergeben. Dabei sind neben individuellen auch gesellschaftliche Einstellungen zentral: Wo Senioren großer Respekt entgegengebracht wird, sind diese geistig und körperlich fitter, während sie in Ländern mit wenig Respekt vor dem Alter nicht nur gebrechlicher sind, sondern auch ärmer.

Deshalb ist es höchste Zeit, unser Bild gegenüber dem Alter zu korrigieren. Auch wenn es nicht einfach ist, eingefahrene Denkmuster zu ändern. Allerdings ist unser Gehirn immer zu Veränderungen fähig, selbst in den goldenen Jahren. Neue Gedanken und Überzeugungen brechen die gewohnten neuronalen Muster auf und vernetzen das Gehirn neu. Dafür empfiehlt der US-amerikanische Neurowissenschaftler Joe Dispenza, sich die gewünschte Situation immer wieder mit allen Sinnen vorzustellen: zum Beispiel, dass Sie noch mit neunzig Jahren durch den Park joggen, den Duft der Blumen riechen, die Unebenheiten des Weges unter Ihren Turnschuhen spüren und sich darüber freuen, dass Ihr Körper immer noch dazu in der Lage ist. Denken Sie positiv und programmieren Sie so Ihr Gehirn neu, ist die Wahrscheinlichkeit hoch, dass Ihr Körper Ihren Wunschvorstellungen folgt.

Dritte und vierte Lebensphase gestalten und Sinn finden

Wenn wir unsere Vorurteile ablegen und das Alter positiver sehen, bewirkt das nicht nur, dass wir die alten Menschen in unserer Gesellschaft mehr wertschätzen. Wir legen damit auch den Grundstein, dass unser eigenes Leben erfüllter ist. Und selbst wenn Sie nicht jeden Tag meditieren oder joggen gehen, ist die Wahrscheinlichkeit recht hoch, lange gesund und munter zu bleiben. Denn mit zunehmender Lebenserwartung steigt auch die Anzahl unserer fitten Jahre, was nicht zuletzt am medizinischen Fortschritt und immer besserer Gesundheitsprävention liegt, wenn wir diese nutzen. Schließlich haben unsere Gene mit 20 bis 30 Prozent einen relativen geringen Einfluss auf unsere Lebens- und Gesundheitserwartung. Forscher nennen das die »Kompression der

Morbidität«. Anders als die Mortalität (Sterblichkeit), die die Lebenserwartung und den Zeitpunkt des Todes definiert, ist mit Morbidität (Erkrankungshäufigkeit) die gesundheitliche Qualität unseres Lebens vor dem Tod gemeint. Und Kompression meint nichts anderes, als was der amerikanische Medizinprofessor James Fries schon 1980 erkannte: dass chronische altersbedingte Krankheiten wie Diabetes, Zirrhose oder Arthritis immer später auftreten und sich auf einen kürzeren Zeitraum vor dem Lebensende verdichten. Die Gefahr, chronisch zu erkranken, wird immer stärker zeitlich nach hinten verlagert, bestätigen mittlerweile zahlreiche Studien. In vielen Ländern treten etwa Herzinfarkte mit immer späterem Alter auf, und die Mobilität der älteren Bevölkerung verbessert sich.

Morbidität meint jedoch nicht nur Krankheit, sondern auch, was ältere Menschen noch aus eigener Kraft meistern können. Auch hier gibt es enorme Verbesserungen. In den USA wurden alltägliche Aktivitäten wie Aufstehen, Körperpflege, Ankleiden, Einkaufen oder Toilettengang untersucht. In den 20 Jahren zwischen 1984 und 2004 sank die Zahl der Personen, die als behindert eingestuft wurden, in der Altersgruppe zwischen 85 und 89 Jahren von 22 auf zwölf Prozent, bei den über 95-Jährigen von 52 auf 31 Prozent. Inzwischen dürften diese Werte noch einmal besser ausfallen.

Diese Erkenntnisse sollten uns dazu bringen, langes Leben nicht automatisch als lange Leidenszeit zu betrachten. Im Gegenteil ist es ein Geschenk, das wir nutzen sollten. Wenn wir mit 65 oder 67 Jahren in Rente gehen, haben immer mehr Menschen oftmals die gleiche Lebenszeit vor sich, die als Arbeitszeit hinter ihnen liegt. Wir sollten also nicht die Hände in den Schoß legen und denken: Jetzt noch schnell ein paar Urlaubsreisen, und dann kommt nichts mehr, ich bin alt: Diese Ausrede zählt nicht.

Sprechen wir heute von der dritten und vierten Lebensphase – also von der Zeit ab dem Renteneintritt und der Hochaltrigkeit ab 85 Jahren –, ist das ein unwahrscheinlich langer und schöner Zeitraum. Doch dieses »Window of Opportunities«, diese große Chance, ist vielen überhaupt nicht bewusst. Statt diesen Zeitraum bewusst zu strukturieren und zu planen, fällt er vielen einfach vor die Füße. Weil wir es versäumt haben, uns mit unserem eigenen Altwerden auseinanderzusetzen. Wollen wir diese glänzenden Aussichten nutzen, gilt es diese Phase frühzeitig vorzubereiten, zu planen und zu gestalten. Damit meine ich nicht, von Januar bis Dezember in der Südsee am Strand zu relaxen und die Beine hochzulegen. Nein. Denn spätestens wenn ich alle meine Urlaubswünsche realisiert und -ziele bereist habe, stellt sich die Frage: Was fange ich mit der Zeit an, die ich sonst arbeiten war? Was brauche ich, damit ich körperlich und geistig fit bleibe? Spaß am Leben habe?

Unsere Welt bietet so viel mehr Möglichkeiten als noch vor hundert Jahren. Aus diesen Angeboten kann ich wählen. Indem ich zum Beispiel kläre: Was konnte ich, konnten wir in jungen Jahren nicht unternehmen, hätten das aber gerne gemacht? Welchem Hobby, Studium, Job wollte ich mich schon immer mal widmen? Jetzt haben Sie die Chance, Ihr Leben viel stärker in Einklang damit zu bringen, was Ihnen Spaß macht. Das ist im Alter viel einfacher als in jungen Jahren, wo wir oft fremdbestimmt sind: eingegliedert ins berufliche System, um Geld zu verdienen, und in eine Familie, auf die es Rücksicht zu nehmen gilt. Das Alter schenkt uns mehr Freiheiten. Diese sollten wir leben und mit einer Aufgabe, einer Tätigkeit verknüpfen, die wir mit Freude und Begeisterung ausüben. In der dritten Lebensphase fällt es uns allein schon deshalb leichter, unsere eigenen Vorstellungen zu realisieren, weil wir im Idealfall wirtschaftlich unabhängiger sind.

Jeder kann für sich entscheiden: Möchte ich mir ein neues Hobby zulegen, eine neue Sportart ausprobieren, mich ehrenamtlich engagieren oder ein Ehrenamt ausüben? Vom Schatzmeister im Kegelclub über den Einsatz bei einer Lebensmitteltafel oder als Lesepate in einer Schule ist da vieles denkbar. In einigen Städten gibt es sogenannte Freiwilligen-Agenturen, die ehrenamtliche Aktivitäten bündeln und bei der Vermittlung behilflich sind. Wenn mir mein Job immer Spaß gemacht hat, gibt es vielleicht die Möglichkeit weiterzuarbeiten, eventuell mit reduzierter Stundenzahl oder einer anderen Struktur? Auch das hält jung: Langzeitstudien der University of Maryland und des Hadassah Hospital Mount Scopus in Jerusalem haben herausgefunden, dass Menschen, die im Alter weiterarbeiten, unter nicht so vielen schweren Krankheiten und Behinderungen leiden wie gleich alte Personen im Ruhestand – und oft auch länger leben. Was dies für die langfristige Finanzierung von Rente und sozialer Absicherung bedeutet, wäre ein eigenes Thema. Aber eines ist klar: Werden ältere Menschen weniger krank, entlastet das die Pflege- und Krankenversicherung. Arbeiten Menschen länger, nehmen die sozialen Sicherungskassen zusätzliche Beiträge ein. Beide Effekte wären wohltuend.

Ein Ehrenamt auszuüben würde auf die Lebensqualität ähnlich wirken und das Leben ebenfalls verlängern, bescheinigt eine Studie der britischen Universität Exeter. Grundsätzlich gilt: Je komplexer eine Tätigkeit, desto förderlicher ist sie insbesondere für die geistige Fitness.

In Deutschland arbeiten mittlerweile über eine Million Menschen auch jenseits der Regelaltersgrenze: Die Erwerbstätigenquote der 65- bis 69-Jährigen hat sich innerhalb von zehn Jahren auf 19 Prozent mehr als verdoppelt. 31 Prozent davon sind selbstständig. Existenzielle Not spielt dabei eine untergeordnete Rolle. Die meisten arbeiten nach einer Befragung des Instituts für Arbeitsmarkt- und Berufsforschung aus sozialen und persönlichen Gründen weiter. Weil es ihnen Freude bereitet und sie eine Herausforderung suchen.

Nur weil wir an einem Stichtag mit 65 oder 67 Jahren das Rentenalter erreichen, gehen unsere Fähigkeiten, unser Wissen, unsere Erfahrung nicht ad hoc verloren. Wir sollten sie nicht im »Ruhestand« verkümmern lassen, sondern weiterhin einsetzen – für uns und die Gesellschaft. Das steigert nicht nur unser Selbstwertgefühl, sondern schenkt uns einen Sinn und bereichert unsere Gesellschaft ungemein. Ab der dritten und vierten Lebensphase nur noch auf den Tod zu warten und sich auf seine Krankheiten und Wehwehchen zu konzentrieren ist dagegen frustrierend, macht passiv und träge, krank und pflegebedürftig.

Mir ist es ein großes Anliegen, dass sich die Senioren in unseren Einrichtungen persönlich einbringen und so einen Sinn finden. Vor über zwanzig Jahren haben wir unter den Bewohnern altersgerechter Wohnungen eine Umfrage gemacht. Wir wollten wissen, warum sie den Notruf ausgelöst hatten. Das Ergebnis: Achtzig Prozent der Notrufe hatten keine medizinische Indikation, sondern eine soziale: Die Menschen fühlten sich allein, wollten mit jemandem reden, suchten einen Sinn. Und bei unseren Befragungen, die die Duale Hochschule Baden-Württemberg durchführt, nennen die Bewohner unserer Wohngemeinschaften an erster Stelle, dass sie sich im Haus beteiligen, mitmachen möchten, weil sie darin Sinn sehen. Wir fühlen uns dann sinnvoll und gebraucht, wenn wir gemeinsam mit anderen etwas tun, das wertvoll für uns und die Gemeinschaft ist.

Von der Notwendigkeit, aktiv zu bleiben und neue Kompetenzen zu entwickeln

Es geht also ums Tun. Nur wenn wir aktiv bleiben, altern wir gut. Das beginnt bei so banalen Dingen wie täglicher Bewegung und reicht bis zum beruflichen Neustart jenseits der Rente. Im Alter ist Mut zu Veränderung genauso wichtig wie in jungen Jahren – auch wenn die Gesellschaft etwas anderes vorlebt.

Über die Jahrzehnte hinweg hat sich in den Köpfen der Menschen festgesetzt, dass man bis zur Rente aktiv ist, Wissen und Vermögen aufbaut, sich verändert und verbessert.

Ist dann endlich der Ruhestand da, möchte man das Erreichte genießen und denkt gar nicht mehr daran, etwas umzustellen oder sich weiterzuentwickeln. Der Neurobiologe Gerald Hüther sieht das kritisch: »Der Mensch kann nur überleben, indem er sich selbst weiterentwickelt. Das heißt, jeder, der stehen bleibt, jeder, der nichts mehr lernt, der keine Lust mehr hat, irgendwas zu entdecken und zu gestalten, ist im Prinzip scheintot«, sagte er in einem Interview mit dem Geschäftsführer des Gesundheitsunternehmens Ergotopia.

Das sehen die Professoren der London Business School Lynda Gratton und Andrew Scott ähnlich. In ihrem Buch »Morgen werden wir 100: Wie unser langes Leben gelingt« betonen sie, dass wir neue Kompetenzen und Fähigkeiten benötigen, um bis zum Schluss gut zu leben und ein langes Leben nicht als Bürde zu betrachten, sondern als ein Geschenk der unendlichen Möglichkeiten. Das Leben wird nicht mehr in Ausbildung, Arbeit und Rente unterteilt werden, sondern es werden mehrere Stufen und Übergänge dazukommen. Lange Lebensläufe werden viele Brüche enthalten. Wir werden uns immer wieder auf neue Lebenssituationen einstellen und uns neu erfinden müssen, so die Forscher. Daher benötigen wir eine »Transformationskompetenz«. Wir müssen offen sein für neue Erfahrungen und Ideen und bereit, unser Verhalten an die neuen Gegebenheiten anzupassen. Folglich sollten wir uns zeit unseres Lebens immer wieder mal fragen: Wer bin ich? Und wie will ich mein Leben gestalten? Denn ohne Selbstkenntnis ist die Adaption an neue Umstände nicht möglich. Außerdem bräuchten wir eine »Produktivitätskompetenz«, so Gratton und Scott: die Bereitschaft, lebenslang zu lernen und sich weiterzubilden – und zwar nicht nur, weil einige in Zukunft länger arbeiten müssen, damit sie sich das lange Leben leisten können. Sondern auch, weil es nicht erstrebenswert ist, dass wir nach der Pensionierung aufhören, uns weiterzuentwickeln.

Neues zu lernen hält fit und ist bis ins hohe Alter hinein möglich. Es gibt Frauen und Männer, die mit 70 Jahren Klavier zu spielen oder zu kiten beginnen oder mit 80 das erste Mal auf dem Golfplatz stehen. All das geht mit der nötigen Motivation und Begeisterung: »Das Gehirn begeistert sich nicht dafür, Telefonbücher auswendig zu lernen. Es ist jedoch Feuer und Flamme, wenn es darum geht, dass ein 85-jähriger Mann Mandarin lernt, weil er eine Chinesin heiraten möchte«, sagt Hüther.

Damit wir gesund altern, ist Gratton und Scott zufolge auch eine »Vitalitätskompetenz« nötig: Wir müssen uns aktiv um unsere psychische und physische Gesundheit kümmern, indem wir uns gesund ernähren, regelmäßig Sport treiben und Beziehungen pflegen. Dass wir durch Sport und Ernährung unser Wohlbefinden verbessern können, ist mittlerweile Konsens. Doch alte ungesunde Gewohnheiten durch neue gesunde zu ersetzen ist nicht immer leicht: Denn Menschen greifen auf Routinen zurück, um sich zu stabilisieren. Wenn sich die Welt zu schnell verändert und zu viel auf einen zukommt, ist es Gerald Hüther zufolge gut, wenn man sich gewisse Gewohnheiten angeeignet hat, auf die man zurückgreifen kann. So bekommt man wieder Ordnung in sein Denken, den Tag, die Abläufe und kann das Durcheinander besser aushalten.

Merken wir im Alter, wir können nicht mehr so, wie wir wollen, fühlen wir uns ohnmächtig, wütend oder traurig. In solchen Situationen greifen (nicht nur) Senioren auf alte Verhaltensmuster zurück. Und weil es im Alter meistens noch schwieriger ist, schädliche Gewohnheiten durch gesunde zu ersetzen, sollten wir akzeptieren, dass es nicht mehr so geht, wie wir uns das wünschen, und früh beginnen, neue Verhaltensweisen einzuüben.

Mit Bewegung und Sport lässt sich nicht nur die geistige Leistungsfähigkeit bis ins hohe Alter erhalten, sondern solche Aktivitäten beugen auch Erkrankungen wie Demenz oder Depression vor. Dabei muss keiner zum späten Marathonläufer mutieren, um Erfolge zu erzielen. Studien zeigen, dass jede kleine Alltagsaktivität dazu geeignet ist, das Wohlbefinden zu steigern.

Welchen immensen Einfluss gesunde Ernährung auf die Gesundheit im Alter hat, wird auf der japanischen Inselgruppe Okinawa im ostchinesischen Meer deutlich. Sie gilt als eine der Regionen mit der weltweit höchsten Lebenserwartung und wird auch als »Inselgruppe der Hundertjährigen« bezeichnet. Ihre Bewohner sind nicht nur erstaunlich alt, sondern auch besonders fit: Zwei Drittel der heute über 100-jährigen Inselbewohner lebten einer Studie zufolge noch mit 97 Jahren unabhängig und selbstständig. Außerdem erkranken sie viel seltener an Herzinfarkten, Schlaganfällen oder Krebs. Forscher führen das vor allem auf ihre gesunde Ernährung zurück: viel Obst und Gemüse, auch fermentiertes Gemüse, Fisch, wenig Fleisch, Zucker und verarbeitete Nahrungsmittel. Positiv auf ihre Vitalität wirke sich aber auch aus, dass viele von ihnen noch einem Job oder Hobby nachgingen und über enge soziale Kontakte verfügten.

Soziale Kontakte halten jung

Dass gerade Inselbewohner besonders alt werden, könnte auch daran liegen, dass sie wenig herumkommen und fest an ihrem Ort verwurzelt sind: »Ein Drittel derjenigen, die über 105 Jahre alt geworden sind, ist im Geburtsort gestorben«, sagte der Bevölkerungsforscher Sebastian Klüsener der »Welt«. Auch Jeanne Calment aus dem südfranzösischen Arles, die mit 122 Jahren und 164 Tagen bis heute den weltweiten Rekord an erreichten Lebensjahren hält, hat ihren Geburtsort nie verlassen. Und wer nicht wegzieht, hat ein gutes soziales Netz. Außerdem meidet er Stressoren wie geografische Flexibilität aufgrund von Beruf und Karriere.

Die betagten Bewohner Okinawas pflegen lebenslange Freundschaften in »Moais«, sozialen Unterstützungsgruppen, die sie in der Kindheit aufbauen und die manchmal mehr als 90 Jahre lang halten. Traditionell werden etwa fünf Kinder zu einem Moai zusammengewürfelt und schwören einander, sich ihr Leben lang beizustehen. Als eine Art zweite Familie treffen sich die Mitglieder eines Moais manchmal täglich, manchmal wöchentlich, um Ratschläge auszutauschen, sich in finanziellen Angelegenheiten unter die Arme zu greifen oder einfach nur um zu plaudern.

Gute Freunde und Bekannte zu haben wirke wie ein Jungbrunnen, belegt auch eine Analyse der amerikanischen Psychologin Julianne Holt-Lunstad von der Brigham Young University. Holt-Lunstad wertete 148 Studien mit Senioren in westlichen Ländern aus. Ihre Beobachtung: Menschen mit starken sozialen Beziehungen hatten innerhalb eines Beobachtungszeitraums von durchschnittlich 7,5 Jahren eine um 50 Prozent höhere Überlebenswahrscheinlichkeit als Menschen mit schwachen Bindungen. Einsamkeit ist der Studie zufolge schädlicher als Rauchen oder Fettsucht. Sie ist gerade unter älteren Menschen eine Haupttodesursache. Deshalb ist es so wichtig, dass wir unsere Beziehungen und Freundschaften pflegen sowie ein Netzwerk aufbauen, auf das wir auch im Alter zurückgreifen können.

Außerdem sollten wir unsere Wohnsituation so anpassen, dass wir unsere sozialen Kontakte beibehalten können, wenn wir im Alter körperlich abbauen. Das ganze Leben lang stimmen wir unsere Wohnform auf unsere Bedürfnisse ab, aber in der Hochaltrigkeit ist es oft umgekehrt: Die Wohnform bleibt statisch, und wir passen uns den Umständen an: Wir gehen zum Beispiel nicht mehr aus dem Haus, wenn wir wegen Hüftproblemen oder einer Sehschwäche keine Treppen mehr steigen können. Wir beschneiden uns, anstatt eine barrierefreie Wohnung zu suchen. Dabei ist unser soziales Umfeld gar nicht an die eigenen vier Wände gebunden, sondern primär an den Kontakt mit den Menschen, die uns guttun und die wir mögen. Heimat und Zugehörigkeitsgefühle entstehen dort, wo wir uns wohlfühlen, derselbe Dialekt gesprochen wird, wir Gewohnheiten teilen.

Zur Erhaltung dieses sozialen Umfelds muss keiner in einer nicht mehr für ihn geeigneten Wohnung verharren. Vielmehr sollten wir unser Bedürfnis nach einer guten Wohnsituation neu definieren. Das kann bedeuten, die Wohnung anzupassen, soweit möglich. Indem wir die Dusche oder die Badewanne barrierefrei umbauen, die Türen für einen Rollstuhl verbreitern lassen oder uns fragen: Ist es möglich, einen Treppenlift zu installieren? Es kann aber auch bedeuten, ein oder zwei Straßen weiter oder möglichst ortsnah nach einer neuen und besser geeigneten Wohnform Ausschau zu halten: sei es eine barrierefreie Wohnung, eine WG, ein Mehrgenerationenhaus oder ein Pflegeheim. Vielleicht in eine klassische Einrichtung, wem das gefällt, oder eben in ein Haus, das nach dem Hausgemeinschaftskonzept geführt wird. Aber nicht nur der Titel ist entscheidend, sondern tatsächlich die richtige und konsequente Umsetzung. Viele ältere Menschen bleiben jedoch, wo sie sind, und ignorieren die Realität, weil sie die Fähigkeit zur Transformation und auch ihre Chancen nicht erkennen. Daher kann ich nur appellieren: Haben Sie den Mut, im Alter etwas Neues zu wagen, ob es sich nun um die rechtzeitige Veränderung Ihrer Wohnform oder Ihre Gedanken dreht: »Was macht mir Spaß, und was könnte ich tun?« Beginnen Sie, zu gestalten und die Zeit nach der Rente kreativ für sich zu nutzen!

Betagte Vorbilder: Sie existieren!

Es gibt Vorbilder, die beweisen, dass man noch lange nicht zum alten Eisen gehört, nur weil man alt ist. Jeanne Calment, die älteste Person der Welt, lernte mit 85 Jahren noch das Fechten.

Mit 66 Jahren startete Greta Silver ihren millionenfach geklickten YouTube-Kanal »Zu jung fürs Alter«, auf dem sie etwa Tipps gibt, was im Alter Spaß bereitet, und mit dem Vorurteil aufräumt, dass man jenseits der 60 nur noch im Altersgrau oder -beige gekleidet durch die Straßen laufen darf. Die inzwischen 75-Jährige trägt ihre grauen Haare genauso stolz wie Skinny Jeans, Kapuzenpulli oder Lederjacke. Sie modelt, ist eine gefragte Rednerin und Autorin. Ihre Botschaft: Es ist nie zu spät, die Verantwortung für das eigene Glück zu übernehmen. Tatsächlich ist die Zeit von 60 bis 90 Jahren genauso lang wie die von 30 bis 60. Daher sei jetzt die Zeit, »in der wir jung sein können: Alter ist Erntezeit: Vorher war Pflicht, jetzt kommt die Kür, mit allen Möglichkeiten der Jugend, nur ohne deren Stress und Ängste.«

Als Best-Aging-Ikone noch populärer ist die New Yorker Designerin Iris Apfel. Obwohl sie mit ihrem Mann zusammen 42 Jahre lang ein internationales Stoffunternehmen leitete und auch das Weiße Haus ausstattete, kam der eigentliche Karrierekick mit 90: Damals entwickelte sie eine limitierte Produktlinie für eine bekannte Kosmetikfirma – natürlich mit extrarotem Lippenstift. Kurz darauf begann Apfel, Accessoires auf einem Shoppingkanal zu verkaufen und als Gastprofessorin an der Universität von Austin, Texas, Vorlesungen zu halten. 2005 wurde ihr im Metropolitan Museum of Art eine Ausstellung über Mode und Accessoires gewidmet. 2014 erschien ein Dokumentarfilm über sie, der für einen Emmy nominiert wurde. Mattel gestaltete eine Barbie-Puppe nach ihr, und im Februar 2019 schloss Iris Apfel mit 97 Jahren bei der Agentur IMG, die auch Kate Moss, Chrissy Teigen und Gigi Hadid vertritt, einen Vertrag als Model ab. Heute ist Apfel 101 Jahre alt und gilt als älteste Stilikone der Welt. Ihr Erfolgsgeheimnis? Alter ist für sie nur eine Zahl, und Arbeit empfindet sie als sehr gesund für sich: »Ich liebe, was ich tue, und lege mein Herz und meine Seele hinein«, schreibt sie in ihrem Buch »Iris Apfel: Accidental Icon«. Gleichzeitig gibt sie zu: »Alt werden ist nichts für Weichlinge. Du fängst an auseinanderzufallen, aber du musst dich nur zusammenreißen und wieder zusammenfügen. Vielleicht gefällt es dir nicht, älter zu werden, aber was ist die Alternative? Du bist hier. Nimm es an und umarme es. Setz deine Erfahrung ein, um anderen Menschen etwas zurückzugeben.«

Man muss allerdings nicht berühmt sein, um andere zu inspirieren. Meine Mutter zum Beispiel ist mein großes Vorbild. Sie ist 94 Jahre alt und keinen Tag untätig: Sei es, dass sie einkaufen fährt, Socken strickt, im Garten arbeitet, in die Kirche geht – einfach Alltag lebt. Sie verschwendet keine Gedanken daran, dass sie alt sein könnte, sondern macht einfach.

Auch »Die Alten Hasen« haben keine Lust, sich aufs Altenteil zurückzuziehen: Die erfahrenen Finanzexperten und Bankkaufleute aus München und dem Umland sind jenseits der 50 und beraten Senioren in Sachen Geldanlagen. Schließlich beweisen gerade auch Finanzgenies wie Warren Buffett (*1930), George Soros (*1930) oder André Kostolany (1906–1999), dass Alter ein guter Ratgeber für Finanzen und Wirtschaft ist. Daneben möchte ich auf zwei weitere Netzwerke für Unruheständler hinweisen: Der »Senior Experten Service« (SES) vereint mehr als 12.000 Fach- und Führungskräfte, die ihr Wissen ehrenamtlich weitergeben. Ist in kleinen oder mittleren Unternehmen Not am Mann oder der Frau, springen sie dort ein. Auch die »Senioren der Wirtschaft« mit Sitz in Böblingen arbeiten nach diesem Prinzip, und all diese Ansätze zeigen: Es gibt ein Interesse, tätig zu sein, und auch Nachfrage. Das Bild des Alters in der Gesellschaft scheint sich zu wandeln.

Tatsächlich arbeiteten große Denker, Wissenschaftler, Dichter und Künstler schon immer bis ins hohe Alter. Denken Sie nur an die griechischen Philosophen. Platon zum Beispiel wurde 80 und hat bis zum Ende seines Lebens gelehrt, ebenso Thales und Demokrit, die 80 und 90 Jahre alt wurden. Auch Goethe hat bis ans Ende seines 83-jährigen Lebens geschrieben und soll in seinen letzten Stunden nach »mehr Licht!« verlangt haben. Bildnerisch aktiv bis ins hohe Alter waren auch die Maler Pablo Picasso, er wurde 92, und Salvador Dalí, der 85-jährig in Figueres starb. Es gäbe noch unzählige Künstler und Macher hier aufzuzählen, die selbst im Alter Großes schufen und neue Stile fanden, wie die französische Skulpturistin Louise Bourgeois (1911–2010) oder die Grande Dame der österreichischen Malerei Maria Lassnig (1919–2014), die mit 60 ihren Durchbruch hatte.

Alter begrenzt nicht den Geist. Im Gegenteil. Warum sonst starten viele Politiker beispielsweise meist erst mit 60 plus richtig durch? Winfried Kretschmann etwa wurde mit 60 Ministerpräsident von Baden-Württemberg und ist dies mit 75 in der nun dritten Amtszeit immer noch. Joe Biden wurde mit 78 Jahren zum Präsidenten der Vereinigten Staaten gewählt und Olaf Scholz mit 62 Kanzler. Die Gesellschaft akzeptiert das. Da sagt niemand: »Der ist alt, das geht doch nicht.« Ein gewisses Alter zu haben ist in vielen Bereichen vorteilhaft, weil sich darin Lebenserfahrung und Reife ausdrücken, die es für abgewogene Entscheidungen und solch eine verantwortungsvolle Aufgabe braucht.

Jeder braucht eine Aufgabe – auch im Pflegeheim

Nicht nur Politiker, Künstler und Denker lieben Herausforderungen. Jeder Mensch braucht sie. Wenn wir uns nützlich fühlen, wenn wir teilhaben, wenn wir Bestätigung erfahren, altern wir besser und bleiben länger fit.

Wir alle brauchen Anerkennung. Das ist keine Frage des Alters, sondern des Lebens. Warum treten Menschen sonst auf eine Bühne, steigen auf den Mount Everest, segeln ums Kap Hoorn oder laufen Marathon? Weil uns das Gefühl, etwas geschafft zu haben, glücklich macht. Egal, ob das Regieren eine Firma oder Familie gründen, ein Haus bauen, einen Knopf annähen oder Keyboardspielen ist. Wir alle sehnen uns nach Erfolgserlebnissen, ob die Aufgabe groß oder klein ist, ob wir zehn oder 100 Jahre alt sind. Allerdings wird betagten Menschen der Wunsch nach Anerkennung und Erfolgserlebnissen von der Gesellschaft eher aberkannt und als unbedeutend betrachtet, alte Menschen werden in dieser Hinsicht unsichtbar, bedeutungslos. Doch wenn ich in meinen Einrichtungen unterwegs bin, spüre ich immer wieder, wie wichtig es Senioren ist, etwas gut zu machen, etwas zu können und dafür Anerkennung zu erhalten. Egal, ob das nun Wäsche zusammenlegen, den Tisch decken oder Unkraut jäten ist. Diese vermeintlichen Kleinigkeiten lassen sie auch im Alter spüren: »Ich kann etwas, ich bin in etwas gut.« Irgendwann hat man nämlich die Nase voll von Sprüchen wie: »Lass das lieber«, »Du bist alt, du musst dich schonen«, »Lass mich machen«. Nein. Der Mensch braucht Herausforderungen! Klar, oftmals gilt es auch, Enttäuschungen zu verkraften, wenn etwas nicht gelingt. Aber das ist altersunabhängig, und dann versucht man es eben noch einmal. Und wenn es klappt, ist der Stolz auf sich umso größer und auch die Anerkennung der anderen. Das beflügelt ungemein.

Wir müssen auch hilfsbedürftigen Menschen etwas zutrauen. Wenn wir ihnen Aufgaben wie sich selbst anzuziehen abnehmen, vermitteln wir ihnen: »Du bist alt und kannst das nicht mehr. Ich bin schneller.« Davon abgesehen, dass Geschwindigkeit nicht das Kriterium für Eigenständigkeit sein sollte, nagt ein solches Signal an ihrem Selbstbewusstsein. Sie verlieren ihren Willen und die Kraft, es selbst zu probieren und auch zu schaffen, und damit ihre Lebensfreude. Sie beginnen, ihre eigenen Fähigkeiten zu negieren und sich immer mehr auf Dritte zu verlassen. Psychologen sprechen in diesem Fall von »selbstinduzierter Abhängigkeit«.

Auch dazu gibt es ein Experiment der amerikanischen Psychologin Ellen Lange: Einer Gruppe von Altenheimbewohnern wurde mehr Unabhängigkeit zugestanden. Sie sollten Verantwortung für ihre Zimmerpflanzen übernehmen und durften selbst bestimmen, ob sie an Gemeinschaftsaktivitäten teilnahmen, wo sie ihr Essen einnahmen oder wann und wo sie Besuch empfingen. Anderthalb Jahre später waren die Teilnehmer des Experiments nicht nur gesünder und munterer als die Vergleichsgruppe, sondern es waren auch noch mehr von ihnen am Leben.

Ich habe ähnliche Erfahrungen gemacht, deshalb gestehen wir älteren Menschen möglichst viel Autonomie zu. Ein Grundsatz lautet bei uns deshalb: ermöglichen. Einer unserer Bewohner war mein »zweiter Hausmeister«. Wann immer ich zu Besuch kam, stand er an der Pforte, um mir zu erzählen, was alles repariert wurde und noch ansteht. Und natürlich wurde er selbst aktiv. Grundsätzlich lassen wir ihn und andere Bewohner gewähren. Auch wenn ihre Wünsche ungewöhnlich sind. Irmtraud K. kam demenziell erkrankt zu uns und war äußerst anhänglich, sodass sie die Pflegekräfte auf andere Etagen und in andere Wohnungen begleiten wollte. Wir gingen auf sie ein, weil ihr der Tapetenwechsel sichtlich guttat. Sie wurde ausgeglichener und ruhiger und verspürte seltener Heimweh. Eine mittlerweile verstorbene Damenschneiderin musste ab und zu Stoff spüren, und man konnte richtig sehen, wie sie sich entspannte, wenn sie den Stoff in den Händen fühlte. Eine andere Bewohnerin versorgte die Enten in der Einrichtung und war auch dabei, als das Federvieh Nachwuchs bekam. Ab dem Zeitpunkt folgten ihr die Küken auf Schritt und Tritt. Egal, wohin sie ging.

Alter schätzen

Die Zimmer unserer Bewohner sind der individuelle Rückzugsbereich. Und damit dieser so gemütlich wie im alten Zuhause ist, dürfen unsere Senioren Lieblingsstücke mitbringen: Teddybären, Puppen, den alten Schreibtisch oder ihren geliebten Plattenspieler. Selbst im eigenen Bett zu schlafen ist grundsätzlich machbar. Wie im Fall von Elisabeth R. Sie hatte sich vor Jahren einen Traum erfüllt und sich zu Hause ein breites Bett mit 1,20 m gekauft. Das wollte sie ins Heim mitbringen – unsere Pflegebetten haben 1,00 m – und wir sagten: klar! Bei einer Behördenkontrolle wurde dies jedoch bemängelt, denn: »Ein Bett im Heim muss ein Pflegebett sein.« Wir erklärten uns bereit, dass wir im Falle krankheitsbedingter Bettlägerigkeit sofort umrüsten würden. Das dafür erforderliche Pflegebett stünde im Lager, und so konnte das Bett nach etlichem Hin und Her bleiben.

Manchmal bauen Angehörige im Bewohnerzimmer auch eine Eckbank ein. Unsere Standardeinrichtung nehmen wir gerne heraus, wenn jemand andere Wünsche hat und diese realisieren will. Jeder kann seinen eigenen Geschmack und seine Wünsche mitbringen – selbst seine Vorhänge, sofern sie schwer entflammbar sind. Ebenso seinen Schrank, seine

Kommode, seine Wandbilder. Das ist für viele sehr wertvoll und bedeutsam, weil sie dadurch ihre gewohnte Umgebung ein Stück weit behalten können. Das gibt ihnen Sicherheit und Stabilität.

Moderne Technologie reduziert Stress

Es gibt in Pflegeeinrichtungen immer wieder Bewohner, die einen hohen Bewegungsdrang haben, weg- oder irgendwohin laufen wollen. Üblicherweise heißt es in einem solchen Fall: Wie können wir das verhindern? Welche Türen müssen wir abschließen? Welche freiheitsentziehenden Maßnahmen und welche Gerichtsbeschlüsse sind dafür nötig? Ich dagegen sage: Lasst den Menschen doch mal laufen – und folgt ihm. Schaut: Wohin geht er und warum ausgerechnet dorthin? Dann kann seinem Hinlaufdrang vielleicht sogar nachgegeben werden. Hierbei ist Technik unwahrscheinlich nützlich. Zum Beispiel ein GPS-Handy. Das geben wir Bewohnern mit, die gerne eine Runde drehen. Sind sie zum vereinbarten Zeitpunkt nicht zurück, können wir nachvollziehen, wo sie sind, und sie zurückholen. So müssen wir niemandem seine Spaziergänge verbieten und können jedem zugestehen, weiterhin selbstbestimmt und autonom zu sein.

Außerdem haben wir ein System entwickelt, das mittels einer Uhr den Puls, den Blutdruck und die Sauerstoffsättigung misst und die Werte an unser Dokumentations- oder Alarmsystem weitergibt. Im nächsten Schritt können dann auch die Blutzuckerwerte gemessen und dokumentiert werden, ebenso wie die Körpertemperatur und andere Vitalwerte. Für gewöhnlich wird der Blutdruck immer noch mit Manschette und Stethoskop gemessen, der Blutzucker mit einem Pick und dem Test. Das ist sehr zeitintensiv und nicht ohne Risiko. Für den, der es macht, und den Betroffenen unter anderem aufgrund der Infektionsgefahr.

Die Uhr bringt neben Zeitersparnis auch Sicherheit: Sind die Werte erhöht oder zu niedrig (die Grenzwerte werden individuell auf die Person eingestellt), wird ein Notruf ausgelöst und verständigt die Mitarbeiter. Zudem misst die Uhr – ähnlich wie ein Fitnesstracker –, wie viel sich der Bewohner bewegt, und kann ihn oder sie über ein GPS-Signal orten. Bei Demenzkranken ist es darüber hinaus möglich, einen bestimmten Bereich außerhalb des Heims zu definieren, in dem er oder sie sich sicher bewegen kann und darf. Biegt dann jemand an einer Straßenkreuzung falsch ab und würde seinen Weg zurück nach Hause nicht mehr finden, löst das bei uns einen Alarm aus – Geofencing. Natürlich, in gewisser Weise kontrollieren die Geräte die Bewohner. Zugleich bieten sie ihnen aber mehr Freiheit und Sicherheit. Das wissen unsere Senioren zu schätzen, obwohl wir befürchteten, dass sie sich von den Uhren überwacht fühlen könnten. Das Gegenteil ist der Fall: Die Bewohner reagieren nahezu begeistert. Sie finden die Gadgets klasse.

Beim Einsatz von Technik geht es nicht darum, Personal einzusparen. Vielmehr gewinnen die Mitarbeiter Zeit, weil sie eben nicht mehr selbst den Blutdruck messen und Vitalzeichen erfassen müssen. Diese Zeit können sie für sinnvollere Aktivitäten mit den Senioren nutzen.

Um die Sicherheit unserer Bewohner zu gewährleisten, verwenden wir außerdem Out-of-Bed-Systeme: Diese Betten geben Alarm, wenn jemand das Bett verlässt und nach einer gewissen Zeit, etwa beim Gang auf die Toilette, nicht zurückkommt. Wobei man das System auch so einstellen kann, dass jedes Verlassen des Bettes einen Alarm auslöst. Grundsätzlich kann man heutzutage den kompletten Pflegeprozess mit Dienstplan, Pflegeplan, Dokumentation usw. digitalisiert gestalten – und wir machen das.

Digitalisierung wird in der Pflege kontrovers diskutiert: Für die einen ist sie die Lösung aller Probleme, für die anderen das Horrorszenario der Zukunft. Ich finde, die Wahrheit liegt dazwischen. Unser Gesundheitssystem ist auf Defizitdenken und Dokumentation fokussiert: Ist alles richtig dokumentiert, ist alles gut – unabhängig davon, ob das auch gut für die Menschen ist. Ich würde dafür lieber weniger Zeit aufwenden und mehr Zeit in die sozialen Kontakte und ins Finden von Lösungen stecken.

Tritt ein Problem auf, ist es legitim zu fragen: »Welche Technik haben wir, und wie setzen wir sie ein, um das Thema zu klären? Das heißt, um Dinge zu ermöglichen und sie nicht zu verhindern.« Auch wenn ein Bewohner zum Beispiel ins Krankenhaus muss. Das ist ein großer Stress für den Betroffenen. Zudem besteht das Risiko, sich mit Krankenhauskeimen zu infizieren. Diese Gefahr lässt sich oft mit Telemedizin vorbeugen, also mit Fernsprechstunden über das Internet.

Dafür gibt es Geräte, die der Arzt von seiner Praxis aus steuern kann: etwa eine Kamera, mit deren Hilfe er sich die Augen und Pupillen, den Zustand der Haut oder auch die Wunden ansehen kann. Alle so erfassten Vitalzeichen bis hin zu EKG-Daten können damit live in die Praxis des Arztes übertragen werden, sodass er selbst die Herztöne abhören kann. Der Arzt kann aus der Ferne eine Diagnose stellen, den Ernst der Lage beurteilen und sich dann doch für eine Krankenhauseinweisung entscheiden. Manchmal genügt es aber auch, warme Wickel zu machen oder die Füße hochzulagern bzw. Medikamente einzunehmen oder deren Dosierung zu verändern. Telemedizin erleichtert ärztliche Diagnosen und reduziert die Einsätze eines Notarztes. Damit nehmen wir den Bewohnern Stress, reduzieren Krankenhauseinweisungen und sparen dem Gesundheitssystem Kosten. Es ist allerdings ernüchternd, wie schwierig solche Technik in die tägliche Praxis zu bringen ist. Ärzte und Pflegepersonal sind zwar begeistert, aber dann scheuen sie sich im Alltag, sie zu nutzen. Wir brauchen Ärzte, die Telemedizin nutzen! Denn im Moment stehen drei von fünf Geräten ungenutzt herum.

Ich bin ein Fan des Hausarzt-Prinzips, also dass Bewohner auch im Pflegeheim von ihrem angestammten Hausarzt versorgt werden. Allerdings ist die Versorgung durch den Hausarzt gerade auch im ländlichen Bereich immer schwieriger, denn diese Berufsgruppe ist überaltert und einen Nachfolger zu finden äußerst schwierig. Gleichzeitig sind viele Praxisräume vor 30 Jahren eingerichtet worden – weder sind sie barrierefrei noch entsprechen sie sonst den heutigen Erwartungen. Deswegen haben wir auch ein Ärztezentrum gebaut, um einen Beitrag wenigstens in Form von modernen Räumlichkeiten zu leisten. In diesem Ärztezentrum in Burladingen sind fünf Arztpraxen, ein Physiotherapeut, eine betriebliche Kinderbetreuung, eine Apotheke, ein Hörgerätestudio und ein Sanitätshaus eingezogen. Neben Heimbas, unserem digitalen Dokumentationssystem, nutzen wir auch Telemedizin, Wearables (BeneWatch) oder Out-of-bed-Sensorik. Wir setzen Apps für Mitarbeiter, Ärzte, Apotheken und Angehörige ein und testen neue Systeme wie Linidera, eine digitale Sturzrisikoanalyse, Wundera, eine digitale Wunddokumentation sowie »Wear & Care«, eine digitale Inkontinenz-Überwachung. Daneben Horizon, das eine Diagnose ohne Körperkontakt zulässt. Außerdem erproben wir den Einsatz von Robotern von Boston Dynamics. Alles Technologie, die unterstützend helfen kann, ohne Personal zu ersetzen.

Respektvoll mit dementen Menschen umgehen

60 bis 70 Prozent unserer Bewohner sind dement und kämpfen mit mehr oder weniger schweren Einschränkungen ihrer kognitiven Fähigkeiten. Sie sind mitunter verwirrt, und sie machen kaum nachzuvollziehende Dinge, etwa das Gebiss in den Teller ihres Sitznachbarn legen, weil sie denken, das wäre eine Schale zum Aufbewahren. Doch Demenzkranke tragen einen Schatz in sich und verdienen respektvolle Behandlung. Sie brauchen Anerkennung und das Gefühl, ernst

genommen zu werden. Sie sind zwar dement, aber nicht bescheuert – um einen Buchtitel zu zitieren. Deshalb müssen wir ihnen Dinge ermöglichen, statt ihnen alles zu verbieten. Im Umgang sind großes Einfühlungsvermögen und Sensibilität gefordert. Das Schlimmste, das wir tun können, ist, demenziell erkrankte Menschen permanent belehren zu wollen. Vereinfacht ausgedrückt sind sie in ihrer eigenen Realität gefangen: Was sie sagen, empfinden sie als Wahrheit, und jede Aggression hat auch eine Ursache.

Beispielsweise steht ein Mann nach dem Mittagessen auf und fragt, weil er vergessen hat, was er eben noch getan hat: »Wann gibt es hier denn endlich mal was zu essen? Ich habe Hunger.« Wenn dann die Antwort kommt: »Aber Papa, du hast doch gerade ein riesiges Schnitzel verdrückt, das kann doch gar nicht sein«, bricht für den Betroffenen eine Welt zusammen, was auch zu Aggressionen führen kann. Hunger zu haben und nichts gegessen zu haben ist seine Realität, seine Wahrheit. Nicht die Wahrheit ist entscheidend, sondern sein Erleben und was er äußert. Natürlich ist es nicht immer leicht, darauf richtig zu reagieren. Aber statt ihn zu korrigieren, könnten wir seine Sicht akzeptieren und sagen: »Du hast recht. Setz dich hin, ich hole dir was zu essen.« Er wird wahrscheinlich nichts mehr hinunterbekommen. Gleichzeitig fühlt er sich ernst genommen.

Der Grad der Verwirrtheit ist unter dementen Senioren unterschiedlich groß. Viele haben immer wieder lichte Momente, in denen ihre Wahrnehmung plötzlich völlig klar ist und sie genau wissen, was um sie herum passiert. Und dann tauchen sie wieder ab, und ihr Gehirn produziert eigene

Realitäten. Ein 80-Jähriger glaubt dann zum Beispiel, dass er 30 ist. Deshalb hängen in unseren Einrichtungen so wenige Spiegel wie möglich. Wir wissen, dass ihr Abbild hirnorganisch erkrankte Menschen verwirren kann. Signalisiert es ihnen doch, dass sich ihr Erleben, Denken und Fühlen nicht mit ihrer Erscheinung decken. Sie haben im Kopf, sie sind 30, und jetzt guckt sie aus dem Spiegel ein greiser Mann oder eine greise Frau an und äfft sie auch noch nach. Das baut einen starken psychischen Druck auf. Ohne Spiegel verflüchtigt sich dieser Druck: Der Demente darf in seiner Welt bleiben.

Natürlich löst diese wohldurchdachte Maßnahme Diskussionen mit den Behörden aus. Schließlich gibt es Normen, wo überall Spiegel platziert sein müssen – zum Beispiel im Aufzug. Fährt ein Rollstuhlfahrer vorwärts in einen engen Aufzug, hilft ihm ein Spiegel, rückwärts wieder auszuparken – so die Idee. Man kann jedoch alternativ den Aufzug auch so breit bauen, dass der Rollstuhlfahrer darin wenden kann. Folglich ist kein Ausparkspiegel nötig. Manche Behördenvertreter verstehen das, andere sind weniger einsichtig. Norm ist Norm und muss eingehalten werden.

Das gilt auch für Türschilder. In Pflegeheimen müssen normalerweise alle Zimmer genau definiert sein: der Arbeitsraum, Bewohnerzimmer eins, zwei, drei und so weiter. Unsere Bewohner können damit aber überhaupt nichts anfangen. Stellen Sie sich vor: Ein demenzkranker Mensch kommt morgens aus seinem Schlafzimmer, will zum Frühstück, geht auf den Flur und gegenüber steht an der Tür »Arbeitsraum unrein«. Der denkt sich doch: »Wo bin ich denn jetzt gelandet?«

Deshalb haben wir keine normierten Türschilder – aber hin und wieder Bewohner, die ihr Zimmer nicht finden können. In diesem Fall bringen wir trotzdem kein Türschild an, stattdessen sind die Mitarbeiter gefordert. Sie beobachten und finden durch Biografiearbeit heraus, welche Symbole den Bewohner ansprechen. Vor vielen Jahren hatte ich dazu ein Schlüsselerlebnis. Trotz Nummer und Name an der Tür hatte eine Bewohnerin ihr Zimmer nicht gefunden. Sie ging immer in den falschen Raum, alle regten sich auf, dass die Frau unvermittelt bei anderen Bewohnern ins Zimmer platzte. Durch einen Zufall entdeckten wir, dass diese Frau eine sehr bewegende Zeit als Sekretärin hatte. Also überlegten wir uns, was für diesen Beruf typisch ist. Wir schossen ein Foto von einer alten Schreibmaschine und klebten es an ihre Tür. Ab diesem Tag fand die Frau ihr Zimmer. Zwischenzeitlich hängen an vielen Zimmertüren Bilder – von der Zeichnung eines Enkels bis hin zur Ortstafel des Heimatorts.

Schilder mit Nummern sind anonym und lassen keinen Platz für Individualität. Auf jeden Einzelnen einzugehen bedeutet mehr Arbeit und Anstrengung, sich einzulassen, hinzuhören und einzufühlen. Aber auch den Mut zu haben, nach dem Trial-and-Error-Prinzip herauszubekommen: Wo liegen wir falsch? Dann gehen wir einen Schritt zurück und schauen, ob uns der nächste Weg, den wir einschlagen, mehr Erfolg beschert. Das machen wir so lange, bis wir eine Lösung finden.

Dieses Sicheinlassen, dieses Ermöglichen von Spielräumen ist neben vielem anderen vor allem bei demenziell Erkrankten wichtig. Weil sie teilweise einen unwahrscheinlich hohen Bewegungsdrang haben. Manche gehen zig Kilometer am Tag. Ermögliche ich diesen Bewegungsdrang nun, oder bekämpfe ich ihn? Man kann ihn etwa durch Psychopharmaka dämpfen, wie es vielfach praktiziert wird. Man kann aber auch überlegen, was daraus folgt, wenn jemand aufgrund seiner Erkrankung fünf oder sechs Kilometer am Tag marschieren will und darf. Er muss dann auch andere Mahlzeiten erhalten, weil sein Kalorienbedarf höher liegt als der anderer Bewohner.

Wissen wir, dass eine demente Person gerade in einer Vorstellung lebt, ermöglichen wir auch diese. Manchmal gehen Bewohner mit in die Verwaltung und legen Dokumente ab oder verteilen die Post. Oder sie begleiten den Hausmeister in den Baumarkt. Es gibt in solchen Fällen nicht nur drei, vier mögliche Maßnahmen, sondern tausend Dinge, die für jeden anders sein können. Deswegen sind individuelle Betreuungsangebote neben den Gruppenangeboten auch so wichtig. Denn nur dann kann man die Persönlichkeit eines jeden Einzelnen kennenlernen und sich fragen: Wo kann er das tun, was ihm Spaß macht und ihn Sinnhaftigkeit empfinden lässt?

Bei dem Krankheitsbild Demenz ist Emotionalität besonders wichtig. Um die Wahrnehmung unserer Senioren zu aktivieren, arbeiten wir mit sogenannter basaler Stimulation. Gutes Essen, verschiedene Düfte, schöne Bilder, Farben oder Berührungen sprechen ihre Sinne an. All das beeinflusst ihr Empfinden positiv – genauso wie umgekehrt Störungen und unangenehme Eindrücke negative Emotionen auslösen können. Deshalb ist es so wichtig, jeden Bewohner individuell zu betrachten und herauszufinden, was bei ihm persönlich Stress auslöst oder Entspannung schafft.

Auch demente Menschen haben einen reichen Schatz an Wissen, an Erfahrung und Können gesammelt, auf den sie gerade im Alter stabil zurückgreifen können. Sie backen ohne Rezept die leckersten Kuchen und können Sachen einfach so, für die meine Mitarbeiter erst einmal geschult werden müssen: das Kaminfeuer anzünden, Wäsche superschnell und akkurat bügeln oder erstklassig Rasen mähen. Außerdem geben sie uns einen anderen Blick auf das, was wirklich zählt. Auch dadurch, dass sie viel aus ihrem Leben erzählen. Viele junge, aber auch bereits ältere Menschen können sich gar nicht mehr vorstellen, wie es war, nach dem Krieg in einem zerbombten Land mit zerstörter Infrastruktur von null anzufangen und Hunger zu leiden. Durch die Erfahrungen der Alten erleben wir Geschichte hautnah, beinahe wie live geschildert. An Demenz erkrankte Menschen haben nämlich ein fast fotografisches Langzeitgedächtnis. Sie können sich minutiös erinnern. Etwa an einen sonnigen Sommertag in der zweiten Klasse Grundschule neben ihrem Freund Heinz gesessen zu haben, an dem die Lehrerin ein gelb gepunktetes Kleid trug und keine Wolke am Himmel stand. Das Kurzzeitgedächtnis ist dafür manchmal wie ausradiert, sodass der Betroffene, die Betroffene nicht weiß, was gestern oder gerade eben passiert ist; dafür aber haargenau, was vor exakt 60 Jahren war. Auch das ist ein Geschenk! Wenn man es zu sehen erkennt.

Kapitel 6:
Gute Pflege integriert, das spürt man schon auf den ersten Metern

Wir sind ein offenes, einladendes Haus. Nicht nur für Angehörige, Ärzte und Lieferanten, sondern auch für Nachbarn und Besucher aus der näheren und weiteren Umgebung. Auch sie schauen regelmäßig in unseren Einrichtungen vorbei. Aus unterschiedlichen Gründen.

Durch die Innengestaltung und Infrastruktur kann man dafür sorgen, dass Menschen aus dem Ort gerne die Einrichtung besuchen und sich dadurch die Sphären aus »drinnen« und »draußen« vermischen. Wer eines unserer Häuser betritt, bemerkt als Erstes die Helligkeit und die kräftigen Farben und dass es eine Cafeteria gibt. In allen meinen Hausgemeinschaften gibt es ein großes Panoramafenster mit Blick vom Café gegenüber dem Eingang in den Garten, auf den Quellstein, das Hochbeet und die Obstbäume. Dazu Bistrotische mit Korbstühlen sowie eine dunkle Holztheke mit Barhockern davor. Hier kann sich jeder erst mal einen Café Macchiato, einen Espresso oder einen Saft gönnen und Kuchen aus der Vitrine aussuchen, bevor er sich mit seinem Vater, seiner Mutter, Großmutter oder Tante in der Wohngemeinschaft, im Garten oder gleich hier im Café trifft.

Viele Menschen jeden Alters passieren täglich diesen Knotenpunkt. Die einen kommen, weil sie hier arbeiten und dort ihre Pause verbringen oder weil sie als Arzt Bewohner untersuchen, etwas abliefern oder ihre Verwandten sehen wollen. Die anderen werden hereingelockt, weil sie Lust auf eine Tasse Kaffee, ein Stück Kuchen oder ein Eis haben, was bei uns kostenlos angeboten wird. Unser Gratis-Eis ist gerade im Sommer unter den Kindern und Jugendlichen der Umgebung der Renner. Nach der Schule kommen sie oft in kleineren Gruppen für einen »Flutschfinger« oder ein Hörnchen Nusseis vorbei, sodass wir die Eistruhe im Café fast täglich neu füllen und ab und zu auch mehrmals am Tag. Denn auch Spaziergänger und Passanten lassen sich nach einem Spaziergang durchs Viertel bzw. die Umgebung gerne ein Eis, eine Tasse Kaffee und ein Stück selbst gebackenen Kuchen schmecken – genauso wie unsere Bewohner. Durch diese Durchmischung fühlen sie sich weiterhin voll im Leben stehend. Weil sie sehen: Zu uns kommen andere – Kinder, Nachbarn, Passanten, ehemalige Arbeitskollegen. Bei uns schaut man einfach mal rein.

Solche sozialen Zusammenkünfte tun allen Beteiligten gut und bringen Leben in die Bude. Das ist auch beim Backtag der Fall. Einmal pro Woche heizen wir, wo vorhanden, den Holzbackofen im Garten, um Pizza, Leberkäs oder Schweinebraten zuzubereiten. Nachbarn backen dann gerne ihren Brotteig mit. Der schöne Nebeneffekt dieser Einladung zum Backen oder zum Kaffeeklatsch ist, dass sich Vorurteile und Ängste der Bevölkerung abbauen. Schließlich offenbaren uns viele, wenn sie die Hürde genommen haben: »Ich wäre ja nie auf die Idee gekommen, hier hineinzugehen: Man weiß ja, wie es da riecht und wie es zugeht und so.« Und am Ende stellen sie überrascht fest: »Hier findet ganz normales Leben statt. Man hört Lachen, Singen, auch mal Ärger, dass es laut wird, gleichzeitig gibt es Kaffee und Kuchen, der fantastisch schmeckt.« So kann die Kluft zwischen dem aufgelöst werden, was Menschen über ein Pflegeheim denken, und dem, was tatsächlich ist. Die Begegnung mit der Realität löst das Stigma praktisch auf. Warum sollten Einrichtungen nicht als Teil eines gemeinschaftlichen Lebens, eines Quartiers betrachtet werden können, als Begegnungsstätte?

Sich an einem Ort zu treffen, an dem hilfsbedürftige Menschen wohnen, sollte genauso selbstverständlich in einer Gemeinde sein wie eine Zusammenkunft in einem Vereinsheim, einer Schule, einem Kindergarten oder einer Kirche. Auch hier können Austausch und Unterstützung stattfinden und kann der Teilhabe-Gedanke aufleben, indem Zeit und Erfahrungen miteinander geteilt werden. Mit dem Ziel, dass alle profitieren und Alter und Hochaltrigkeit wegkommen vom Stigma. Damit sich ältere Menschen anders als jetzt ins Gemeinwesen integrieren und nicht an den Rand oder in eine Anstalt abgeschoben fühlen. Sondern sich als Teil des gesellschaftlichen Lebens verstehen und das Gefühl haben, tatsächlich dazuzugehören und eingebunden zu sein. Das trägt zu mehr Lebensfreude, zu mehr Vitalität und Lebenshunger bei. Fühlt man sich doch trotz seiner Gebrechen lebensnah und wertvoll. Das Sich-in-eine-Gesellschaft-eingebunden-Fühlen ist ein weiterer wichtiger Faktor von Normalität und Menschlichkeit. Es unterstreicht den Wert, den jeder Einzelne besitzt. Für eine Gemeinschaft, einen Ort, eine Gesellschaft.

Teil der Gesellschaft sein

Aus diesem Grund finde ich es gut, dass Heimbewohner auch weiterhin an öffentlichen Veranstaltungen teilnehmen, und unterstütze hier jedes Engagement: Ist jemand beispielsweise Mitglied im Musik- oder Schützenverein, verpasst er auch mit 90 Jahren das Jahreskonzert oder das Dreikönigsschießen nicht. Oftmals begleitet von Mitarbeitern. Manche Bewohnerin liebt kulturelle Veranstaltungen. Erika C. etwa animiert sogar andere Bewohner, sie ins Konzert zu begleiten. Während Anneliese K. eine alte Leidenschaft wiederentdeckt hat und mit Freude gemeinsam mit dem örtlichen Strickverein strickt. Gibt die Stadtkapelle in Burladingen ihr Jahreskonzert, sind für die Bewohner des Hauses »Fehlatal« Plätze reserviert, und der Sportverein Ringingen hat für die Heimbewohner sogar einen barrierefreien Zugang zum Sportplatz gebaut.

Außer der Pflege der persönlichen Hobbys ist es auch wichtig, die einzelnen Gruppen am städtischen Geschehen partizipieren zu lassen und sie nicht in der Einrichtung einzusperren oder zu verstecken. Unsere Bewohner nehmen an regionalen Veranstaltungen und Festen teil und gehen auf

Wochenmärkte. Über die Betreuerinnen erfahren sie, welche Ausflüge aktuell anstehen, an denen alle Wohngemeinschaften eines Hauses teilnehmen. Bis zu acht Bewohner plus Mitarbeiter haben Platz in unserem Kleinbus. Reicht ein Bus nicht, nimmt man einen zweiten. Sie fahren damit zu Faschingsumzügen, Weinfesten, zu einem Fußballspiel und lassen selbst Kreismusikfeste nicht aus. Dort landen sie am Ende, wie jeder andere Besucher auch, im Bierzelt. Sie schunkeln, trinken Bier und freuen sich über das Spektakel und die Aufmerksamkeit, die sie auf sich ziehen. Dabei erlebe ich es immer wieder, dass mich jemand aus der Menge zur Seite nimmt und fragt: »Ist das nicht der Herr Soundso? Bei dem habe ich meine Lehre gemacht. Darf ich den ansprechen?« Das wundert mich, und insgeheim drängt sich mir die Frage auf: In welcher Welt leben wir? Welche Form des Miteinanders pflegen wir? Natürlich darf man das. Liebend gerne! Jeder Mensch freut sich doch über so eine Ansprache und Begegnung. Sehr sogar.

Bei einer Begebenheit blieb allerdings selbst mir die Spucke weg: Die Leitung eines Hauses wollte wissen, ob sie mit den Bewohnern einen Ausflug in den nahe gelegenen Europapark Rust unternehmen könnte. Schnell war mit ein paar Anrufen geklärt, dass die Angehörigen, die Betreuer und – ganz wichtig! – die Versicherung nichts dagegen hatten, und so gab ich mein Okay. Wenngleich mit mulmigem Gefühl. Hoffentlich kommt kein schlimmer Anruf, weil jemand aus einer Schaukel oder einem anderen Fahrgerät gefallen ist, dachte ich. Doch es kam keiner. Stattdessen rief abends die Pflegeleitung an und meinte, sie müsse mir etwas beichten: Einer der Bewohner habe seinen Rollstuhl vergessen und keiner hätte gemerkt, dass er ohne die Gehhilfe in den Bus stieg. Den Rolli müssten sie nun am nächsten Tag abholen. So einen Fall hatten wir schon mal bei einem Bundesliga-Fußballspiel. Hätte uns ein Einweiser nicht nachgerufen: »Gehört der euch?« Ja, Gemeinschaftserleben und Spaß bewirken Großes.

Doch auch Bewohner, die nicht mehr so gut zu Fuß oder desorientiert sind, müssen auf jahreszeitliche Feste nicht verzichten. Man kann zum Beispiel organisieren, dass zur Faschingszeit Narren mit Musik ins Haus kommen, genauso wie Mitglieder des Musik-, Sport- oder Obst- und Gartenbauvereins. Die Feuerwehr stellt an vielen Standorten einen Maibaum auf. Steht der Baum, öffnen wir ein Fass Bier und grillen Würstchen. An Halloween klingeln Kinder und fragen nach Süßem oder Saurem, und zu Heilige Drei Könige kommen die Sternsinger.

Gute Erfahrungen habe ich auch mit unseren hauseigenen Festen gemacht. Dazu versenden wir persönliche Einladungsbriefe an Angehörige, Nachbarn und Institutionen, hängen Plakate im Haus auf, verteilen Einladungszettel in den Wohnungen und informieren die lokale Presse. So erfährt die Bevölkerung, dass wir zu einem Sommer- oder Frühjahrsfest, zu einer Weinprobe oder einem Schlachtfest einladen. Je nach Anlass dekorieren wir, bestellen eine Band oder einen Solo-Interpreten. Wir stellen Tische und Bänke auf, und für das leibliche Wohl sorgen wir mit Hausgemachtem: Essen und Getränke sind kostenlos, und es gibt Kuchen. Jede Wohngemeinschaft versucht bei solchen Events, sich mit ihren Backkünsten zu übertreffen, und zündet ein kulinarisches Feuerwerk an Käsekuchen, Schwarzwälder Kirschtorten, Biskuitschaumrollen, Mohnzupf- oder Eierlikörkuchen.

Zentral im Herzen der Kommune

Einladungen sind das eine, doch um sich in eine Gesellschaft eingebunden zu fühlen, darf der Standort nicht abseits liegen, sondern braucht einen Platz im Herzen der Gemeinde oder des Quartiers. Denn räumliche Integration drückt auch eine emotionale Integration aus. Damit zeigt eine Gesellschaft, dass sie alte Menschen respektiert und wertschätzt. Manchmal bekomme ich allerdings Bauplätze neben dem Friedhof oder im Gewerbegebiet eines Ortes angeboten. Das ist nicht meine Präferenz, sondern mittendrin. Idealerweise zwischen Rathaus, Kirche und Gastwirtschaft. Da ist der richtige Platz für ein Pflegeheim. Diese Voraussetzungen sind nicht immer realisierbar. Doch grundsätzlich sollten alte Menschen so nah am Geschehen, am öffentlichen Leben sein wie irgend möglich.

Leider ist es im Gewerbegebiet und am Stadtrand viel leichter, Grundstücke zu bekommen. Dazu viel erschwinglicher und unkomplizierter zu bauen, mit wesentlich weniger Auflagen und Vorschriften. Doch mich schreckt das nicht, wir wollen mitten hinein. Zum einen, weil sich die Senioren dadurch emotional eingebundener fühlen, zum anderen auch, weil ihr Aktionsradius dadurch vergrößert wird. Im hohen Alter können sie nicht mehr schnell ins Auto springen und kurz mal irgendwohin fahren. Auch ist der Bewegungsradius mit 90 Jahren ein anderer als mit 60 oder 70 Jahren. Ältere sind nicht mehr so schnell und gut zu Fuß, um einen Kilometer in die Ortsmitte zu laufen. Deswegen sollten sie möglichst nahe am öffentlichen Geschehen sein. Denn was ältere Menschen daran hindert, spazieren zu gehen, ist laut Studien neben einer subjektiv wahrgenommenen »schlechten Gesundheit« die Wohnumgebung. Sie wirkt sich stark auf das Aktivitätsniveau aus. Ein nahe gelegener Park, eine gut erreichbare Sportstätte oder eine andere anregende Umgebung würde von älteren Personen genutzt. Das heißt: Je zentraler eine Einrichtung gelegen ist, desto leichter fällt ihnen dieser Schritt und desto häufiger mischen sie sich ins Leben. Gleichzeitig werden sie häufiger besucht. Denn auch für die Angehörigen ist die Schwelle niedriger, schnell mal nach dem Einkaufen, dem Friseur- oder Arzttermin auf einen Sprung im Pflegeheim vorbeizuschauen.

Grundsätzlich lieben viele unserer Bewohner es, zu einem Spaziergang aufzubrechen. Manche gehen ins Eiscafé, zum Bäcker oder zum Lebensmittelladen um die Ecke, wenn sie beim Kochen feststellen, dass die Sahne aus ist. Auch demenziell Erkrankte laufen gerne, wie bereits beschrieben. Und jeder, der möchte, kann natürlich unsere Technik, z. B. die Benewatch, nutzen und weiß, dass wenn er sich verläuft, wir ihn leicht finden können.

Der Garten animiert und ist ideal für Begegnungen

Bewegung entspannt und setzt Glückshormone frei, während die Natur der Psyche guttut. Sie beruhige und vermittele ein Gefühl von Geborgenheit, bekräftigen Experten. Das kann ich aus meiner Erfahrung mit unseren Einrichtungen nur bestätigen. Ein Garten hat therapeutische Wirkung und ist wie ein zweites Wohnzimmer: Anders als drinnen im Haus spricht er viel mehr Sinne an und wirkt basal stimulierend: Hier blühen und duften Blumen und Sträucher, kriechen Käfer und Ameisen durchs Gras, tummeln sich Hasen, in manchen Einrichtungen auch Enten und Schildkröten, und man hört Vogelgezwitscher. Zusätzlich lädt er Bewohner mit einem grünen Daumen ein, Unkraut zu zupfen, Blumen zu schneiden oder das Hoch- und Gemüsebeet zu bestellen, sodass im Frühling und Sommer Salat, Petersilie, Radieschen, Rettich und Spinat geerntet werden können, die dann fürs Mittagessen zubereitet werden. Dass aus den Früchten der Beerensträucher im Sommer Marmeladen eingekocht werden, so weit kommt es nicht immer, da viele Bewohner sie direkt vom Strauch und sonnenwarm genießen.

Ein Garten ist für mich eine wichtige Komponente und häufig ein planerischer Knackpunkt: Ohne einen großen Garten realisieren zu können, baue ich keine Einrichtung. Denn jeder Mensch, auch stark in ihrer Bewegung eingeschränkte, profitieren von ihm. Schließlich sind wir genetisch auf Bewegung programmiert: Nur dadurch, dass unsere Vorfahren in der Lage waren, Feinde und Raubtiere zu hetzen oder vor ihnen zu fliehen, überlebten sie in den Landschaften Afrikas. Gleichzeitig wurde damals auch unser Stressprogramm entwickelt: Wurde es brenzlig, setzte ein Hormoncocktail aus Cortisol und Adrenalin ungeahnte Kräfte frei. Dieser wurde beim Suchen nach Nahrung, wozu unsere Vorfahren Distanzen von 30 bis 40 Kilometer am Tag zurücklegten, wieder abgebaut. Natürlich legt heute keiner mehr solch ausgedehnten Wegstrecken zurück, selbst in jungen Jahren nicht. Doch Bewegung ist essenziell und, egal wie alt wir sind, ein wesentlicher Bestandteil unseres Lebens.

Unsere Bewohner zu körperlicher, geistiger und sozialer Aktivität zu animieren ist ein zentrales Anliegen unseres Konzepts. Ein Garten bietet nicht nur Raum für Bewegung – also für körperliche Aktivität –, sondern auch für geistige und soziale Impulse. Arbeiten Bewohner im Garten oder im Haushalt mit, würde ihnen das Sinn schenken, betonen viele. Dass ein Beitrag für die Gemeinschaft – auch wenn es »nur« innerhalb des eigenen Mikrokosmos ist – Sinn stiften und glücklich machen würde, diesen Zusammenhang bestätigen auch Neurowissenschaftler und Psychologen. Vielleicht möchte nicht jeder den Tisch decken oder Staub saugen oder bügeln, sondern stattdessen lieber die Blumen- und Gemüsebeete bewässern oder den Rasen mähen, insbesondere weil ihn der Geruch von frisch geschnittenem Gras an seine Kindheit erinnert. Die Verrichtungen in einem Garten sorgen für Abwechslung innerhalb des gemeinschaftlichen Aufgabenspektrums und sind ein gutes Thema im Gespräch mit Mitarbeitern, Angehörigen und Gästen.

Unser Netzwerk und seine Möglichkeiten

Netzwerke bedeuten gegenseitige Unterstützung, womit zugleich das Stigma Alter abgebaut wird. Sie schenken uns eine Möglichkeit, etwas zu tun und Vereinsamung und Ausgrenzung zu reduzieren. Deshalb verfügt jede meiner Einrichtungen über ein lebendiges Netzwerk. Nachbarn sowie Angehörige von Verstorbenen sind darin eine feste Größe. Sie bringen sich nach dem Tod eines Angehörigen oftmals ehrenamtlich ein. Manchmal begegnete ich in einer Einrichtung einer Dame aus dem Dorf, die mit den Bewohnern Gemüse putzt und schnippelt, gemeinsame Spaziergänge unternimmt oder mit ihnen zu Weihnachten und zu Fronleichnam den Altar in der Nähe des Heims schmückt. Alles auf ehrenamtlicher Basis.

Auch unser Gottesdienst zieht viele ältere Menschen aus dem Ort an, er ist eine echte Alternative zum sonntäglichen Messbesuch. Sie finden die Kirche zwar schön, doch bereiten ihnen die Stufen Probleme. Dann im Winter die Kälte, dazu sind die Bänke unbequem. Lieber sitzen sie im Warmen auf einem gepolsterten Stuhl und fahren mit dem Aufzug in unseren Mehrzweckraum. Vor einem schlichten Tisch mit einem weißen Tuch darauf, einem Gesteck und einem Kreuz hält der Priester die Messe ab. Durch den Besuch des Gottesdienstes kommen viele mit unserem Haus und den Menschen in Berührung und auf die Idee, sich einbringen zu wollen. Gleichzeitig fordere ich meine Mitarbeiter dazu auf, für einen Impuls in diese Richtung zu sorgen. Einfach mal fragen, warum denn nicht? Oftmals entsteht dadurch eine tiefere Verbindung. Auch die Kinder und Jugendlichen, die regelmäßig für Eis oder eine Cola vorbeischauen, fragen wir, ob sie nicht Lust hätten, an einem Nachmittag mit einem der älteren Menschen *Mensch ärgere dich nicht* zu spielen, beim Gärtnern mitzuhelfen oder zusammen zu basteln.

Auch ehemalige Bürgermeister bringen sich bei uns ein, etwa der Gemeindevorsteher von Schönwald im Fichtelgebirge. Dazu folgende Geschichte: Einmal bekam ich von einem Bekannten bei der Bank ein Grundstück in Schönwald angeboten. Ich dachte an den gleichnamigen Ort im Schwarzwald und habe erst auf dem Weg dorthin meinen Fehler bemerkt: als das Navigationsgerät anhand der Postleitzahl einen Ort im oberfränkischen Landkreis Wunsiedel zum Ziel erklärte. Sehr nahe der tschechischen Grenze. Sieben Jahre lang habe ich dann zusammen mit dem Bürgermeister für die Realisierung unseres Hausgemeinschaftskonzepts gekämpft. Als endlich grünes Licht von den Behörden kam, weigerten sich die Banken, für diesen Teil Deutschlands, den sie als »sterbende Region« ansahen, einen Kredit zu bewilligen. Weil ich nicht lockerließ, konnten wir doch Haus »Perlenbach« – unser zweites Haus nach der »Blumenküche« – bauen: etwa 250 Meter vom Rathaus entfernt. Mehr noch. Es siedelte sich eine Bäckerei mit Café an, und die Stadt schuf Freizeitmöglichkeiten mit Spielgeräten für Kinder und Senioren.

Im Nachhinein betrachtet ein echter Volltreffer, und der Bürgermeister, zu dem ich durch diese Hängepartie eine besondere Beziehung aufgebaut habe, ist seit seinem Ruhestand Mitglied und Vorsitzender des Heimbeirats von »Perlenbach«. Zusammen mit Bewohnern und Mitarbeitern kümmert er sich im Heimbeirat ehrenamtlich um Belange der Angehörigen und Bewohner und organisiert Aktivitäten, die Quartier und Heim stärker vernetzen.

Außerdem haben meine leider 2021 verstorbene Frau und ich in Schönwald die Porzellanmanufaktur entdeckt und waren von dem hochwertigen Geschirr so angetan, dass wir es seither in allen unseren Einrichtungen nutzen. Dieses Anfang des 20. Jahrhunderts entworfene Service, das unsere Seniorengeneration oftmals nur an Feiertagen benutzte, stellt für mich ein Zeichen von Wertschätzung dar, weshalb wir es in allen unseren Einrichtungen verwenden. Allerdings wurde die Produktion dieser Linie nun eingestellt und wir müssen eine andere Linie des Schönwald-Porzellans finden. Nebenbei ist die Porzellanfabrik gerade für unsere Damen ein beliebtes Exkursionsziel.

Ein Netzwerk entwickelt sich stets organisch und lässt sich nicht übers Knie brechen oder künstlich herbeizwingen. Es braucht dafür Menschen, die die Fäden auswerfen, miteinander verknüpfen und andere zum Mittun animieren. Dies über eine Anzeige im Amtsblatt oder in der Tageszeitung zu erreichen und so Ehrenamtliche so finden war fast nie von Erfolg gekrönt. So ein Anstoß wirkt zu verpflichtend und verbindlich, vielleicht durch die Schriftform einer Annonce. Es braucht in irgendeiner Weise eine emotionale Verbindung zu uns und den älteren Menschen: Viele wissen zum Beispiel nicht, wie sie mit Hochaltrigen umgehen sollen, und äußern Bedenken: »Oh Gott, mit alten Menschen arbeiten, darf man das? Geht das?«, oder die allerwichtigste

Frage: »Bin ich versichert?« Ihnen gilt es, Mut zuzusprechen und ihre Arbeit zu wertschätzen. Das funktioniert gut, wenn man sie als Dankeschön nicht nur zu den Festen, sondern auch zum Essen einlädt, um mit dieser Geste zu zeigen: Wir sehen und schätzen deinen Beitrag.

Kommunikation und Austausch fördern

Damit unsere älteren Herrschaften wissen, was in der Welt los ist, gibt es in unseren Einrichtungen sogenannte »Zeitungsrunden«. Dabei liest eine Mitarbeiterin, ein Mitarbeiter Artikel aus der Tagespresse vor und initiiert eine Diskussion über aktuelle Ereignisse oder andere Brennpunkt-Themen. Etwa: »Was macht die CDU gerade in Thüringen?«, »Wer findet das denn gut?« und »Was ist mit der AfD?« Oder: »Gestern hat Borussia Dortmund Paris Saint-Germain geschlagen.« – »Ja, was? Wer ist denn Paris Saint-Germain?« So gelingt der Einstieg in einen Dialog. Doch liegt die Kunst darin, diesen geschickt zu moderieren, um zu vermeiden, dass das Gespräch in einem Streit endet. Vielmehr soll die Runde als Anregung dienen, sich mit aktuellem Geschehen auseinanderzusetzen und dadurch up to date zu bleiben. Nicht zu vergessen: Auch Pflegeheimbewohner gehen wählen. Ich bin immer wieder fasziniert, welche Neugier auf das Leben und welches Wissen einem da begegnen. Allerdings gibt es auch Menschen, die an weltpolitischen Themen wenig interessiert sind. Wem Politik egal ist, wird auch im Alter nicht darüber diskutieren wollen, und wen Sport kaltlässt, der kann damit auch in späteren Jahren nichts anfangen. Oder mit Kunst, Kultur, wissenschaftlichen Erkenntnissen.

Natürlich gibt es nicht nur den einen Weg, der Menschen fit und dem Leben zugewandt hält, sondern viele. Wir wissen aus Erfahrung: Es ist bei jedem individuell und anders. Und es wäre so wichtig, dieser Individualität mehr Raum zu geben. Auch Gespräche mit Mitarbeitern unterstützen die Teilnahme am gesellschaftlichen Leben. Etwa wenn Bewohner fragen, warum die Mitarbeiterin heute so angespannt ist, und erfahren: »Ach, mein Sohn hat gestern eine Sechs in Mathe bekommen.« »Ja, wieso eine Sechs? Was lernen die denn da in der Schule?« Über so kleine gewöhnliche Alltagsthemen findet Austausch statt, und die Älteren erkennen: Hoppla, wir sind dabei, bekommen von draußen, von der Welt etwas mit. Aus diesem Grund sind in unseren Einrichtungen die Kinder der Mitarbeiter sehr willkommen. Egal ob nur während der Ferien oder ob sie nach der Schule zu uns kommen. In der Regel trinkt man zusammen Tee oder Kaffee, dann machen die Kinder ihre Hausaufgaben. Manche Bewohner bieten ihre Hilfe an, andere fragen, was sie da machen würden. Daraus ergeben sich die vielfältigsten Gespräche, und schnell spüren die Youngsters: »Ich bin hier der Star, die wichtigste Person.« Das tut den Kindern gut, den Eltern und den alten Menschen, die sich über die neuen Themen, die Lebendigkeit und darüber freuen, den Kids etwas zeigen zu können, mit ihnen zu spielen oder zu basteln.

Kommunikation ist das A und O für eine gute Teilhabe und einen Austausch auf Augenhöhe. Egal, ob zu bestimmten Themen, zwischen Jung und Alt oder zwischen Mitarbeitern und Bewohnern bzw. Mitarbeitern und Angehörigen. Daher stellt sich jeder vor, und wir verzichten darauf, Namensschilder zu tragen. Auch weil hirnorganisch erkrankte Menschen alle Accessoires mit Anstaltsanmutung grundsätzlich stressen. Sie erleben sich oftmals in der Vergangenheit, in einer Erinnerungsschleife an frühe Jugend- und Erwachsenenjahre. In dieser alten Welt begründet sich ihre Normalität, finden sie Ruhe und Entspannung, und Menschen mit komischen Schildern am Hemd oder Kittel würden sie irritieren. Davon abgesehen: Wie groß müssten die Buchstaben und damit das Namensschild sein, damit auch sehbeeinträchtigte Senioren es gut lesen können?

Um die Pflegekräfte dennoch gut identifizieren zu können, gibt es bei uns rote T-Shirts als Arbeitskleidung, aber keine Namensschilder. Selbst wenn viele Angehörige das immer wieder anregen – unnötigerweise. Die Bewohner kennen ihre Pflegerinnen und Pfleger. Wechselt an manchen Standorten das Personal häufiger, ist es eine gute Gedächtnisübung, und durch den täglichen Kontakt lernen die älteren Menschen den Namen der oder des Neuen schnell. Anders die Angehörigen, die manchmal nur alle zwei, drei Wochen zu Besuch kommen und gerne wissen wollen, mit wem sie es zu tun haben: mit der Oberschwester, der Unterschwester, der Stationsleitung oder der Hauswirtschafterin? Diese sichtbare Unterscheidung, wer welcher Profession angehört und welche Funktion bekleidet, finde ich nicht gut; deshalb lassen wir das. Es geht um den Teamgedanken, und ein Schild soll nicht dazu verleiten, nicht miteinander zu sprechen oder sich keine benötigten Informationen mehr einzuholen. Besser: Die Mitarbeiter stellen sich vor oder werden aktiv angesprochen. Das ist in meinen Augen kommunikationsstützend. Dadurch regt man Austausch an und verhindert ihn nicht. Gleichzeitig wird so das Risiko minimiert, jemanden durch die Nadel oder die scharfe Kante eines Plastikschilds bei pflegerischen Tätigkeiten zu verletzen. Denn im Hotel, im Flugzeug oder beim Autoverleiher, in Berufen, in denen Namensschilder üblich sind, nimmt keiner einen Gast in den Arm, wendet ihn oder geht mit ihm oder ihr auf die Toilette – da hält man Abstand. In der Pflege nicht. Ganz im Gegenteil. Da habe ich Körperkontakt, berühre Menschen, helfe ihnen beim Aufstehen oder stütze sie etc.

Zusätzlich sorgt das Thema Namensschilder immer wieder für spannende Diskussionen. Diesen Evergreen nahmen zur Faschingszeit auch ein paar Bewohner aus dem Haus »Apfelblüte« zum Anlass, mich sprechen zu wollen. Am runden Tisch im Wohn- und Essbereich erwartete mich eine Gruppe von fünf, sechs 80- und 90-Jährigen. Wir diskutierten kurz das Für und Wider dieser Maßnahme, bis die alte Dame, die mich angesprochen hatte, bekannte: »Ich bin zu 90 Prozent sehbehindert, und mir bringen Namensschilder sowieso nichts. Ich kenne ja alle Pfleger, aber meine Tochter fände sie gut.« Als das geklärt war, meinte einer der Herren aus der Runde, ob ich nicht noch ein bisschen Zeit hätte. Als ich bejahte, begannen die anderen Anwesenden verschwörerisch zu grinsen und auf ein Buch zu blicken, das vor ihnen lag. Das Cover verdeckt auf dem Tisch, gespickt mit vielen

Zetteln. Als er das Buch umdrehte, staunte ich nicht schlecht: Bei dem Schmöker handelte es sich um eine Sammlung der besten Sexwitze. Jeder hatte mit einem Zettel ein paar Witze markiert, und so verbrachte ich die nächste Stunde damit, mir zum Teil ziemlich deftige Kanonen anzuhören, die mich vor Scham fast im Boden versinken ließen. Sehr zur Freude der eingeschworenen Truppe, die sich über ihre Witze, aber auch über meine Sprachlosigkeit köstlich amüsierte.

Wie geistesgegenwärtig und verschmitzt ältere Herrschaften sein können, begeistert mich immer wieder. Etwa unlängst: Im Haus »Perlenbach« gingen der Bürgermeister und ein Mitglied des Stadtrats aus einer anderen Ortschaft durchs Haus, weil sie sich für unser Konzept interessierten, und bemerkten, wie zwei unserer Seniorinnen die Herren genüsslich anschmachteten. Als sich diese verabschiedet hatten, sagte Siegrid B. zu ihrer Mitbewohnerin: »Hast du gesehen, wie der mich angesehen hat?« Daraufhin Klara B.: »Da täuschst du dich. Der hat mich angesehen, denn ich habe ihm meinen Schmetterlingsblick zugeworfen.« Dabei zwinkerte die Dame mit beiden Augen wie ein fliegender Schmetterling.

Kommunikation bedeutet natürlich nicht nur Spaß, sondern es gibt auch Ärger und Probleme. In beiden Fällen gilt die Devise: Lösungen finden. Egal, ob es zwischen Hausbewohnern zu schlichten gilt, zwischen Angehörigen, Mitarbeitern, oder weil sich schon vor vielen Jahren einige Bewohner in einer Wohnanlage durch die quietschenden Reifengeräusche der Bobbycars gestört fühlten, wenn die

Kinder darauf durch die Gänge düsten. In diesem Fall gelang es, einen Kompromiss zu finden: Bewohner und ein Mitarbeiter gingen in den Baumarkt und kauften Weichgummiräder. Diese tauschten sie dann gemeinsam mit den Kindern an den Bobbycars aus, und die Beschwerden waren Geschichte. Allerdings landen manche Konflikte auch vor einem Richter. Doch sind solche äußerst selten, weil jeder im Haus darauf geschult ist, Kommunikation und das Miteinander zu fördern.

Sharing und Win-win für alle

Sharing heißt Caring: Wir stellen unseren Mitarbeitern, aber auch der Gemeinde unsere Räumlichkeiten gratis zur Verfügung. Auch unsere betriebliche Kinderbetreuung für Mitarbeiter mit Tagesmüttern war gemeinschaftlich angelegt, hatten wir Plätze frei, konnten auch Familien aus dem Ort ihre Kinder bei uns unterbringen. Doch aufgrund der Auflagen, etwa, dass für Kinder separat gekocht werden muss, mussten wir das Projekt wieder einstellen. Mit der Gemeinde Biederbach im Schwarzwald gehen wir noch einen Schritt weiter und bauen im Pflegeheim einen kommunalen Kindergarten. Die Erfahrung, dass generationenübergreifende Ansätze sehr gut aufgehen, konnte ich bereits vor meiner Zeit als BeneVit-Gründer gewinnen. In Bregenz kombinierte ich vor rund 20 Jahren schon einmal einen kommunalen Kindergarten und ein Pflegeheim. Allerdings setzt dieses Modell mutige Kommunen, mutige Behörden und mutige Eltern voraus. Dies ist in Biederbach gegeben.

Grundsätzlich merke ich, dass sich die Gesellschaft ein Stück weit in dieser Richtung öffnet. Dem Ansatz »Alt plus Jung« steht sie wesentlich unverkrampfter gegenüber als noch in den 1990er-Jahren. Gerade junge Eltern. Durch die gesprengten Großfamilienstrukturen erkennen sie, wie wertvoll das Zusammentreffen von Kindern im Enkelalter und »Großeltern« ist und wie sehr ihre Kinder ebenso wie sie als Familie davon profitieren. Denn selbst wenn die Kinder von Erzieherinnen betreut werden, entstehen durch das gemeinsame Miteinander vor Ort schöne Verbindungen, sodass manche Kinder hier eine besondere Heimat finden und sogar vorschlagen, ihre Kommunion oder Konfirmation in unserem 80 Quadratmeter großen Mehrzweckraum zu feiern. Viele treffen sich dazu erst einmal im Café und fahren dann hoch ins Dachgeschoss, in den Gemeinschaftsraum, den sie vorher dekoriert haben.

Auch unseren Nachbarn stellen wir unsere Räumlichkeiten zur Verfügung. Grundsätzlich jedem, der im Ort eine Location für eine Veranstaltung braucht: gemeinnützige Organisationen, Vereine, die Volkshochschule, aber auch Einzelpersonen für Übungsabende, zum Proben von Musikstücken, für Qigong- oder Yoga-Kurse oder für Info-Abende. Sind unsere Bewohner interessiert, dürfen sie meist auch an den Veranstaltungen teilnehmen. Das ist echtes Win-win: Beide Parteien profitieren. Umgekehrt laden wir zu Info-Abenden ein wie »Ernährung im Alter« oder »Wie geht man mit Demenz um?«. Zu einem dieser Abende hatten wir beispielsweise auch die Freunde und Bekannten unserer Bewohnerin Felizitas P. eingeladen.

Felizitas P. war vor ihrer demenziellen Erkrankung bei vielen Vereinen ehrenamtlich höchst aktiv und hatte ein sehr geselliges Wesen. Leider erleben wir es oft, dass Freunde und Bekannte sich abwenden, wenn sie merken, dass ihr Gegenüber sich verändert. Nach dem Einzug in unser Haus nahmen meine Mitarbeiter jede Gelegenheit wahr, sie zu Veranstaltungen und Treffen ihrer Vereine zu begleiten, und luden ihre Bekannten zum Info-Abend »Umgang mit Demenz« ein. Leider ohne Ergebnis. Doch Felizitas P. hat neue Aufgaben und Freunde gewonnen. Mit großem Eifer kümmert sie sich um das Zusammenlegen der Wäsche und die Balkonpflanzen und hat in unserer Friseurin im Haus eine neue Bekannte gefunden. Ihr hilft sie jeden Donnerstag, die Lockenwickler aufzudrehen, wäscht die Kämme und Bürsten und fegt die Haare vom Fußboden auf. Das müsse sie tun, findet Felizitas P., weil die Friseurin nur zwei Hände habe und nicht alles allein schaffen könne. Durch die Aufgaben und die neue Bekanntschaft fand sie zu neuem Selbstbewusstsein, ebenso wie beispielsweise Margarete R. Ihr Luxusproblem war, dass sie täglich Besuch von ihren Angehörigen bekam und ihren Tagesablauf nach ihnen ausrichten musste. Nach circa drei Wochen strukturierte Frau R. ihren Tagesablauf selbst und teilte ihren Liebsten mit, wann sie an Ausflügen oder an unserem Aktivitätsprogramm teilnimmt, also nicht im Haus ist, und wann sie Zeit für Besuche hat. Sehr zum Erstaunen ihrer Angehörigen, die diese

Veränderung jedoch sehr schnell begrüßten. Glücklich über den neuen Elan ihrer Mutter.

In Zukunft: Mehr Reisen und ein Kochbuch

Was wir auf alle Fälle wieder aktivieren wollen, sind unsere Reisen. Noch vor ein paar Jahren sind wir mit interessierten Bewohnern, Angehörigen und Mitarbeitern aus allen Einrichtungen einmal im Jahr zum Beispiel nach Österreich gefahren. Die Alpenregion steht bei dieser Generation älterer Menschen hoch im Kurs. Doch auch der Wunsch, an die Nordsee aufzubrechen, wird immer wieder mal geäußert. Ist die Destination klar, gilt es, geeignete barrierefreie Hotels und Gasthöfe zu recherchieren, die uns als Gruppe mit 15 bis 20 Leuten auch unterbringen können und wollen. Dann wird kalkuliert, der Zeitpunkt festgelegt und gefragt: Wer kann mit? Wie organisieren wir das? Wo müssen wir wen und wie abholen? Welche und wie viele Mitarbeiter brauchen wir, damit die Versorgung sichergestellt ist? Das kostet Zeit und ist neben der Versorgung der Bewohner zu bewerkstelligen. Außerdem haben die gesetzlichen Änderungen, die neuen Richtlinien, die neuen Personalschlüssel oder die PSG I–III, wonach Pflegebedürftige nicht mehr in Pflegestufen, sondern in Pflegegrade eingeteilt werden – all diese Novellen, die auf unsere Branche hereinprasselten –, uns viel Kraft und Energie gekostet. Dadurch sind die Reisen in den Hintergrund getreten. Denn kaum hat man eine Novelle gerade mal verstanden und umgesetzt, kam schon die nächste. Juristen und Verwaltungsbeamte können sich vielleicht an der Flut von Änderungen der Änderungen erfreuen, für meine Mitarbeiter und mich bedeutet das Stress. Daher hoffe ich für die Zukunft, dass der gesetzliche Regelkatalog an Dynamik einbüßt und wir wieder etwas mehr Freiraum haben, um auch solche Unternehmungen stärker zu forcieren.

Auch ein Kochbuch wollen wir wieder auflegen, denn unser Erstling »Koch mit uns« ist schon ein paar Jahre alt. Ziel ist es, dort alte Rezepte zu sammeln, die man in anderen Kochbüchern vergeblich sucht wie »Schwäbische Ofenschlupfer«, »Bäckstriezl«, »Schlabberlux« oder »Rheingauer Spundekäs«. Die kulinarischen Anleitungen stammten von unseren Bewohnern. Wir schrieben sie auf, um diesen Wissensschatz für die Nachwelt zu erhalten. Viele der Köchinnen und Köche bildeten wir zusammen mit ihrem Rezept und einem Foto ab; wenn sie das wollten. Und ich sage Ihnen, in unserem Erstlingswerk gab es zum Beispiel ein Rezept eines Käsekuchens von der mittlerweile verstorbenen Berta W., der war super fluffig, weil sie einfach ein paar Dinge anders machte. Solche Raritäten halten wir in diesem Rezeptbuch fest. Für die Gesellschaft und unsere Kultur. Denn dieses alte Erfahrungswissen ist ein Schatz, den wir nicht einfach vergessen sollten.

Was wir in Sachen Integration noch alles machen, gerade im Hinblick darauf, wie Angehörige sich integrieren können (etwa durch ein neues Konzept, das wir entwickelt haben), darum geht es unter anderem im nächsten Kapitel.

Kapitel 7:
Das Dilemma Pflege – welche Alternativen gibt es?

Wie wir alle wissen, fehlt Personal schon heute in der Pflege. Dieser Notstand wird durch den demografischen Wandel weiter verschärft: Die zunehmende Lebenserwartung lässt die Zahl der Senioren innerhalb der Bevölkerung stark anwachsen. So steigt der Altenquotient der Deutschen – also die Zahl der Rentner ab 65 Jahren auf 100 Menschen gerechnet – von 37,3 im Jahr 2021 auf voraussichtlich 44,94 im Jahr 2030 und beträgt voraussichtlich 49,05 im Jahr 2050. Die Zahl der Jugendlichen dagegen wird Prognosen zufolge bis 2050 kontinuierlich auf zehn Millionen abnehmen und die der 80-Jährigen sich verdreifachen. Und auf jede zweite Person in der Altersgruppe von 40 bis unter 60 entfällt spätestens 2050 eine Person, die älter als 80 ist.

Dadurch fehlen Menschen, die sich um Ältere kümmern können, wenn sie pflegebedürftig werden. Um es noch deutlicher zu sagen: Im Laufe der nächsten zwei Jahrzehnte gehen die Babyboomer in Rente. Mit dieser geburtenstarken Generation scheiden allein in Deutschland mehr als 20 Millionen Menschen aus dem Berufsleben aus, während im gleichen Zeitraum nur 14 Millionen junge Leute nachrücken. Und schon jetzt haben wir – trotz Zuwanderung aus dem Ausland – eine personelle Unterdeckung in der Pflege. Laut Hochrechnungen werden bis 2030 rund eine halbe Million Pflegekräfte fehlen. Gleichzeitig explodieren die Kosten, weil das System auf Basis alter Kennzahlen berechnet wurde: Um das heutige Niveau halten zu können, müssten künftig – wenn die Beiträge der Renten- und Arbeitslosenversicherungen gleich bleiben – über 50 Prozent des Bruttoeinkommens für Sozialleistungsbeiträge aufgewendet werden; im Vergleich zu 39,8 Prozent aktuell. Denn unsere Beiträge bekommen die Menschen, die heute krank und pflegebedürftig sind. Wir sparen ja nichts von uns persönlich auf einem Konto an, und wenn wir dann in 20 Jahren oder später Pflegeleistungen brauchen, zahlen die für uns, die dann erwerbstätig sind. Und, das möchte ich an der Stelle auch betonen: Maschinen, die durch die Industrie 4.0 immer stärker in Unternehmen einziehen, zahlen keine Beiträge. Daher brauchen wir dringend einen Wandel, um das System nachhaltig zu entlasten! Die folgenden Wege und Möglichkeiten sehe ich:

Die eigene Einstellung ändern

Ein erster und sehr entscheidender Punkt, um einen Wandel anzustoßen, ist, unsere Einstellung gegenüber dem Alter zu ändern. Denn jeder Tag, den wir aktiv sind und frühzeitig in unsere Gesundheit und »Fitness« investieren – geistig, körperlich und sozial –, entlastet nicht nur das Pflegesystem, sondern tut uns gut. Weil wir durch diese Vorsorge unsere Morbidität hinauszögern.

Altern ist ein lebenslanger Prozess. Er hat seinen Ursprung in der Geburt und endet mit dem Tod. Wie alles im Leben lässt es sich aus zwei Blickwinkeln betrachten. Doch statt die positive Seite, die Weisheit und den Schatz, zu betrachten, blicken viele nur auf die negative Seite. Gerade wenn es um das Tabuthema Hochaltrigkeit geht. Das will niemand, weil viele es mit »O Gott, o Gott, inkontinent, bettlägerig, krank, senil, dement« gleichsetzen. Das wollen wir nicht, also weg damit.

Doch eine neue Einstellung erreichen wir nur, indem wir anfangen, Alter und auch die letzte Phase des Lebens differenziert und dabei auch positiv, ohne Horrorszenarien, zu sehen. Schließlich sagt man auch nicht: »Jugend, o Gott, o Gott, das ist die Zeit, wo man alles Mögliche falsch macht, pubertiert, Pickel bekommt und sich selbst nicht leiden kann.« Alle Lebensphasen haben zwei Seiten. Auch das Alter. Es lässt sich genauso positiv betrachten – und sterben, so viel steht fest, müssen wir alle. Wie der Weg in die Endlichkeit aussieht, können wir aber bewusst gestalten: Er umfasst normales, krankhaftes und sehr erfolgreiches Altern, wie Hans-Werner Wahl, der langjährige Leiter der Abteilung für Psychologische Altersforschung der Universität Heidelberg, schreibt. So würden 60 bis 70 Prozent der älteren Menschen dem »Normal-Modus« zugeordnet werden können, 20 Prozent dem »Krank-Modus« und 10 bis 20 Prozent dem

»Erfolgreich-Modus« mit der Tendenz nach oben. Erfolgreich altern definieren Altersforscher mit hohem Engagement im Alltag, hoher geistiger Leistungsfähigkeit und dem möglichst weitgehenden Fehlen von Krankheit und Funktionseinbußen. Experte Wahl zufolge sollte unter diesen Begriff möglicherweise auch die enge und emotional dichte Interaktion zwischen Demenzkranken und ihren Angehörigen fallen. Eigenständigkeit und Unabhängigkeit sollten dabei nicht überstrapaziert werden. Denn, so Wahl, ältere Menschen sind, gleich in welcher Lebenssituation und gesundheitlichen Verfassung, keine »einsamen« Inseln, die nichts mehr wünschen, als Unabhängigkeit zu bewahren. Natürlich ist das sehr strebenswert, aber es dürfe Abhängigkeiten von Pflegepersonen, mit denen dann »erfolgreiches Altern« gelebt und genossen wird, nicht ausschließen.

Schauen wir also auf die positive Seite des Alterns mit seinen vielen Möglichkeiten. Schließlich werden wir immer älter und immer fitter älter: Die Morbidität, also das Erkrankungsrisiko, komprimiert sich am Ende des Lebens. Das heißt, wir können altersbedingte Erkrankungen mit der entsprechenden Lebensweise erfolgreich hinauszögern und blicken heute mehr als jemals zuvor in der Geschichte der Menschheit langen Jahren entgegen, in denen wir sehr leistungsfähig und gesund sind. Das sind nach der Rente 20, manchmal auch 30 schöne Jahre! Das blenden viele aus. Daher: Tabuisieren wir diese Lebensphase nicht länger, sondern gestalten wir sie!

Gleichzeitig sollten wir uns überlegen, was zu tun ist, sollten wir Pflege benötigen. Wie wollen wir das lösen: betreut zu Hause bleiben, in einer WG oder einer Mehrgene-rationen-Wohnung, in einem Pflegeheim, im sozialen Um-feld, bei den Kindern? Dazu müssen wir gegebenenfalls um-ziehen bzw. die Wohnung anpassen, also Räume umbauen oder umwidmen. Und zwar frühzeitig. Außerdem sollten wir uns fragen: Wer soll sich um uns kümmern? Lebens-gefährten, Kinder, Pflegedienst oder eine Pflegekraft? Und braucht diese uns bloß ambulant zu versorgen, oder brau-chen wir eine 24/7-Pflege, also jemanden, der die ganze Wo-che rund um die Uhr da ist? Oder doch lieber ins Heim? Welches wäre das, damit ich auch meine sozialen Kontakte aufrechterhalten kann? Und wie gehe ich beispielsweise mit Demenz um? Habe ich in Betracht gezogen, daran zu erkran-ken? Weiß ich, welche Chancen es auch bei dieser Erkran-kung gibt? Wie man Demenz in Schach halten und trotzdem gut leben kann? Was kann und will ich meinen Angehörigen zumuten?

Um all diese Fragen zu klären, bedarf es der Vorsorge bzw. als Allererstes eines Bewusstseins, dass solche Themen auf mich zukommen könnten und mit fortgeschrittenem Al-ter in vielen Fällen auch werden. Manchmal schneller, als man sich das wünscht. Durch eine Krankheit, einen Unfall, einen Schlaganfall etc. Diese Auseinandersetzung sollten wir nicht anderen überlassen, sondern die Eventualitäten selbst durchspielen, um im Fall der Fälle gewappnet zu sein. Viel zu oft wird das verdrängt, ist unangenehm, wird auf spä-ter verschoben. Ja, sich dieser Frage zu stellen kostet Kraft, Überwindung.

Es ist allseits bekannt, wie viel man präventiv tun kann,

um fürs Alter vorzusorgen. Jeder Einzelne kann das und sollte das auch. Es ärgert mich, dass viele darauf zu warten scheinen, dass irgendwo irgendjemand – der große Gott, der Vater Staat – eingreift. Das Deutsche ist meines Wissens die einzige Sprache, die vom Staat als Vater spricht. Was vermutlich daher rührt, dass nach Abdankung der Großfamilie auch die Kleinfamilie, die sich zwischen dem Ersten Weltkrieg und den Siebzigerjahren verbreitet hatte, erodierte. Weswegen der Staat immer mehr Funktionen an sich zog, die vor oder jenseits der Industrialisierung von der Großfamilie wahrgenommen worden waren, in Gestalt von Kindertagesstätten, der Aufsicht in der schulfreien Zeit, Spiel und Sport und eben auch, dass er sich als sozialer Wohltäter um alte und hilfsbedürftige Menschen kümmert.

Es gibt eine immer stärker werdende Erwartungshaltung der Bürger an den Sozialstaat, der jedes Problem – Kinderbetreuung, Ganztagsschule, Seniorenberatungsstellen, psychosoziale Beratung – lösen und am besten noch alle möglichen Leistungen finanzieren soll. Gleichzeitig vermittelt die Politik, den Bürgern jedes Problem abnehmen und lösen zu wollen, wenn man nur gewählt wird.

Jeder ist aber in erster Linie für sich selbst verantwortlich und sollte hierbei auch seine Angehörigen einweihen. Selbst den Tod gilt es bei solchen Betrachtungen zu berücksichtigen. Auch damit muss ich mich befassen und Eigenverantwortung übernehmen. Und sollte nicht denken: Augen zu und durch, das klären dann schon die anderen für mich. Schon allein wegen der Menschen, die mich überleben, sollte ich meinen Abschied regeln und besprechen. Dass ich

mich um all diese Dinge wie Patientenverfügung, Vorsorge-
vollmacht, Testament kümmere und Beerdigungswünsche
äußere sowie die genauen Modalitäten bespreche.

Erstaunlich wenige Menschen setzen sich damit so in-
tensiv auseinander, dass sie auch ins Tun kommen. Nur 4,7
Millionen Deutsche haben zum Beispiel eine Vorsorgevoll-
macht und nur 9,2 Millionen eine Pflegezusatzversicherung.
Auch wundert mich, weshalb sich unsere Gesellschaft über
viele Jahre so entwickelt hat, dass man ab einem bestimmten Lebensalter nichts mehr verändert. In jüngeren Jahren
ist es völlig normal, sein Umfeld seiner Lebenssituation anzupassen: Heiraten wir und gründen eine Familie, bleiben
wir nicht in unserer Studentenbude wohnen. Erhalten wir
ein attraktives Jobangebot, ziehen viele dafür in eine andere
Stadt, sogar in ein anderes Land, auf einen anderen Konti-
nent. Im Alter aber sagen wir dann: »Ich bleibe gleich, mein
Umfeld soll sich mir anpassen.« Oder »einen alten Baum
verpflanzt man nicht«. Diese Einstellung müssen wir verändern und bereit sein, die nötigen Rahmenbedingungen, um
uns wohlzufühlen, an uns und unsere Bedürfnisse anzupassen.

Ich sollte nicht erwarten, dass ich in meinen vier Wän-
den wohnen bleiben kann und alles drum herum für mich
getan wird, damit ich meinen Hintern nicht mehr bewegen
muss. Nein. Ich sollte mich frühzeitig, das heißt mit 60 Jahren, schon mal mit dem Prozess des Alterns beschäftigen.
Sollte aus dem Tabuisieren herauskommen und die Scheu
ablegen, mich auch mit meiner eigenen Vergänglichkeit zu
beschäftigen. Möglichst objektiv und offen. Weniger mit ei-

nem Maßnahmenplan und einer Checkliste, was ich noch alles erleben will, als vielmehr mit einem Bewusstsein, das auch das Leben und das Schicksal berücksichtigt und dass Dinge auch mal anders laufen können als geplant. Ist all das geklärt, fühlt man sich umso entspannter. Auch wenn viele am Anfang befürchten, sie würden mit solchen Gedanken schlagartig älter oder bereits mit einem Bein im Grab stehen. Mit dem Tod ist eine gewisse Ehrfurcht verbunden, keine Frage. Gleichzeitig packt man dieses Thema ja auch in den seltensten Fällen in jungen Jahren an: Die meisten steigen in die Auseinandersetzung ein, wenn die eigenen Eltern sterben oder sie selbst kurz vor der Rente stehen. Kurz vor der Rente ist in meinen Augen ein guter Zeitpunkt. Schließlich wissen wir, dass wir dann noch 20, vielleicht auch 40 Jahre haben, die wir nutzen können, um unser Leben und seine Möglichkeiten voll auszuschöpfen. Ich bin immer wieder erstaunt, wie Menschen reagieren, wenn ich sie auf diese lange zu gestaltende Zeitspanne hinweise und ihnen bewusst wird, was in den »jungen« Jahren alles möglich war, was man für Pläne und Aktivitäten hatte und wie wenig Gedanken man sich über die Zeit ab 60 macht.

Ein Gedanke zum Thema Verantwortung ist mir noch wichtig. Denn so, wie wir beim Thema Alter in die Eigenverantwortung gehen sollten, sollten wir dies auch unseren bereits betagten Angehörigen zugestehen. Indem wir ihnen nicht alles abnehmen nach dem Motto: »Im Alter sollst du nicht mehr, kannst du nicht mehr ...«, und sie mit dieser Denke hospitalisieren. Fordern wir sie auf, nichts mehr zu tun und sich auszuruhen, nehmen wir ihnen auch Erfolgserlebnisse. Menschen verlieren dadurch ihren Willen und ihre Kraft, Dinge selbst probieren zu wollen und auch zu schaffen. Sie beginnen, ihre eigenen Fähigkeiten zu negieren und sich nur mehr auf Dritte zu verlassen. Daher mein Rat: Ermuntern Sie andere bis ins hohe Alter – selbst wenn sie pflegebedürftig sind –, kleine Aufgaben zu übernehmen, und unterstützen Sie sie darin. Regen Sie außerdem an, dass sie sich Gedanken über sich und den Tod machen.

Schlagen alle Versuche fehl, weil sich jemand partout verweigert, müssen Sie diese Haltung wohl oder übel respektieren. Manche greifen in dieser Situation auch auf einen Mediator zurück. Allerdings ist das Angebot solch psychologisch geschulter Vermittler hierzulande noch sehr dünn. Viele ältere Menschen lehnen es zudem ab, jemand Außenstehenden zu solch intimen Gesprächen hinzuzuziehen. Weil sie mit psychologischer Hilfe Geisteskrankheit und Unvermögen verbinden und glauben, dass ein Fremder sie gegen ihren Willen von etwas überzeugen soll, was sie nicht möchten. Auch Seniorenberatungsstellen können hier oft nicht wirklich helfen oder Klärung bewirken. Besser ist es meiner Meinung nach, wenn die Angehörigen das Thema offensiv anpacken. Das gibt den entsprechenden Schub, Gedanken anzustoßen und gemeinsam Lösungen zu finden.

Rente neu denken

Keiner kann wissen, ob und wann er zum Pflegefall wird und mit welchen Einschränkungen zu rechnen ist. Das kann sehr plötzlich kommen, manchmal vom einen auf den anderen Tag, etwa durch einen Schlaganfall, einen operativen Eingriff oder einen Unfall. Wer aber sein Leben aktiv gestaltet hat, kann sich sagen: »Ich habe alles unternommen, was ich konnte«, und braucht sich nicht vorzuwerfen: »Hätte ich doch nur so und so gelebt, das Leben mehr genossen, die Wohnung neu gestaltet, mehr Sport getrieben, Philosophie studiert, mich gesünder ernährt. All das getan, was mir Spaß gemacht und die Wahrscheinlichkeit, zum Pflegefall zu werden, hinausgezögert hätte.« Vielen altersbedingten Einschränkungen lässt sich vorbauen durch einen entsprechenden Lebenswandel und mit körperlicher, geistiger und sozialer Aktivität. Dafür sollten wir alle die entsprechenden Lebenswelten schaffen.

Menschen mit 65 oder 67 Jahren in Rente zu schicken und sie damit aufs Abstellgleis zu schieben ist nicht mehr zukunftsfähig – und auch nicht angemessen. Denn in dem Umfang, in dem unsere Lebenserwartung steigt, mehren sich auch unsere fitten Jahre. In Zeiten der Industrialisierung war ein niedriges Renteneintrittsalter sinnvoll. Unsere Vorfahren mussten zehn Stunden am Tag, sechs Tage die Woche körperlich hart arbeiten. Sie waren gezwungen, Arbeiten aufzunehmen, die sie gar nicht ausüben wollten – weil sie in einer bestimmten Region lebten, und da ging man eben in den Bergbau oder in die Textilfabrik.

Damals war Arbeit Zwang, heute aber können wir unsere berufliche Tätigkeit auch danach gestalten, was uns Spaß macht, was uns erfüllt. Ein Beruf ist für viele heute eine sinnstiftende Tätigkeit, und falls das auf Sie nicht zutrifft, sollten Sie sich Gedanken machen, das zu ändern. Nicht mehr zu arbeiten, nur weil ein vom Gesetzgeber vorgegebener Stichtag eingetreten ist, halte ich für Unsinn und schädlich für Körper, Geist und Seele. Jenseits der 65 Jahre können wir vielleicht in einer veränderten Form oder mit einem reduzierten Stundenpensum arbeiten. Das sollte möglich sein. Auch einer anderen Tätigkeit nachzugehen, so wie wir uns das wünschen und kreativ gestalten wollen. Allerdings nicht auf dem Silbertablett serviert, sondern selbst gefunden.

Doch wirft man solche Gedanken auf und beginnt, über das Renteneintrittsalter zu diskutieren, heißt es sofort: »O Gott, o Gott, das ist Abbau des Sozialstaats. Das ist klassenfeindlich. Das ist Ausbeutung.« Deswegen schneidet auch kein Politiker dieses brisante Thema an. Alle Politiker, von links bis rechts, wollen gewählt werden und trauen sich nicht an dieses hoch emotionale Thema heran. Und jeder, der das bisher mit sanften Tönen versucht hat, wurde lauthals und medial abgestraft. Etwa als der ehemalige Finanzminister Wolfgang Schäuble die Meinung vertrat, das Rentenalter auf 70 Jahre anzuheben. Doch immer häufiger werden Stimmen in dieser Richtung laut. So wagte etwa auch der Gesamtmetallchef Stefan Wolf einen Vorstoß, indem er »Rente mit 70« forderte. Sie helfe, Altersarmut vorzubauen und die Rentenkasse zu entlasten. Und dämmt natürlich auch den Fachkräftemangel ein. Wir brauchen in der breiten Masse eine Lösung, bei der alle mitgehen können. Nicht etwa die 4-Tage-Woche oder ein Optionszeitenmodell, das Erwerbsarbeitszeiten optimiert. Schauen wir auf Dänemark,

Finnland, die Niederlande, Portugal oder Italien, wird dort das gesetzliche Renteneintrittsalter automatisch an die steigende Lebenserwartung angepasst. Warum es hierzulande so viel Gegenwind bei diesem Thema gibt, ist: Viele von uns setzen Rente mit Urlaub gleich, nach dem Motto: Endlich habe ich keinen Chef mehr, keinen Stress mehr, bekomme trotzdem Geld, kann – wie im Urlaub – tun und lassen, was ich will. Daher brauchen wir auch hier ein neues Bewusstsein und Denken.

Ich halte nichts von einer fixen, starren Altersgrenze. Aber viel davon, Rente individuell zu regeln. Es gibt Menschen, die sind mit 50 oder mit 60 Jahren wirklich erschöpft und gesundheitlich stark belastet. Für sie gilt das nicht, während andere mit 70 Jahren noch superagil sind. Ich arbeite seit vielen Jahren mit der Firma Trigema zusammen, beziehe die Arbeitskleidung meiner Mitarbeiter von dort und wohne wie Wolfgang Grupp als alleiniger geschäftsführender Gesellschafter der Firma in Burladingen auf der Zollernalb, wir kennen uns. Grupp ist 80 Jahre, ist kraftvoll, steht mitten im Leben. Als anfangs bei der Coronakrise Schutzmasken und Schutzkittel fehlten, haben wir telefoniert, und Trigema hat textile Schutzmasken produziert, so, wie wir es gewünscht und vorgegeben hatten. Würde ihm jemand sagen, er müsse in Rente gehen, wäre das, glaube ich, eine Katastrophe für ihn. Klar, ein Selbstständiger kann das anders handhaben und seinen Ruhestand flexibel gestalten. Man kann aber auch Übergangslösungen finden und festlegen: Ich mache aus meinem 100-Prozent-Job einen 50-Prozent-Job und bekomme trotzdem meine volle Altersrente.

Tatsächlich gibt es Menschen, die in Rente geschickt werden, obwohl sie das gar nicht wollen. Das passiert. Während es im Staatsbusiness diese Regelung erst gar nicht gibt. Darüber lässt sich nun streiten: Ist das gut und richtig so? Würde man allen Politikern über 65 erklären: »Hört auf, ihr seid ein Auslaufmodell. Jetzt geht es in die Altersfreizeit, in die Rente.« Dann möchte ich mal hören, was da los wäre. Gleichzeitig frage ich mich: Warum gesteht man diese Freiheit, selbst zu entscheiden, nicht genauso jedem einzelnen Bürger zu?

300 Freiwillige, überwiegend Rentner, betätigen sich ehrenamtlich in unseren Einrichtungen und zögern so ihr eigenes Altwerden hinaus. Jedoch ist dieses Engagement absolut freiwillig und kann mit dem Hinweis: »Heute geht's mir nicht so gut« einfach verschoben werden. Das ist absolut verständlich und legitim. In der Pflege sind ehrenamtliche Mitarbeiter eine Bereicherung, sie unterstützen unsere Betreuungs- und Präsenzkräfte. Ebenso wie die 520-Euro-Minijobber. Beide allerdings sind, weil sie kaum über eine fachliche Qualifikation verfügen, kein Ausweg aus der Personalmisere. Sie runden mit ihrem Einsatz lediglich die Betreuung ab, sind maximal eine Ergänzung.

Die Grenzen von Ehrenamt und Robotern

Es gibt Einrichtungen, die mit einer Vielzahl an ehrenamtlichen Kräften arbeiten. Italienische und spanische Pflegeheime sind so konzipiert oder auch das niederländische Demenzdorf »De Hogeweyk« in der Nähe von Amsterdam. Um seine 153 Bewohner zu betreuen, arbeiten die Niederländer mit 240 Angestellten und 150 Ehrenamtlichen als Unterstützern zusammen. Das ist großartig. Doch für mich ist Ehrenamt immer nur »on top«. Unterstützung durch Menschen, die neben den klassischen Mitarbeitern zusätzlich helfen.

Qualität bei der Versorgung pflegebedürftiger Menschen kann ich nicht davon abhängig machen, ob sich freiwillige Unterstützer melden oder nicht. Das halte ich für sehr, sehr schwierig. Es braucht einen Grundstock, eine Grundleistung, um gute Qualität zu sichern. Das muss gegeben sein und funktionieren. Ich muss mich darauf verlassen können, dass jeder zum Dienst erscheint und bei einem Ausfall für entsprechend Ersatz gesorgt und dieser eingeteilt ist.

Das ist bei ehrenamtlichen Helfern leider nicht garantiert. Fallen sie aus, ist oftmals kein Unterstützer da, der ihre Aufgabe übernimmt.

Außerdem ist es schwierig, Ehrenamtlichen gegenüber Kritik zu äußern. Freiwilligenhelfer sind primär aus eigener Entscheidung da und bei Kritik oder Konflikten schnell weg, so meine Erfahrung. Das kann ich niemandem verdenken. Die Zusammenarbeit ist viel unverbindlicher als bei fest angestellten Mitarbeitern. Schließlich erhalten Freiwilligenhelfer als Gegenleistung lediglich Wertschätzung und Dank und gelegentlich eine Essenseinladung und bekommen ihre Unkosten ersetzt. Doch müssen auch sie geführt und geleitet werden. Man kann sie nicht einfach nur so machen lassen, wie sie es für richtig halten. Außerdem kann der Ehrenamtliche heute zu mir kommen und sagen: »Ich habe keine

Lust« oder »nächste Woche keine Zeit und komme nicht«. Da fehlen verpflichtende Regeln – und die braucht es in der Pflege, um eine qualitativ stabile Dienstleistung zu gewährleisten. Ehrenamt ist daher »on top«, und es freut uns und die Senioren sehr, dass es ehrenamtliche Helfer gibt.

Gleichzeitig lebt die Pflege auch von Expertise und Fachwissen. Wer das Herz am rechten Fleck hat, ist per se noch keine gute Pflege- oder Präsenzkraft. Es braucht dazu Professionalität, und zwar in allen Bereichen der Pflege – in der Hauswirtschaft ebenso wie in der Betreuung. Selbst wenn ehrenamtliche Mitarbeiter geschult werden, gibt es natürliche Grenzen. Sie werden in der Breite nie die gleiche oder annähernde Qualifikation haben wie Mitarbeiter. Das ist nicht möglich. Doch ich brauche ein fachliches Fundament, um die Pflege sicherzustellen, die meinen Ansprüchen genügt und die alten Menschen gut versorgt. Und das wird in Zukunft nicht leichter, denn wo wir gerade über Ausbildung sprechen: Diese wurde kürzlich komplett neu strukturiert und generalisiert.

Handelte es sich bei der Alten-, Kranken- und Kinderkrankenpflege früher um drei unterschiedliche Ausbildungsberufe, sind diese drei Bereiche seit dem 1. Januar 2020 zusammengefasst. So entstehen flexible Kräfte für den Einsatz in Krankenhäusern oder Pflegeheimen – als wäre es egal, ob sie sich um einen demenziellen 90-Jährigen oder um eine frisch operierte 30-Jährige kümmern. Für die Altenpflege bedeutet das, dass Azubis künftig nur noch ein Drittel von dem lernen, was sie später tatsächlich brauchen. Pflege wird nur noch generalistisch gelehrt. Das kann ich nur schwer nachvollziehen, denn für mich ist Kinderkrankenpflege etwas anderes als Altenpflege. Das sind zwei Paar Stiefel. Und auch Akutpflege oder Intensivmedizin unterscheiden sich von der Altenpflege. All diese drei Bereiche hat man nun in einen Topf geworfen und die Ausbildung verwässert. In meinen Augen fehlt da ein ordentliches Stück an vermitteltem Wissen, praktisch zwei Jahre, die auf irgendwas anderes verwandt werden, was man später bei der praktischen Arbeit womöglich gar nicht mehr braucht. Das hat zur Folge, dass wir die Absolventen nachqualifizieren werden müssen, um die Qualität zu bieten, die ich mir wünsche. Gleichzeitig laufen wir Gefahr – wie schon bei unserem philippinischen Personal, das nach seiner Einreise ein Praktikum im Krankenhaus ablegen muss –, unsere Azubis an einen der anderen beiden Bereiche, vor allem an Krankenhäuser, zu verlieren.

Auch das Modell der sogenannten Zeitbanken ist keine Alternative, um den Notstand in der häuslichen Pflege zu bewältigen. Als Anfang der 90er-Jahre bekannt wurde, dass die japanische Bevölkerung am schnellsten altert, hob der ehemalige Generalstaatsanwalt und Justizminister Tsutomu Hotta die »Sawayaka Welfare Foundation« aus der Taufe. Ihr Ziel: durch ein Zeittauschsystem möglichst viele Menschen zu motivieren, andere zu betreuen. Es entstanden »Fureai Kippu«-Zeitbanken. Das heißt aus dem Japanischen übersetzt »Ticket für eine Pflegebeziehung« und zielt darauf ab, für ältere Menschen Essen zu kochen, Botengänge zu machen oder sie von A nach B zu fahren. Geleistete Betreuungsstunden werden auf einem Zeitbankkonto gutgeschrieben und können im Alter abgerufen oder an Freunde und Verwandte vergeben werden. In manchen Fällen werden die Zeitkredite auch ausgezahlt.

In den ersten Jahren waren die Zeitbanken sehr populär. Allerdings begann ihre Expansion mit dem Jahr 2000 und der Einführung einer verpflichtenden Langzeit-Pflegeversicherung zu stagnieren. Die von der Versicherung angebotenen Serviceleistungen waren preiswerter als die von Fureai Kippu. Als die Versicherungsleistungen im Jahr 2005 rigider verteilt wurden, erhielt Fureai Kippu neue Schubkraft. Schätzungen zufolge gibt es heute noch knapp 400 Fureai-Kippu-Zeitbanken. Brachten sich anfangs Hausfrauen bei Fureai Kippu ein, sind es heute vor allem die jungen Alten. Auch in Deutschland gibt es Zeitbanken wie »Zeitbank plus«, doch läuft es dabei eher darauf hinaus, dass jeder 1:1 etwas gibt: eine Stunde erzählen über das Leben gegen eine Stunde Wohnung malern oder Haare schneiden. Maximal 50 Stunden im Jahr, damit der Gedanke des gegenseitigen Gebens und Nehmens satzungsgemäß gewahrt bleibt. Folglich sind solche Ansätze hierzulande eine schöne Randerscheinung, aber keine echte Alternative für eine stabile Grundversorgung im Alter.

Immer häufiger ist auch von Robotern die Rede, um personelle Engpässe in der Betreuung von Pflegebedürftigen auszugleichen. Gadgets wie den in Japan entwickelten Roboterhund »Aibo« oder die Robbe »Paro«, die Pflegebedürftigen die Einsamkeit vertreiben und ihnen Verbundenheit vermitteln sollten, gibt es schon eine ganze Weile. Neuer ist die strohblonde Puppe »Nerul« des japanischen Herstellers

Takara Tomy: Sie ist 40 Zentimeter groß und 1,5 Kilogramm schwer und fragt als sogenannter »Healing Partner« mit ihrem Kinderstimmchen nach Schlafstörungen oder Schmerzen und bittet, wenn man sie lange allein gelassen hat, um eine Umarmung. Dazu sagt sie/er/es strahlend: »Nun bin ich sehr glücklich.«

Im Bereich neuer Technologien entsteht viel und permanent Neues, wird der Rahmen an Möglichkeiten auch in Richtung Pflege mehr und mehr ausgeweitet. Doch halte ich nichts davon, mit Robotic fehlendes Personal ersetzen zu wollen. Nicht beim Eins-zu-eins-Kontakt. Die technologischen Errungenschaften können uns jedoch helfen, Zeit zu sparen und für mehr Sicherheit und Entspanntheit zu sorgen. Etwa mittels Telemedizin, um unnötige Krankentransporte und Klinikaufenthalte zu vermeiden oder um mit Selftrackern demenziell Erkrankte ihren Bewegungsdrang ausleben zu lassen. Sie sind jedoch keine Alternative beim Einsatz von Personal. Genau dafür wurde beispielsweise der humanoide Roboter »Romeo« entwickelt. Er ist 1,40 Meter groß und soll in der Lage sein, alten Menschen ein Glas Wasser zu bringen, sie ans Einnehmen von Medikamenten zu erinnern und bald auch eine gestürzte Person aufheben zu können. Das französische Start-up Aldebran sieht Romeo vor allem in Pflegeheimen im Einsatz.

Doch bin ich der festen Überzeugung, dass Menschen Menschen begegnen müssen. Um das auch in Zukunft weiter so zu halten, müssen flexiblere Möglichkeiten geschaffen werden. Etwa mit neuen Pflegemodellen und Wohnkonzepten. Um so zu leistende und machbare Pflege für alle zu bieten und gleichzeitig individuelle Wünsche und Bedürfnisse besser berücksichtigen zu können. Es gibt bereits die ersten Nischen, in denen nicht nur ich, sondern auch andere Anbieter versuchen, durch Hausgemeinschaften oder Alten-WGs das starre klassische System aufzubrechen. Tauchen solche Trends auf, sollte die Branche grundsätzlich umdenken. Selbst gerontologische Forschungsprojekte deuten das an. Sie arbeiten daran, sowohl die Menge der zukünftigen Pflegebedürftigen als auch Lösungsmodelle zu skizzieren. Beides ist nur durch eine Lockerung der Regularien durch den Gesetzgeber möglich.

Neue Pflegemodelle – stambulante und betriebliche Altenpflege

Sprechen wir von Pflege, lautet der Grundsatz des Gesetzgebers: »Ambulant vor stationär« – und das hat sich nicht nur deswegen in den Köpfen vieler Menschen festgesetzt. Die Mehrheit glaubt, dass es am besten wäre, zu Hause gepflegt zu werden. Auch wenn die Rahmenbedingungen oftmals ungeeignet sind. Etwa weil an Treppen kein Lift angebracht werden kann, durch zu enge Türen kein Rollstuhl passt oder Bäder nicht barrierefrei umgerüstet sind bzw. sich gar nicht entsprechend ausstatten lassen etc. Außerdem bleiben bei mobilen Pflegekräften teilweise bis zu 30 Prozent der Zeit auf der Strecke. Im Stau. Da die Grundpflege morgens erbracht wird und man nicht sagen kann: »Ich komme erst um 10 Uhr, um Ihnen beim Aufstehen und

Duschen zu helfen und das Frühstück zuzubereiten.« Daher ist der mobile Dienst zur selben Zeit wie die Berufspendler unterwegs und steckt in den gleichen Staus oder muss im ländlichen Bereich größere Entfernungen zurücklegen.

Um Staus zu umgehen und mehr Zeit in Pflegedienstleistungen stecken zu können, setzen wir in meinen ambulanten Pflegediensten neuerdings auch E-Bikes ein. Sie ermöglichen unseren Mitarbeitern, Abkürzungen zu nehmen und schneller am Zielort einzutreffen. Auf dem Land gibt es zwar weniger Staus, doch sind die Wohnungen und Häuser unserer Kunden zum Teil sehr entlegen und die Distanzen zwischen den zu versorgenden Menschen groß. Der ambulante Dienst hat also auch seine Tücken. Die andere Frage ist: Wer sagt denn, dass der ambulante Dienst wirklich besser versorgt und die Bedürfnisse der Menschen erfüllt? Viele Senioren, die in eine Einrichtung ziehen, sind vor allem vereinsamt. Selbst wenn ein ambulanter Dienst sie versorgt, ist das immer nur für eine gewisse Zeit am Tag, maximal eine Stunde. Eine eigene Pflegerin ist dagegen kostspielig und müsste sich mit ein, zwei weiteren Pflegenden abwechseln, damit sie bei Kräften bleibt. Für eine reguläre 24-Stunden-Betreuung braucht man unter Einhaltung von Arbeitsschutz, Arbeitszeit usw. rund fünf Vollzeitstellen.

Sind Menschen vereinsamt, reagieren sie sehr scheu. Eine unserer Bewohnerinnen hatte zu Hause nur noch im Bett gelegen und ferngesehen. Sie war demenzkrank, und als sie zu uns kam, war plötzlich alles anders: das Geklapper von Geschirr, der Geruch von frisch gekochtem Essen und Kaffee. Dass jemand sie mit in den Garten nimmt oder fragt, wie es ihr geht – das kannte sie nicht mehr. Daher hat sie am Anfang um sich geschlagen und nicht zugelassen, dass jemand sie berührt. Sie hatte Angst. Aber mit viel Zuwendung hat sich das völlig gelegt.

Doch nicht nur ein ambulanter Dienst oder eine Pflegerin stellen die Versorgung und Betreuung zu Hause sicher, sondern oft auch die Angehörigen selbst. Sie sind umso geforderter, je mehr sich der Pflegegrad nach oben schraubt. Das kann sehr aufzehrend sein, zumal die wenigsten ihre Lieben in Kurzzeit- oder Tagespflege geben, um mal ein paar Tage durchzuatmen und aufzutanken.

Viele sind von dieser Extremsituation psychisch und physisch erschöpft, überlastet und auch überfordert. Was verständlicherweise Aggressionen schürt, die zu Übergriffen und Gewalt führen können: Für Angehörige zu Hause legt kein Arbeitsschutzgesetz fest, wie lange die Versorgung dauert und wann eine Pause einzulegen ist. Stattdessen ist man in Daueralarmbereitschaft und permanent am Tun – 24 Stunden, sieben Tage die Woche – und das oft jahrelang. Oftmals neben dem Versorgen der Familie, während für einen Job keine Zeit mehr bleibt. Selbst Einkaufsgänge werden in vielen Fällen zum Problem. Sind sie doch abhängig vom Krankheitsbild von der Angst begleitet: Was wird zu Hause passieren? Was werde ich vorfinden?

Viele Pflegebedürftige werden durch die Angehörigen auch nicht genügend mobilisiert, weil sie über Schmerzen klagen, wenn sie sich bewegen, oder weil ihr Kreislauf zu kollabieren droht. Folglich kommt es zu Hause oft zu versteiften Gelenken, zu verkürzten Muskeln und Sehnen. Auch

Knochenbrüche treten auf. Sie werden nicht als solche erkannt und bleiben unbehandelt, ebenso wie Dekubitus, wunde Stellen am Körper. Durch die Vielzahl an Medikamenten, die Senioren täglich einnehmen, kann es passieren, dass sie falsch verabreicht werden. Allein die Menge ist eine Herausforderung. Und wer kann schon fachgerecht beurteilen, wann sogenannte »Bedarfsmedikation« zu geben ist?

Ich möchte hier niemandem etwas unterstellen, um Gottes willen. Ich habe große Hochachtung vor Menschen, die ihre Lieben pflegen, und ambulant ist absolut gut, wichtig und erforderlich. Die Schwierigkeit liegt in der Entscheidung: Wann ist ambulant noch für alle gut und richtig, und wo beginnt die Überforderung, wo nehmen Pflegebedürftiger und Angehöriger Schaden? Warum ist die Klassifizierung »ambulant gut, stationär schlecht« so statisch? Man ist auch dann ein guter Angehöriger, wenn man seine Lieben nicht mehr zu Hause versorgen kann.

Für viele könnte es leichter werden, würde sich das sogenannte »stambulante Modell« durchsetzen, eine Kombination aus stationär und ambulant.

Das stambulante Modell

Im Rahmen des Modellprogramms nach § 45 f. SGB-XI zur Weiterentwicklung der stationären Altenpflege, gefördert vom GKV (Spitzenverband der Pflege- und Krankenkassen), wurde von der BeneVit-Gruppe in Zusammenarbeit mit den

Pflegekassen unter der Federführung der AOK Baden-Württemberg und dem Sozialministerium Baden-Württemberg, begleitet durch die Donaueschinger Beratungsorganisation aku das Konzept Stambulant gemeinsam entwickelt. Im Juni 2016 wurde hierzu das Haus »Rheinaue« in Betrieb genommen. Ziel des Modellprojekts ist es, stationäre Sicherheit mit der ambulanten Vielfalt zu verbinden. Bewohner und Angehörige definieren zusammen ein individuelles Leistungspaket entsprechend den jeweiligen Bedürfnissen. Im stambulanten System werden Grund- und Wahlleistungen erbracht. Grundleistungen sind Wohnen inklusive Ausstattung, Verpflegung, 24 Stunden Pflegefachkraft, Betreuung, Haushaltsführung, Grundpflege in definiertem Umfang, Teile der Behandlungspflege, Beratung und Koordination, Qualitätssicherung usw.

Wahlleistungen sind Grundpflege, sofern über die Grundleistung hinaus erforderlich, Reinigung des Bewohnerzimmers, Waschen der Wäsche, Behandlungspflege, sofern über die Grundleistung hinaus erforderlich.

Dabei wird abgesprochen, was im Rahmen der Grundleistung erfolgt und was als Wahlleistung von wem erbracht werden soll. Dabei steht es frei, ob die Wahlleistungen durch die Angehörigen erfolgen, die Bewohner selbst tätig werden oder welcher ambulante Dienst beauftragt wird. Im Ergebnis entspricht das Modell praktisch einem Pflegeheim mit ambulanter Abrechnung, aber ohne zusätzliche Kostenübernahme der Tagespflege durch die Pflegeversicherung. Die Eigenanteile sind bis zu 1.000 Euro pro Monat günstiger als in vergleichbaren Heimen – und das bei mindestens gleicher Qualität und deutlich höherer Individualität. Nach sieben Jahren Praxiserprobung zeigt sich, dass alle Beteiligten für sich Vorteile erkennen:

Es war übrigens eine absolut wohltuende Erfahrung, dass die Kassen alle Vorurteile über Bord warfen und dass wir uns auf ein gemeinsames Ziel verständigten, vertrauensvoll miteinander umgingen und gemeinsam nach besseren Wegen suchten. Es ging allen darum, ein neues, besseres Konzept für eine bessere Qualität für pflegebedürftige Menschen mit angemessenen und bezahlbaren Kosten zu realisieren.

Meiner Meinung nach ist dieses Modell die Zukunft. Bietet es doch einen möglichen Ausweg aus dem demografischen Dilemma. Es verbessert die Qualität und führt zu einem effizienten Personal- und Finanzeinsatz – an Stelle starrer Quoten und Schlüssel, völlig losgelöst vom tatsächlichen Bedarf. Fachkräfte werden für das eingesetzt, für das sie ausgebildet wurden. Der Eigenanteil sinkt deutlich, und Stambulant führt zu einer besseren Lebensqualität für die Bewohner und zu einer höheren Zufriedenheit.

Zu Überforderung auf der einen Seite und einem schlechten Gewissen auf der anderen Seite kommt es erst gar nicht, weil Angehörige ihrem Bedürfnis nachgehen können, etwas für Vater oder Mutter zu tun. Für die Betroffen, für die Älteren, ist es schön zu spüren, dass die Tochter, der Sohn etwas für sie macht. Und durch den Rückhalt der professionellen Kräfte empfinden die Älteren sich nicht als große Last für ihre Kinder.

Gleichzeitig ergeben sich durch die gemeinsame Hausarbeit wunderbare Gespräche, etwa beim Zusammenlegen der Wäsche: Merkt man zum Beispiel, dass sich an der Bluse ein Knopf löst, kann man fragen, wer ihn annäht. Diese Aufgabe wird nicht automatisch ans Heim delegiert, wodurch der gedankliche Automatismus gebrochen wird, sich in ein System fallen lassen zu können. Stattdessen hat man eine kleine Aufgabe und kann sich bei der Verrichtung normal und alltäglich über den neuesten Klatsch austauschen, sich erzählen, was die Nachbarn machen, was im Job los ist.

Wer bei diesem Dienstleistungsmix welche Aufgaben übernimmt, definieren alle Beteiligten zusammen. Es ist ein laufender Prozess, der ständig angepasst und modifiziert wird. Auch zu welchen Zeiten der Familienangehörige vorbeikommt, wird abgesprochen, damit das Team die restliche Zeit und vor allem alles Fachliche übernimmt. Jeder kommuniziert auf Augenhöhe und bringt sich ein: Damit ist der Angehörige für die Pflegekräfte nicht mehr der mitunter lästige Mensch, der gerne kritisiert und Fehler sucht. Der Bewohner nicht derjenige, dem alles übergestülpt wird, und die Fachkräfte sind nicht mehr diejenigen, von denen viele erwarten, sie müssten wirklich alles machen, wofür zahlt man schließlich so viel Geld? Stattdessen verhandeln alle Parteien gleichwertig, und am Ende steht eine Win-win-win-Lösung für alle Beteiligten.

Selbst Pflege- und Krankenkassen, Sozialhilfe und die kommunalen Spitzenverbände, also Gemeinden, Städte, Landkreise, sind überzeugt davon, dass das von uns entwickelte und erprobte stambulante Modell der richtige Weg ist. Wir haben auch – wie Sie auf den ersten Seiten dieses Buches bereits gelesen haben – zwei weitere stambulante Modellprojekte aufgesetzt, und weitere Gemeinden warten. Da Politiker verschiedenster Parteien Interesse an einer Verankerung im Gesetz signalisiert haben. Aber alle Versprechungen und Zusagen bleiben bis jetzt Worthülsen. Beide Projekte sind fertig gebaut. Weil jedoch die gesetzliche Grundlage fehlt, ist Stambulant nicht möglich. Ein Projekt, das seit Mai 2023 in Betrieb ist, läuft ambulant in einem eigens dafür entwickelten Konzept. Allerdings stellte sich heraus, dass die Sozialhilfe hier nicht einspringt, obwohl der Betrieb für die Sozialhilfe günstiger wäre, als stationär – aber so ist es im Gesetz nicht vorgesehen. Auch in diesem Fall fehlt die Rechtsgrundlage, somit bezahlt der Staat für die gleiche Leistung mehr. Im anderen Fall werden wir gezwungenermaßen eine stationäre Hausgemeinschaft realisieren müssen. Alles in allem, sehr frustrierend und für mich heißt das: NIE WIEDER EIN MODELL. Zumindest, wenn nicht von Anfang an klar ist, dass bei erfolgreichem Einsatz auch eine Regelleistung daraus wird.

Im Moment stehen neun weitere Kommunen in der Warteschlange. Sie alle wollen das stambulante Modell für ihre Bürger realisieren. Jetzt liegt es an den Politikern zu entscheiden. Seit sieben Jahren beweisen wir, dass das stambulante Modell funktioniert. Alle Beteiligten, von Kassen bis Sozialhilfe, von Bewohnern bis Angehörige und Mitarbeiter, bestätigen dies. Nach langem Hin und Her, ob es nicht schon nach dem bestehenden SGB-XI (Gesetz der Pflegeversicherung) rechtlich zulässig ist – so die Auffassung der AOK Baden-Württemberg, die ich absolut teile –, hat man sich darauf verständigt, dass eine gesetzliche Anpassung besser ist und klare Verhältnisse schafft. Darum ringen wir seit Jahren ohne Erfolg. Bislang wurden verschiedene Erhebungen durchgeführt, ob dem so ist: sie alle fielen positiv aus. Zuletzt wurde das Modellprojekt zum fünften Mal verlängert, um Zeit für eine erneute wissenschaftliche Evaluierung zu gewinnen. In dieser sollten alle offenen Fragen geprüft werden. Die Studie des unabhängigen Forschungsinstituts IGES ist erstellt und in allen Punkten positiv. Im Februar 2023 lag das Ergebnis dem Spitzenverband der Kassen (GKV-SV) vor. Dieser hat im Mai der Politik, dem Bundesgesundheitsministerium empfohlen, stambulant als Regelleistung ins Gesetz aufzunehmen. Passiert ist nichts, und ob und wann eine Pflegereform kommt, ist offen.

Wer Reformen und Modelle fordert und fördert, sich aber verweigert, sie in die Praxis umzusetzen, wie die Regierung das seit Jahren macht, verschleudert nicht nur Fördergelder sondern erstickt auch jegliches Engagement. Und das in einer Zeit, in der wir genau das Gegenteil, nämlich Lösungen brauchen. Ich bin gespannt, was passieren wird. Jedenfalls haben wir in den vergangenen Jahren vielen Politikern, Organisatoren, Kommunalvertretern und Journalisten das System vor Ort gezeigt und erklärt. Es sind Fernsehbeiträge entstanden, und alle, die das Konzept in der Praxis gesehen und erlebt haben, waren begeistert und überzeugt. Ich habe enorm viele Unterstützer und Befürworter – von Pflege- und Krankenkassen in Baden-Württemberg über etliche Bundes- sowie Landtagsabgeordnete, Staatssekretäre und Minister diverser Parteien bis hin zur Deutschen Gesellschaft für Gerontopsychiatrie und Psychotherapie, dem Kuratorium Deutsche Altenhilfe (KDA) sowie einigen Fach- und kommunalen Verbänden plus interessierten Kommunen. Zuletzt und wiederholt 25 Oberbürgermeister und Bürgermeister aus vier Bundesländern, die sich erneut an Minister, Landes- und Bundespolitiker gewandt haben, endlich stambulant zu erlauben. Ein Konzept, das nur die Erlaubnis braucht, um realisiert werden zu dürfen. Doch erneut ohne Erfolg. Die Antwort lautet, man sei stets bemüht.

Ob stambulant jemals eine Regelleistung wird, bleibt offen, und mit jedem Vertrösten schwindet die Hoffnung. Viel zu viele Marktteilnehmer kritisieren zwar das jetzige System, glauben aber, dass ein bisschen mehr Geld und ein bisschen mehr Personal genügen würden, um sonst alles beim Alten zu lassen. Auch die Politik glaubt, mit warmen Worten und Appellen, mit Auslandsreisen zur Gewinnung von Fachkräften das Problem zu lösen - welch ein Irrtum! Innovation bedeutet die Bereitschaft zur Zerstörung von Denkgewohnheiten. Wie schwer das fällt, kann sich jeder vorstellen. Doch es muss sein, wenn es eine Wende geben und die Pflegekatastrophe abgewandt werden soll.

Seit sieben Jahren sind wir aktiv, immer und immer wieder wird Stambulant verlängert, und dennoch gibt es aktuell keine Umsetzungschance. Das zermürbt und ist umso schmerzhafter, weil es hier um Notwendigkeiten für pflegebedürftige Menschen, um ein kommunales Anliegen geht. An jedem Standort waren die Kommune, der Gemeinderat und der Bürgermeister die treibende Kraft dahinter. Zwei neue Standorte sind mit Stambulant bereits gescheitert, mit weiteren Gemeinden sind wir in der Planung von Stambulant-Heimen; es laufen Baugenehmigungsverfahren usw. Es handelt sich um Standorte in Baden-Württemberg und Bayern mit einem Investitionsvolumen von über 100 Mio. Euro und um 750 Pflegeplätze. Mitkonzipiert waren im Zuge dieser Projekte 50 barrierefreie Wohnungen, vier Tagespflege-Einrichtungen, und ein kommunaler Kindergarten. Und damit die Schaffung von 1000 Arbeitsplätzen. Das alles hängt in der Luft.

Wir werden zusammen mit den Kommunen und Landkreisen weiter für dieses Konzept ringen: unterstützt von Landes- und Bundespolitikern, an der Spitze Baden-Württemberg mit Minister Manne Lucha und Bayern mit Minister Klaus Holetschek – der bayrische Landtag hat einstimmig beschlossen, dass Stambulant realisiert werden soll, bisher ohne Ergebnis. Unterstützung erhalten wir auch von den Pflege- und Krankenkassen. Es ist in unseren Augen für die Zukunft eine bessere Alternative. Mit diesem Konzept wäre es möglich, weite Teile der Bevölkerung zum Umdenken zu animieren, dass Ältere nicht mehr sagen: Ich möchte zu Hause bleiben bis zum Tod – nach dem Motto: »Mich kriegt man hier nur mit den Beinen voran raus.«

Betriebliche Angebote für pflegebedürftige Angehörige von Mitarbeitern

So wie Betriebe Kindertagesstätten an ihr Unternehmen andocken, sollten sie auch darüber nachdenken, Dienstleistungen für pflegebedürftige Angehörige von Mitarbeitern anzubieten. Das würde bedeuten, dass man zu pflegende Angehörige mit zur Arbeit bringen kann und sie dann in einer an das Unternehmen angegliederten Einrichtung versorgt würden. Im Rahmen des Projekts Carers@Work haben Wissenschaftler der Universitäten Dortmund, Duisburg-Essen und Oxford herausgefunden, dass sich Pflege und Beruf aktuell nur sehr schwer miteinander vereinbaren lassen. Dadurch entstünden Unternehmen Folgekosten, die sich auf 14.154,20 Euro pro Jahr und pflegebedürftigem Angehörigem belaufen, da die betreuende Tochter, der betreuende Sohn ihre/seine Stundenzahl reduzierten, überlastet und häufiger krank seien. Rechnet man die betrieblichen Kosten der Doppelbelastung auf die Volkswirtschaft hoch, kämen da 18,94 Milliarden Euro im Jahr zusammen.

Ich finde diesen Vorstoß sehr gut, auch vor dem Hintergrund, dass bei uns immer wieder Fachkräfte kündigen oder kürzertreten, weil sie ihre Angehörigen zu Hause pflegen wollen, seit Neuestem auch mit gesetzlichem Anspruch der Freistellung.

Wir brauchen flexiblere Möglichkeiten, um die Bedürfnisse der Bevölkerung für Job und Pflege von Angehörigen sinnvoll zu verknüpfen. Gerade in diesem Zwischenfeld, in dem die eigenständige Häuslichkeit nicht mehr ganz funktioniert und eine stationäre oder eine komplette Wohnungsveränderung noch nicht nötig ist. Es gibt Zwischenräume, und die gilt es zu füllen.

Auch den Mitarbeitern könnten Firmen mit betrieblicher Altenpflege einen wichtigen Anreiz bieten. Schließlich stellt sich auch für sie – und nicht nur für uns in der Pflegebranche – die Frage: Wie bewältige ich den demografischen Wandel, wenn jährlich 500.000, 600.000 und sogar 700.000 Menschen mehr in den Ruhestand wechseln, als neue nachrücken? Industrie 4.0 mit ihren digitalen Möglichkeiten ist da sicherlich eine Antwort. Gleichzeitig lässt sich nicht jeder fehlende Mitarbeiter durch einen Roboter ersetzen. Gerade wenn es sich um High Potentials handelt. Um diese qualifizierten Kräfte im Unternehmen zu halten, kann betriebliche Alterspflege ein interessanter Anreiz sein.

Bedürfnisgerechte Wohnkonzepte

Das derzeitige Pflegesystem ist sehr rigide. Es schreibt unter anderem vor, dass die Pflegeformen »ambulant«, »stationär« und »teilstationär«, sprich Tagespflege, nicht vermischt werden dürfen. Wer ambulante Leistungen bezieht, muss sie von einem ambulanten Dienst erhalten. Wohnt jemand in einem normalen Mietverhältnis in einem Appartement im Pflegeheim, dürfen die dort beschäftigten Mitarbeiter nicht ambulant zur Hand gehen. Das soll verhindern, dass das stationär vergütete Personal zusätzlich ambulante Leistungen erbringt – weil befürchtet wird, dass eine doppelte Abrechnung erfolgt. Abgrenzung und Misstrauen auch hier. Jeder unterstützungsbedürftige Mieter schüttelt den Kopf und versteht nicht, warum wir seinen Wunsch ablehnen müssen und ein externer ambulanter Dienst kommen muss. An dieser Stelle sind wir wieder beim Thema Struktur: Es muss per Gesetz alles klar voneinander getrennt sein. Doch brauchen wir in der Praxis für all die unterschiedlichen wie individuellen Bedürfnisse entsprechende Lösungen!

Neben dem stambulanten Pilotprojekt haben wir in manchen Hausgemeinschaften zusätzlich zwei, drei Zweizimmerwohnungen im Dachgeschoss, die wir vermieten. Ohne Service und Pflegeleistungen. Eine barrierefreie Wohnung in einem Pflegeheim. Doch diese Schnittstelle bereitet uns im Moment Schwierigkeiten. Braucht ein dort lebender Mieter nämlich Pflege, müssen wir ihn an einen externen ambulanten Dienst verweisen.

Der Gesetzgeber hat verschiedene Instrumente geschaffen, um hier Erleichterung zu ermöglichen. Integrierte Versorgungsverträge, Gesamtversorgungsverträge wären möglich. Aber hier beißen sich länderspezifisches Ordnungsrecht und bundesweites Leistungsrecht. Um es mit der Aussage einer Heimaufsicht zu verdeutlichen: Was interessiert mich ein Gesamtversorgungsvertrag, ich verlange für meinen Zuständigkeitsbereich eine 100%ige Pflegedienstleitung. Im Gesamtversorgungsvertrag wäre es leistungsrechtlich zulässig, für einen ambulanten Dienst, eine Tagespflege und ein Heim eine gemeinsame Pflegedienstleitung zu benennen. Man möge nur schauen, wie viele Gesamtversorgungsverträge es bundesweit gibt, obwohl die räumliche und organisatorische Nähe oft genug vorhanden ist und eine Bündelung Vorteile bringt.

Ich hoffe, dass sich dieses Schubladisieren bald grundsätzlich ändert. Schließlich gelingt es uns – man mag es kaum glauben –, das Ganze rechnerisch zu trennen. Dazu sind wir in der Lage: die Personalbedarfe aufzuteilen und getrennt abzurechnen.

Und wie oft gibt es die Konstellation, dass bei Ehepaaren einer der beiden pflegebedürftig wird, während der andere noch fit ist? Bei ihnen ist es sinnvoll, dass einer in die Mietwohnung zieht und der andere in die Wohngemeinschaft unten. So können sie miteinander essen, gemeinsame Spaziergänge unternehmen etc. Gleichzeitig weiß der noch Fitte den anderen gut versorgt. Auch nachts.

Aber wehe, wenn der in der Mietwohnung lebende Partner selbst Unterstützungsbedarf hat. Es muss ein externer ambulanter Dienst kommen – niemand versteht das, auch ich nicht!

Ich bin ein starker Verfechter davon, für die Situation, pflegebedürftig zu werden, vorzusorgen, indem wir in eine Versicherung Beiträge einzahlen. Die gesetzliche Pflegeversicherung ist gut und richtig. Das Kuratorium Deutsche Altershilfe (KDA) war 1995 maßgeblich an der Ausarbeitung dieser Versicherung beteiligt. Das Kuratorium war bereits 1962 gegründet worden und hatte sich jahrzehntelang mit dem Thema Pflege beschäftigt. Die Fachleute des Kuratoriums wussten genau, wie die Überalterung der Gesellschaft voranschreitet. Dass diese gewaltige Aufgabe den Einzelnen überfordert und dass auch die Absicherung des hohen Alters ähnlich wie eine Krankenversicherung eine Aufgabe der Gesellschaft sein muss.

Weder die Kosten noch die praktische Umsetzung der Pflege selbst konnten Familien auf Dauer alleine leisten.

Menschen, die selbst im Berufsalltag stehen, können sich nicht mit vollem Einsatz und ohne finanzielle Hilfe um ihre pflegebedürftigen Eltern oder Großeltern kümmern.

Wer dann tatsächlich Pflege braucht, für den lässt sich der Bedarf anhand des Pflegegrads (PG) genau definieren, und die Versicherung zahlt entsprechend dem Pflegegrad. Wie dieses Pflegegeld nun eingesetzt wird, sollte jeder Betroffene frei entscheiden können. Aktuell trifft das auf Heimbewohner nicht zu. Sie erhalten je nach Pflegegrad pauschale Zuschüsse von der Pflegekasse, und alle bezahlen pro Haus ab Pflegegrad 2 den gleichen Eigenanteil, egal ob ihr PG 3, 4 oder 5 ist. In einer Einrichtung haben von 60 Bewohnern 25 die Voraussetzung für eine Rückstufung. Sagen wir den Angehörigen: »Stellen Sie bitte einen Rückstufungsantrag.« Fragen sie: »Was habe ich davon?« Nichts, denn die Rückstufung hat keine Auswirkungen auf den Eigenanteil. Der bleibt gleich, unabhängig vom Pflegegrad. Und aus Angst, dass es der Mutter morgen wieder schlechter geht, wird alles so belassen. Stellen wir den Antrag, sagt die Kasse: »Laut Gesetz dürfen wir das nicht.« Da wir nicht antragsberechtigt sind, was ich für einen Fehler halte. Schließlich geben wir dadurch ja keinen Status quo vor, sondern würden nur eine erneute Begutachtung beantragen, weil sich Dinge verbessert haben. Das hat keine Auswirkungen auf den Eigenanteil, der bleibt immer gleich. Aber es würde die Kasse entlasten. Also werden wir indirekt gezwungen, einen höheren Pflegegrad abzurechnen als tatsächlich vorhanden.

Bei einer ambulanten Betreuung dagegen haben Hilfsbedürftige wesentlich mehr Gestaltungsfreiheit. Werden sie beispielsweise von einem Angehörigen gepflegt, erhalten diese abhängig vom Pflegegrad Pflegegeld. Dieses liegt bei Pflegegrad 2 bei monatlich 316 Euro und reicht bis 901 Euro für Pflegegrad 5. Wer einen Pflegedienst beauftragt, kann das über die sogenannten Pflegesachleistungen finanzieren. Die Sätze dafür sind gestaffelt: Sie beginnen bei 724 Euro für Pflegegrad 2 und enden bei 2095 Euro für Pflegegrad 5. Beide Leistungen lassen sich kombinieren: Übernehmen Angehörige den Löwenanteil der Versorgung und beanspruchen deshalb einen geringeren Anteil an Sachleistungen – etwa 20 Prozent –, bekommen sie 80 Prozent des Pflegegelds ausgezahlt. Die Kombinationsleistung ist meist der Normalfall. Und das sollte es auch im Heim geben, finde ich, wie wir es mit dem Stambulant-Modell ja auch erprobt haben.

Auch sollte jeder entscheiden können, ob er das Geld in einen ambulanten Dienst steckt und er damit etwa eine osteuropäische Rund-um-die-Uhr-Pflegekraft einstellt – was ich allerdings aus verschiedenen Gründen kritisch sehe – oder ob er es für betreutes Wohnen nutzt und dazu die Wohnung wechselt oder ins Heim umzieht.

Die von der Pflege- und Krankenversicherung gezahlte Summe hängt jetzt ausschließlich von der Wohnform ab: Lebe ich zu Hause oder im Heim? Das hat aber nichts mit der Pflegebedürftigkeit zu tun, auch schwer Beeinträchtigte werden zu Hause betreut und nicht zwangsläufig in einer Einrichtung. Daher halte ich diesen Ansatz für falsch: Es muss die Pflegebedürftigkeit finanziert und nicht danach unterschieden werden, wo jemand wohnt, sondern welche

Hilfe er braucht. Ich bin der Ansicht, jeder Mensch, auch ein Sozialhilfeempfänger, sollte in den Genuss bestmöglicher Pflege kommen. Und: Rechnet man alle Leistungen zusammen, ist ambulant wesentlich teurer als stationär. Da die Leistungen allerdings aus unterschiedlichen Töpfen bedient werden, von Pflegekasse und/oder Krankenkasse, wurde diese Betrachtung bisher nicht angestellt, und die Leistungen wurden nicht addiert. Allmählich wird den Entscheidungsträgern dieses Ungleichgewicht bewusst.

Welchen Weg der Einzelne wählt, sollte der Versicherung egal sein. Allerdings halte ich angemessene Kontrollen für sinnvoll, um einerseits zu sehen: Ist die Qualität sichergestellt? Die Betonung liegt auf »angemessen«. Das gilt übrigens genauso für den ambulanten Bereich! Andererseits gilt es zu prüfen: Verwendet der Bedürftige das Geld tatsächlich für eine gute Versorgung? Nicht, dass der Gedanke entsteht: »Ich kriege jetzt 500 Euro von der Pflegeversicherung. Damit bessere ich meine Rente auf. Fühle ich mich schlechter, weil ich nicht richtig versorgt werde, gehe ich zum Arzt oder ins Krankenhaus.« Das sollte vermieden werden.

Ich werde oft gefragt, ob eine ambulant versorgte Alten-WG auch ein Weg aus dem Pflege-Dilemma sein könnte? Ja, das ist eine Nische, aber kein flächendeckend praktikables Modell. Denn ambulant betreute WG heißt auch, dass die Bewohner sehr viel selbst organisieren müssen: Einen ambulanten Dienst zum Beispiel, oder zieht jemand aus oder stirbt, müssen sie einen neuen Mieter finden. Außerdem stellt sich die Frage: Wer entscheidet das? Nach welchen Kriterien? Schließlich birgt das Ganze auch ein wirtschaftliches

Risiko: Wer trägt die entfallende Miete, die Mehrkosten für die Pflegekraft, die sich möglicherweise dann sieben statt normalerweise acht Personen zu teilen haben?

Unsere Wohngemeinschaften sind grundsätzlich ähnlich wie solche ambulant betreuten Alten-WGs konzipiert. Aber mit einer fixen Personalstruktur, mit mehr Bewohnern je WG und mehr Wohngemeinschaften zusammen in einem Gebäude. Natürlich spielt es für die Kosten eine Rolle, ob ich sage: Ich teile den Nachtdienst durch zwölf (die typische Größe einer auflagenkonformen Alten-WG) oder durch 56 Bewohner. Das ist ein gewaltiger Unterschied. Und ein Gymnastik- oder Veranstaltungsraum für acht Personen ist meist nicht finanzierbar. Für 56 Leute sehr wohl.

Natürlich ist eine Alten-WG eine gute Sache. Ich finde es wunderbar, wenn 70-Jährige sagen: »Wir ziehen jetzt zusammen!« Dann sollten sie das genauso tun, wie viele von uns das auch in jungen Jahren praktiziert haben. Schwierig allerdings wird es, wenn alle Dienstleistungen benötigen und es dann einen gibt, der eine andere Anschauung entwickelt oder krankheitsbedingt nicht mehr in die Struktur der WG passt. Der müsste eigentlich ausziehen. Doch wer mag das bestimmen? Schließlich gilt es auch, unangenehme Entscheidungen zu treffen. Das trifft natürlich auch auf Einrichtungen zu. Bemerken wir beispielsweise, dass jemand aufgrund seines Krankheitsbilds verhaltensauffällig wird, werden wir tätig. Wir führen ein Gespräch und setzen Grenzen oder schlagen auch mal einen Aufenthalt in der Klinik oder in der Gerontopsychiatrie vor. In der Gerontopsychiatrie werden verschiedene Medikamente verabreicht, und es wird beobachtet, welches Präparat das Verhalten positiv beeinflusst und wie es dosiert werden muss. Solche Eingriffe sind, wenn alle gleichrangig in einer Gemeinschaft leben, jedenfalls schwieriger durchzusetzen. Und: Zoff und Diskussionen sind für junge Menschen in WGs schon dramatisch; im Alter, wenn bestimmte Beeinträchtigungen dazukommen, wird es noch schwieriger. Damit Alten-WGs nicht eskalieren, braucht es jemanden, der ausgleicht, moderiert und dafür sorgt, dass die Pflegequalität, die Intimität und die Wirtschaftlichkeit auf einem bestimmten Level bleiben. Das ist eine echte Herausforderung. Gerade wenn die Einheiten klein sind. Außerdem gelten auch bei einer privat organisierten Altenpflege-WG umfangreiche normative Regelungen – und wieder in jedem Bundesland andere, unterschieden nach selbst oder trägerorganisiert, ob acht oder zwölf Plätze und so weiter und so fort. Auch hier wieder Regulierungsvorgaben und die Frage: Warum gibt es so wenig Vertrauen?

Mehrgenerationenhaushalte und auch genossenschaftliche Wohnprojekte für die Generation Ü50 sehe ich ähnlich. Diese Formen funktionieren bis zur Hochaltrigkeit sehr gut. Wenn jemand aber aufgrund seiner körperlichen wie geistigen Beeinträchtigungen intensivere Pflege braucht, wird es kompliziert.

Demenzdörfer und Demenzbauernhöfe – was ist damit?

Die Zahl demenziell Erkrankter wird deutlich zunehmen. Sie wird sich bis 2050 verdoppeln, so Experten. Demnach werden hierzulande über drei Millionen Menschen betroffen sein. Aus diesem Grund kommen immer wieder Demenzdörfer und Demenzbauernhöfe ins Gespräch. Nur wenige Projekte haben in den letzten Jahren eine so lebhafte Diskussion ausgelöst wie das Alzheimer-Dorf »De Hogeweyk« in Weesp nahe der niederländischen Hauptstadt. Verschiedene Gemeinden in Deutschland haben überlegt, ein ähnliches Projekt zu realisieren. Es gibt solche Modelle aber auch in Dänemark auf der Insel Fünen, in der Schweiz und auch hierzulande. Etwa die 2014 gegründeten Hausgemeinschaften »Töneböm am See« am Stadtrand von Hameln, während das geplante Demenzdorf am Bodensee in Hergersweiler für 128 demenziell Erkrankte samt Supermarkt, Gaststätte, Friseur und Streichelzoo eingestellt wurde.

Dieses Konzept für demenziell Erkrankte ist eine interessante Angebotsnische und bedarf der genauen Abwägung. Schließlich ist die Frage: Wo und wann beginnt Demenz, und was bedeutet das eigentlich? Wir wissen, dass Betroffene nicht von heute auf morgen erkranken und einfach in eine andere Welt abtauchen. Das ist ein schleichender Prozess, und viele demenziell Erkrankte haben immer wieder lichte Momente, in denen sie ihre Umwelt real erkennen. Ich sehe solche Angebote deshalb kritisch. Denn stelle ich mir vor, ich bin dement und habe plötzlich einen lichten Augenblick und merke: »Außen ist alles dicht, abgeschlossen, eine Mauer drum herum. Auch der Supermarkt, in dem ich bin, ist kein normaler Supermarkt.« Dann ist das ein herber Schlag. Schließlich kann man sehen und spüren, wenn ein demenziell Erkrankter plötzlich irritiert ist, weil er zurück in »unserer« Welt ist.

Natürlich gibt es auch hochgradig demente Personen. Doch was sich bei dieser Krankheit im menschlichen Gehirn abspielt, ist so schwer greifbar und auch wechselhaft. Bei einem Knochenbruch sind eine Diagnose und die abzuleitende Behandlung sicherlich einfacher: Eine Fraktur lässt sich einfach und unstrittig mit einem Röntgenbild nachweisen. Bei einem demenziell Erkrankten ist das komplexer, wenngleich es durchaus extreme Situationen und Fälle geben mag. Aber persönlich wehre ich mich dagegen, die große Mehrheit in eine Schublade zu stecken, die für wenige Ausnahmen richtig wäre. Gleichzeitig wissen wir aus der Forschung, aber auch aus der täglichen Praxis, dass bei guten Rahmenbedingungen die Demenzsymptome bei Weitem weniger sichtbar werden. Demenz hat mit einer veränderten Wahrnehmung zu tun, und die Frage ist auch: Wie geht meine Umwelt mit mir um: Werde ich als demenziell Erkrankter permanent korrigiert und gemaßregelt, oder kann ich mich daheim fühlen und darf sein, wie ich bin?

Viele Demenzkranke verfügen über eine Menge Fähigkeiten. Findet man diese und können sie wieder aktiviert werden, hat das einen sehr positiven Einfluss auf die Erkrankung. Anders, wenn Betroffene zum Beispiel in ihrem Bewegungsdrang eingeschränkt werden. Diesen Fall hatte ich aktuell in einer Einrichtung, ausgelöst durch die Sicherheitsmaßnahmen aufgrund des Coronavirus. Eine sehr agile demenzkranke Frau wollte keine Maske zum Schutz der anderen tragen. Sie verstand den Sinn und Zweck nicht. Gleichzeitig konnte sie nicht mehr, so wie sie es gewohnt war, stundenlang draußen herumlaufen und war nur noch im Haus unterwegs. Das hat sie so aggressiv gemacht, dass sie ihr Zimmer demolierte und am Ende in ein Krankenhaus eingewiesen werden musste.

Das belegt: Wie sich die Symptome dieser Erkrankung äußern, hat viel damit zu tun, was den Patienten ermöglicht wird und ob sie ihre Bedürfnisse umsetzen können oder ob sie daran gehindert werden. Empathie ist wichtig und damit auch die Frage: Begegnen wir unserem Gegenüber auf Augenhöhe, mit Wertschätzung – oder nicht? Fühlt er sich ernst genommen und hat eine Aufgabe, das heißt, trauen wir ihm noch etwas zu – oder nicht? Schwierig wird es für demenziell Erkrankte, wenn sie sich mehr und mehr fremdbestimmt fühlen.

Demenzprojekten wurde in der Vergangenheit oft auch vorgeworfen, sie würden Ältere in eine Scheinwelt verdammen, ähnlich wie in der amerikanischen Satirekomödie »The Truman Show«. Sie kennen den Film vielleicht, bei dem Truman Burbank der Hauptdarsteller einer Live-Serie und 24 Stunden auf Sendung ist, ohne das zu wissen. Gefilmt von 5000 Kameras, die seit seiner Geburt im Haus installiert sind. Um die Fassade zu wahren, sind seine Frau, seine Verwandten und Freunde alle Schauspieler. Bis er eines Tages durch bestimmte Vorkommnisse misstrauisch wird und der

Betrug auffliegt. Und wie in diesem oscarnominierten Spielfilm-Klassiker definieren Außenstehende diese Scheinwelt und glauben, dass sie richtig für die Betroffenen sei. Damit habe ich immer so mein Problem, wenn andere glauben und festlegen, was gut ist – auch für demenziell Erkrankte.

Bei Demenz-Bauernhöfen, die ebenfalls ein Nischenprodukt sind und sich vor allem in Schleswig-Holstein, in Bayern und in Österreich finden, mag das ein bisschen anders sein. Hier gibt es von regelmäßigen Tätigkeiten wie Tiere streicheln, beim Ernten helfen oder mit Naturmaterialien basteln Betreuungs- und Entlastungsangebote bis hin zu Tagespflegemöglichkeiten und Wohnprojekten. Diese Angebote halte ich für individueller. Wenn menschliche Bedürfnisse und deren Ermöglichung im Vordergrund stehen müssen, brauchen wir Individualität, und da sind wir wieder beim Thema staatliche Regulierungen, die das ungemein erschweren. Andererseits muss auch unterschieden werden: Geht es um Nischen, um sehr spezielle Bedarfe oder um ein generelles Angebot für die große Mehrheit der Bevölkerung?

Pflege gleitet meines Erachtens sehr schnell ab von einer generellen, für viele guten Versorgung in ein extremes, die Ausnahmesituationen einzelner Spezialfälle berücksichtigendes Kümmern. Was für sehr viele gut und richtig ist, reicht nicht für jeden einzelnen schweren Fall aus. Das rechtfertigt aber noch lange nicht, dass sich viele nach den extremen Bedürfnissen Einzelner orientieren müssen. Daher: Erlauben wir Differenzierung! Nirgends wird dies so deutlich wie bei Angeboten für demenziell erkrankte Menschen. Wir können mit Hausgemeinschaften viele Bedürf-

nisse erfüllen, sinnvolle Aufgaben finden und übertragen,
können differenzieren. Damit entsteht aber nicht der Anspruch, für alle und jede Ausnahmesituation gewappnet zu
sein – es wird spezialisierte Einrichtungen brauchen.

Gemeinsamer Thinktank

Um neue Lösungen zu finden und einen grundsätzlichen
Wandel in der Pflege anzustoßen, bräuchte es eine gemeinschaftliche Initiative und einen Raum, in dem alle Regeln
außer Kraft gesetzt sind. Um dort gemeinsam kreativ, kon-
struktiv und lösungsorientiert über pflegerelevante Themen
nachzudenken und sich auszutauschen. Mit einem Team aus
Wissenschaftlern, Experten aus der Wirtschaft und fachlich
versierten Profis aus Gerontologie und Geriatrie, aber auch
aus kreativen Praktikern und potenziellen Nutzern, die al-
lesamt nicht die schlimmste Extremsituation zum Maßstab
nehmen und davon eine Norm ableiten, die auf alle Menschen zutreffen soll. Sondern von Menschlichkeit geleitet
der Frage nachgehen: Was braucht die Mehrheit unserer Bevölkerung – und wie realisieren wir diese Bedürfnisse? Erst
wenn diese Frage beantwortet ist, weiß man, wo noch Nischen zu füllen sind.

Ich glaube, es gibt keine Branche mit so vielen Verbänden, die so unterschiedliche Interessen verfolgen, wie unsere. Die evangelische Diakonie beispielsweise verfolgt
andere Interessen als die katholische Caritas. Die Caritas andere als die privaten Betreiber oder das Deutsche Rote Kreuz

oder die Arbeiterwohlfahrt oder die Paritätischen Wohlfahrtsverbände. Nehmen Sie im Vergleich dazu die Automobil- oder Chemieindustrie. In der Öffentlichkeit nimmt man jede Branche für sich als Einheit wahr, obwohl die Unternehmen dahinter miteinander im Wettbewerb stehen. Doch die Rahmenbedingungen sind für alle gleich, egal ob es um TÜV-Tests, Abgasregelungen, neue Antriebssysteme etc. geht. Auch wenn die Automobilbranche im Zuge des Abgasskandals in Verruf geraten ist – mir geht es um öffentliche Wahrnehmung, um das, was kommuniziert wird.

In der Pflegebranche hat jeder Verband eine eigene Philosophie und eigene Interessen. Es gibt keine einheitliche Positionierung, kein gemeinsames Ziel. Das ist auch bei politischen Entscheidungen schwierig, wenn Politiker von den Verbänden und Organisationen zig Varianten angeboten bekommen und die Diakonie zum Beispiel sagt: »Dieser Vorschlag ist gut«, die Caritas dagegen einen anderen favorisiert, und die privaten Betreiber dafür plädieren, alles so zu lassen. Das ist keine einheitliche Speerspitze und schafft nur Verwirrung, statt mit einer Stimme zu sprechen. Und am Ende wird irgendwas gemacht, aber in meinen Augen oftmals nicht immer das Bestmögliche.

Auf dem Gebiet »Verbesserung in der Pflege« wird geforscht und – salopp gesagt – täglich eine neue Sau durchs Dorf getrieben. Dann wird wieder eine neue Norm erlassen und es wird nur ein Teil der erforderlichen Anpassung realisiert – warum auch immer –, so weiß man schon, das reicht nicht, und verschiebt das Notwendige dann auf das nächste Gesetz. Es ist ein Stückwerk, ein Mobile, das nie ins Gleichgewicht kommt, oder ein Mosaik, das nie fertig und ständig verändert wird. Für die Gesetzgebung allerdings ist diese Methode einfacher: Es muss nicht alles durchdrungen und geregelt werden, und man behält sich immer etwas vor, handelt insofern nie falsch. Aber die Pflegedienstleister müssen das unfertige Regelwerk umsetzen. Wir müssen tun, was da steht, wohl wissend, dass etwas fehlt. Kaum haben wir eine Änderung verstanden oder gar umgesetzt, kommt schon die nächste.

Vorschriften und Paragrafen sind relativ leicht und schnell geschrieben, und in einem Gesetzgebungsverfahren ändert sich auch mal dies oder das. Als im Pflegestärkungsgesetz II die Leistungen der Pflegekasse für ambulant, stationär und teilstationär, also für zu Hause, im Heim oder in der Tagespflege, gleichgezogen wurden, habe ich gewarnt. Beispiel Pflegegrad 3: Im Heim bezahlt die Pflegekasse monatlich 1.262 Euro, ambulant als Sachleistung 1.363 Euro und für die Tagespflege ebenfalls 1.363 Euro. Wird im Pflegegrad 3 jemand zu Hause grundgepflegt und geht zusätzlich in die Tagespflege, erhält er von der Pflegekasse für die ambulante Sachleistung und die Tagespflege somit aufaddiert bis zu 2.726 Euro. Die Behandlungspflege – also medizinische Pflege wie etwa Stützstrümpfe, Medikamente, Wundversorgung – wird von der Krankenkasse noch zusätzlich übernommen, und die erforderlichen Hilfsmittel wie Pflegebett, Umbaumaßnahmen usw. kommen noch obendrauf. In Summe heißt das, die Pflegekasse übernimmt für das Wohnen im Heim pro Monat 1.262 Euro und im anderen Fall je nach Konstellation 3.000 bis 4.000 Euro. Meine Warnung an die Politik, dass dies Investoren oder Heimbetreiber zu der Überlegung bringen wird, anstatt eines Pflegeheims ein betreutes Wohnen plus Tagespflege zu bauen, um die höheren Geldleistungen für die Kunden zu ermöglichen, wurde als Fehleinschätzung abgetan.

Würden stationäre Bewohner die gleiche Summe von der Pflege- und Krankenkasse erhalten wie ambulante inklusive Tagespflege, würde sich der Eigenanteil auf rund 800 Euro pro Monat verringern. Es wundert somit nicht, dass betreute Wohnanlagen plus Tagespflege als Ersatz für Pflegeheime wie Pilze aus dem Boden schießen.

Außerdem ist der Bereich betreutes Wohnen und ambulante Versorgung viel, viel weniger reguliert: Es gibt keine Mindestbauverordnung, keinen Personalschlüssel, keine Personalverordnung, keine Fachkraftquote usw. Im Gegensatz zu stationär, wo jede Behörde wie Heimaufsicht, Gesundheitsamt, Veterinäramt, Brandschutz, Berufsgenossenschaft, Zoll, Gewerbeaufsichtsamt usw. nur ihre Maßgaben im Blick hat und wir die Zielrichtung von allen zu erfüllen haben. Wir müssen das alles dann unter einen Hut bekommen.

Statt dass Heimbetreiber sich ständig mit neuen Vorschriften, Regeln, Quadratmetern und Zentimetern auseinandersetzen müssen, sollten wir alle aus der Branche an einen Tisch bringen und uns gemeinsam über die Praxis und Zukunft der Pflege Gedanken machen. Auch darüber: Wie verändern wir das gesellschaftliche Bewusstsein, die Einstellung der Menschen dem Alter gegenüber? Wie schaffen wir neue Verantwortlichkeiten? Und zwar nicht, indem wir

Dinge vorgeben und ansagen und damit Menschen entmündigen, sondern indem wir jeden Einzelnen befähigen, wieder Verantwortung für sich selbst – jedenfalls mehr als in der Vergangenheit – zu übernehmen.

Diese Initiative sollte ... und jetzt zögere ich, weil ich kein Freund irgendwelcher Arbeitsgruppen, Räte und Beratungsgremien bin, die haben wir genug, und was dabei herauskommt, wissen wir: Die einen treten für diese Position ein, die anderen für jene und verharren darin. Nein, was mir vorschwebt, ist, dass wir uns fragen: Was braucht es tatsächlich? Was muss gesetzlich geregelt sein, und wo soll es Freiheiten geben? Damit wieder mehr Eigenverantwortung möglich ist – auch für Anbieter.

Ich finde es nicht gut, dass Anbietern die Verantwortung für ihr Handeln entzogen wird: Du erfüllst Quadratmetervorgaben, Personalschlüssel, Fachkraftquote, Expertenstandards, Dokumentation usw. – und alles ist gut. Dieses Vorgehen untergräbt ein Geradestehen für das Ergebnis, das auf vielfältige Weise erreicht werden kann. Stattdessen ist jeder fein raus, der bestimmte Regeln einhält. Darunter leiden die Ergebnisqualität und der Pflegebedürftige. Schließlich hat gerade soziale Dienstleistung viel mit dem Ergebnis zu tun: Operation gelungen, Patient tot, so bitte nicht! Auch nicht ein Ei fünf Minuten, zwei Eier zehn Minuten. Sondern wie erreiche ich, dass alte Menschen sich in ihrer Lebenssituation gut und wohlfühlen? Und: Wie messe ich das? Hier neue Wege und Möglichkeiten zu finden, ist dringend geboten.

Perfektion über Personalschlüssel und Fachkraftquoten

anzustreben funktioniert nach meinem Verständnis von guter Pflege nicht: Zehn Mitarbeiter können grottenschlechte Arbeit liefern, fünf Hervorragendes erreichen. Es gibt und braucht einfach andere Kriterien. Das zeigt sich auch in der Coronakrise, wo ebenfalls mit Vorschriften versucht wurde, die Hochrisikogruppe der hochaltrigen und multimorbiden Menschen zu schützen. Doch das ist in meinen Augen nur mit absoluter Verantwortung und Pflicht der Handelnden möglich, dass wir als Betreiber die Möglichkeit haben, das Notwendige und Richtige tun zu können. Noch bevor in Gremien über das richtige Prozedere nachgedacht wird, hätten Pflegeheime zeitnah gleich geschlossen werden und nicht jede Woche neue Verordnungen nachkommen müssen. Geschlossen heißt aber nicht, Angehörige auszusperren. Nein. Kontrollierte Besuche hätten weiterhin mit Schutzkleidung stattfinden können. Oder die Besucherregel, die pro Tag und Bewohner einen oder je nach Bundesland zwei Besucher zulässt. Das wären bei einer Einrichtung mit 78 Menschen 78 Besucher pro Tag, was alles andere als tatsächlich umsetzbar wäre.

Ein Beispiel von vielen, wie irrsinnig-bürokratisch staatliche Regeln sein können:

Sehr geehrte Frau ...,

gerne geben wir Ihnen zu Ihrer heutigen E-Mail zu den berechtigten Besuchspersonen folgende Auskunft:

Nach § 4 Abs. 2 Satz 1 4. BayIfSMV dürfen Bewohnerinnen

und Bewohner von stationären Einrichtungen der Pflege und
für volljährige Menschen mit Behinderung täglich von einer
Person während einer festen Besuchszeit besucht werden.
Dabei sind Ehegatten, Lebenspartner, Partner einer nichtehe-
lichen Lebensgemeinschaft, Verwandte in gerader Linie, Ge-
schwister, bei Minderjährigen auch deren Eltern oder Sorge-
berechtigten gemeinsam, oder eine weitere feste Person zu-
gelassen. Es ist nicht erforderlich, dass aus dem privilegierten
Personenkreis immer dieselbe Person die Bewohnerin bzw.
den Bewohner besucht. Vielmehr kann die Bewohnerin bzw.
der Bewohner Besuche von unterschiedlichen Personen emp-
fangen, soweit es sich um eine der o. g. Person handelt und
die Besuche an unterschiedlichen Tagen erfolgen. Dabei ist je-
doch zu beachten, dass die »weitere feste Person« immer die-
selbe Person sein muss.

Mit freundlichen Grüßen
XXXXXXXXXXX

Absolut korrekt und gut gemeint und überhaupt nicht als Vorwurf zu sehen, so schreiben Juristen, Verwaltungsbeamte, Bürokraten in bester Absicht. Aber können Sie sich vorstellen, was solche Vorgaben in der alltäglichen Praxis bedeuten – und dann noch in jedem Bundesland anders und täglich neu?

Wie sollen meine Pflegekräfte das verstehen, Bewohnern und Angehörigen erklären und dann auch noch umsetzen? Oder gar prüfen, wer mit wem wie verwandt ist? Und das im absoluten Katastropheneinsatz Corona.

Häusliche Pflege – das Maß aller Dinge. Wirklich?

Bevor wir langsam zum Ende kommen, möchte ich noch einen Gedanken zur ambulanten Pflege loswerden. Schließlich scheint diese Versorgungsform für viele Menschen die beste zu sein. Sie versprechen sich davon größtmögliche Freiheit, Gemütlichkeit und Heimat, eben weil man zu Hause ist. Im Moment leben vier von fünf Pflegebedürftigen (84 Prozent) zuhause, das sind aktuell 4,2 Millionen Einwohner. Und ich finde, jeder Mensch – auch ein älterer – ist seines Glückes Schmied. Doch es sind zwei Paar Stiefel: Möchte jemand zu Hause bleiben und akzeptiert, dort mit all den auftretenden persönlichen und räumlichen Einschränkungen weiterzuleben, ist das seine persönliche Entscheidung – auch wenn ich das objektiv gesehen für eine schlechte Wahl halte. Falsch daran finde ich, dass die anderen das kompensieren müssen. Schließlich kostet es nicht wenig, Wohnungen barrierefrei umzugestalten. Die Kasse schießt dafür bis zu 4000 Euro zu – alles Gelder aus dem Topf der Beitragszahler. Ich finde, jeder Einzelne kann das gerne in Eigenregie in die Wege leiten. Doch die Solidargemeinschaft sollte davon ausgenommen sein.

Grundsätzlich werden ja auch keine ambulanten Operationen durchgeführt. Mit einem mobilen OP-Saal, den Chirurgen zu Hause aufbauen, um am offenen Herzen im Schlafzimmer zu operieren. Das hört sich jetzt vielleicht krass an, und es gibt sicherlich viele Gründe, warum man zu Hause bleiben möchte. Etwa weil Pflege nur im kleinen Umfang notwendig ist, weil man seine Unabhängigkeit behalten, seine Freunde nicht verlieren will oder weil einen Angehörige pflegen. Doch die Frage ist immer: Wie geht es aus und weiter? Wie verläuft die Morbidität, mit welchen Einschränkungen und wie lange? Das kann niemand voraussehen, und doch ist Altern ein Prozess und nicht vermeidbar. Oder hoffen viele darauf, dass der Tod möglichst schnell Erlösung bringen wird? Ja, es ärgert mich zu sehen, dass ein Umdenken so schwierig ist.

Lassen Sie mich die Problematik mal anhand der Corona-Pandemie erklären. Es wurden die Schulen geschlossen, die Kindergärten und die Gesellschaft mehr oder weniger heruntergefahren. Und jetzt treten, weil wir zurückgeworfen werden auf unsere eigenen vier Wände, viele Diskussionen über häusliche Gewalt, steigende Suizidraten und vieles mehr auf. Übertragen wir das Thema Corona auf die Situation der alten Menschen zu Hause, dann leben viele Pflegebedürftige sozusagen dauerhaft in Quarantäne. Sie verlassen ihre eigene Wohnung kaum noch, vereinsamen und ziehen sich noch mehr in ihre vier Wände zurück. Gleichzeitig forcieren wir dieses Verhalten, weil es mobile Services gibt, man ihnen Essen bringt. Es wird alles geliefert, und sie müssen gar nicht mehr aus dem Haus. So ziehen sie sich auch von Raum zu Raum zurück und leben am Ende nur noch in einem Zimmer. Das ist soziale Vereinsamung in Reinkultur.

Gleichzeitig fühlen sich viele Angehörige durch das Thema »häusliche Pflege« vor die Wahl gestellt: Beruf und Karriere einerseits oder sich um Vater bzw. Mutter kümmern bis zum Tod andererseits? Ich möchte meinen Kindern diese Zwangslage ersparen, indem ich mich für etwas anderes entscheide. Und ja, natürlich gibt es alte Menschen, die haben keine Angehörigen. Das kommt vor. Aber es gibt viele, deutlich mehr, die haben Angehörige, die sich einbringen wollen. Nur können und wollen sie diese Aufgabe nicht komplett übernehmen. Das war unsere Ausgangssituation, als wir anfingen, über neue Pflegemodelle nachzudenken. Gleichzeitig fanden wir: Um das Dilemma Pflege und den demografischen Wandel zu lösen und nicht massiv fremde, sprich: ehrenamtliche Helfer einzubinden, die es im erforderlichen und vor allem verlässlichen Ausmaß gar nicht gibt, wären Angehörige ideal als unterstützende Säule dieses Wandels. Viele haben das Bedürfnis, etwas zurückzugeben und ihre Eltern zu pflegen. Gleichzeitig lieben sie ihre Familie und ihren Job und finden dort auch Sinn und Erfüllung. Mit dem stambulanten Modell lässt sich beides – eigene Familie und Beruf sowie Fürsorge – verknüpfen. Und es unterstützt meine Philosophie von der Aktivität bis zum Tod, die so viele positive Auswirkungen für jeden von uns hat – auch für pflegebedürftige alte Menschen.

Ein Hohelied auf Aktivität bis zum Tod

Ein Beruf, eine Tätigkeit, eine Aufgabe sind wichtig, um aktiv zu bleiben. Daher sollten wir nicht müde werden, uns herauszufordern. Nicht weil ich Aktionismus gut finde, darum geht es nicht, sondern weil wir als menschliche Spezies auf Bewegung (also körperliche Aktivität), auf Problemlösen (geistige Aktivität) und als soziale Wesen auf gemeinschaftliche Aktivität ausgelegt sind. Mit dieser Bestimmung, mit diesem Code, der auch nach einer gesunden Ernährung verlangt, wurden wir geboren, darauf fußt unser Menschsein. Damit lassen sich eine Vielzahl von Krankheiten und Beschwerden eindämmen. Studien, die den Nachweis erbringen, dass gesunde Ernährung (viel Gemüse, gesunde Fette, wenig Kohlenhydrate, Zucker, Salz und Fertiggerichte etc.) selbst Demenz in Zaum hält, gibt es einige, etwa Lancet Demenz Report 2017. Daneben ist, was Aktivität anbelangt, die sogenannte Nonnenstudie der beste Beweis dafür, der die gesamte Fachwelt damals in Staunen versetzte. Und ich aus meiner Praxis sehe das in unseren Einrichtungen tagtäglich bestätigt. Daher werde ich nicht müde zu appellieren: Geht in die Eigenverantwortung, werdet aktiv und ermutigt auch andere, es zu tun!

Nehmt ihnen nicht alles ab, sondern lasst ihnen zu bewältigende Probleme! Schließlich gingen die Protagonistinnen dieser Studie, die Nonnen, bis zu ihrem Lebensende einem klösterlichen Alltag nach. In diesen Strukturen gibt es keine Rente, haben Nonnen und Pater immer eine Aufgabe übernommen und wurden dadurch vom System getragen. Folglich zeigte ein Drittel dieser 678 Ordensschwestern im Alter von 75 bis 106 Jahren keinerlei Anzeichen von Demenz. Als Epidemiologen der University of Kentucky ihre Gehirne postmortal untersuchten, waren sie mit schädlichen Eiweißablagerungen übersät. Das heißt, die Nonnen hätten eigentlich nicht mehr sprechen können und orientierungslos sein müssen, stattdessen gingen sie einer Vollbeschäftigung und ihrem Alltag nach: Sie unterrichteten, beteten, kochten und bestellten den Garten.

Aktivität, aber auch soziales Eingebundensein haben positive Auswirkungen – auch auf die Pflegebedürftigkeit. Wir wissen, dass eine Aufgabe im Alter aber auch Wertschätzung vermittelt und verschüttete Fähigkeiten wiederbelebt. Dadurch fühlt sich der ältere Mensch gebraucht und für die Gemeinschaft von Wert. Das Überstülpen von Hilfe und Dienstleistung wie »Bleib doch sitzen (alter Mensch), ich mache das« ist zwar gut gemeint. Es führt aber zu noch mehr Abhängigkeit, zu mehr Pflegebedürftigkeit und höheren Kosten.

Alter entsteht im Kopf! Und wird nicht nur von uns selbst, sondern auch von anderen im Umfeld gemacht. Durch ihre Worte und ihr Verhalten. Indem sie uns Dinge abnehmen, uns beschützen wollen und damit aber auch bevormundend in unser Leben eingreifen. Keiner lebt ewig und ist dauerhaft gesund. Aber Menschen mit Aufgaben fühlen sich wohler, ihr Selbstwert steigert sich – auch weil wir ihnen zutrauen, dass sie etwas können. Menschen brauchen dann weniger Dienstleistung. Und das spart Kosten: Im Kleinen, also allein in unseren Einrichtungen, kommen durch Rückstufung des Pflegegrads pro Jahr eine Million Euro zusammen, die die Kassen sparen könnten. Und jetzt rechnen Sie diese Summe mal auf das Bundesgebiet hoch.

Daher mein Appell: Setzen wir Anreize, etwa indem Beitragszahler für nicht in Anspruch genommene Pflegeleistungen eine Rückvergütung erhalten, wie das auch bei der privaten Krankenversicherung der Fall ist. Damit wir von uns aus wieder aktiver werden. Bis ins hohe Alter. Um so einen Paradigmenwechsel anzustoßen.

Ähnlich wie von der Reparaturmedizin müssen wir von der Reparaturpflege wegkommen, bei der man glaubt, dass je höher die Pflegestufe ist, umso mehr Geld fließen muss. Das ist auf den ersten Blick richtig, schafft allerdings einen kontraproduktiven Anreiz für alte Menschen und Heimbetreiber. Nämlich den, dass ich mehr Geld und mehr Personal beanspruchen darf, wenn die Pflegebedürftigkeit zunimmt. Also kann ich alles so laufen lassen. Doch agiere ich damit alles andere als im Sinne von mehr Gesundheit, mehr Lebensqualität, Wohlgefühl und Sinnerfüllung. Nein. Ich schüre Bequemlichkeit, Hinfälligkeit, Krankheit und damit – Kosten. Statt zu fragen: Was braucht der Mensch tatsächlich? Und wenn er sich verbessert, ihm Geld zurückzuzahlen für die Rückstufung und mich zu freuen.

Denn Erfolg in der Pflege heißt nicht: Wie kann ich wo mehr Geld verdienen? Wer so denkt, sollte die Finger von Pflege lassen. Sondern: Was können wir unternehmen, dass die Menschen wieder autonomer, selbstständiger, fröhlicher sind, wieder Dinge selbst tun können und mehr Sinn im Leben im Alter sehen? Das ist die Definition von Erfolg für mich als Mensch, aber auch als Unternehmer.

Wir sehen Erfolg darin, dass sich die Lebenssituation, die Pflegebedürftigkeit und die Gesundheit unserer Bewohner verbessern. Sie können wieder gehen, nehmen am Leben teil und sind erneut aktiv. Ja, und dann sinkt auch der Pflegegrad – ist das nicht großartig? Das kann jeder erreichen und das ist meine feste Überzeugung. Sie wird mir Tag für Tag bestätigt, indem Menschen körperlich, geistig und sozial aktiv sein können und viele es auch sind – bis zum Tod!

Problem Pflege – das sind die Auswege

Es ist so wichtig, dass wir selbst frühzeitig etwas gegen das Altern unternehmen, damit wir so lange wie möglich fit bleiben. Das ist ein Pfeiler, um die Pflegekatastrophe zu vermeiden, der, um tragfähig zu sein, dringend weiterer Maßnahmen bedarf. Allen voran neuer Pflegemodelle, die auch in die Umsetzung kommen und – wenn sie sich bewähren – im Gesetz verankert werden. Gleichzeitig gilt es, den Fachkräftemangel mit multiprofessionellen Teams abzubauen und diese leistungsgerecht über alle Berufsgruppen hinweg – auch Hauswirtschaft, Verwaltung, Technik etc. – zu entlohnen. Wir brauchen eine Änderung der generalisierten Ausbildung, um diese wieder attraktiver für junge Leute zu machen. Schließlich habe ich, wie bereits erwähnt, in meinen Ausbildungslehrgängen aktuell 50 Prozent Abbrecher. Außerdem ist es notwendig, um den Fachkräftemangel in den Griff zu bekommen, die Zuwanderung von Pflegekräften nicht nur zu vereinfachen, sondern Deutschland im internationalen Wettbewerb konkurrenzfähig zu machen. Es ist ein Trugschluss zu glauben, alle Welt will nach Deutschland. Das ist bei Fachkräften nicht so. Sie geben englischsprachigen Ländern, die niedrigere Einreisehürden haben und mit attraktiven Prämien locken, oftmals den Vorzug. Um weitere personelle Ressourcen zu gewinnen, hilft es auch, den massiven Bürokratieapparat in der Pflege abzubauen sowie – um die Transparenz zu fördern – Pflege- und Krankenkasse zusammenzulegen. Und damit Betten nicht unnötig frei bleiben müssen, sollten die Auslastungsvorgaben im Pflegesatz auf 90 Prozent abgesenkt werden.

Und last but not least, um Angehörige zu entlasten, sollten die Sektoren aufgehoben werden und Senioren entscheiden können, welche Wohnform sie wählen wollen. Sie sollten auch die Möglichkeit haben, sich in der Pflege einzubringen, und einen Ausgleich dafür erhalten. Das würde das System entlasten und den Zusammenhalt und das Miteinander aller fördern. Was sich wiederum positiv auf das Wohlgefühl und die Fitness des Pflegebedürftigen auswirkt.

Dank

Ich danke allen, die direkt und indirekt am Entstehen dieses Buches und damit an meinem Weg beteiligt waren.

Die mich inspirierten, herausforderten, unterstützten und ermutigten, mich für mehr Menschlichkeit in der Pflege einzusetzen und in dieser Richtung auch weiterhin tätig zu sein.

Dank an Manfred King, der mich vieles lehrte, und an Sonja Kahlau, meine erste Pflegedienstleitung im ersten Hausgemeinschaftskonzept in Deutschland, die auch nach über 40 Berufsjahren immer noch gerne pflegt. Dank an Hans-Peter Winter und Rolf Gennrich für die Grundidee und vielen Inspirationen. Dank an Dr. Herbert Lütkestratkötter – ohne ihn hätte BeneVit nicht diese Entwicklung genommen. Danke an meine Freunde, ganz besonders Norbert Saur, der fast alle unsere Projekte als Architekt geplant und die Ideen und Visionen im Bau umgesetzt hat. Danke auch an Hans-Horst Bock und all die vielen Weggefährten, die ich nicht alle nennen kann.

Auch meiner Familie, meinen Eltern, meiner wunderbaren, aber leider viel zu früh 2021 verstorbenen Frau, die nicht nur mitgeholfen, mitgerungen hat, sondern die nie an mir und unserer gemeinsamen Idee zweifelte und mir in so manch dunklen Stunden Mut und Kraft gespendet hat. Meinen drei Kindern, die – selbst wenn sie alle ganz unterschiedliche Studienlaufbahnen eingeschlagen haben – aus Überzeugung mithelfen, unterstützen und in unterschiedlicher Funktion mit dabei sind. Dank gilt auch meiner Lebensgefährtin und Partnerin Karin Striedl. Sie bringt sich als Coach und Leiterin der BeneVit-Akademie mit vollem Engagement und Überzeugung ein und unterstützt mich.

Dank auch an die vielen Gleichgesinnten, engagierten Bürgerinnen und Bürger, Bewohner, Angehörige, Ehrenamtliche, aber auch an die Bürgermeister, Kommunalpolitiker, Landes- und Bundestagsabgeordnete, Mitarbeiter in Ämter und Kassen, in Ministerien und Behörden.

Danken möchte ich auch meinen Mitarbeitern, Leitungen in den Einrichtungen, in der Zentrale, die sich täglich der Herausforderung im Alltag stellen, unser BeneVit-Hausgemeinschaftskonzept und unsere neuen Ideen umzusetzen. Uns alle eint eine gemeinsame Vision und Überzeugung, mit Menschen für Menschen tätig zu sein und vor allem alten Menschen Unterstützung und Hilfe zu bieten, bei der Menschlichkeit, Respekt und Wertschätzung an vorderster Stelle stehen.

Dafür danke ich meiner Familie, allen Mitstreitern und Unterstützern und Ihnen allen von Herzen und wünsche uns und auch Ihnen, lieber Leser, ein bewusstes und aktives Leben und Alter voll Lebensfreude und Sinn, eingebunden in die Gemeinschaft.